Heike Deckert-Peaceman,
Cornelie Dietrich,
Ursula Stenger

Einführung
in die Kindheitsforschung

Die Deutsche Nationalbibliothek verzeichnet diese Publikation
in der Deutschen Nationalbibliografie;
detaillierte bibliografische Daten sind im Internet über
http://dnb.d-nb.de abrufbar.

© 2010 by WBG (Wissenschaftliche Buchgesellschaft), Darmstadt
Die Herausgabe des Werkes wurde durch
die Vereinsmitglieder der WBG ermöglicht.
Redaktion: Katharina Gerwens-Hummel, München
Satz: Michael Glaese GmbH, Hemsbach
Einbandgestaltung: schreiberVIS, Seeheim
Gedruckt auf säurefreiem und alterungsbeständigem Papier
Printed in Germany

Besuchen Sie uns im Internet: www.wbg-wissenverbindet.de

ISBN 978-3-534-17524-6

Inhalt

Einleitung

Der sechsjährige Jonas antwortet auf die unbedarft gestellte Frage, was er später einmal werden wolle: „Das weiß ich nicht, weil, wenn man groß ist, dann hat man andere Gefühle."

Jonas weiß bereits um die Differenz von Kindern und Erwachsenen und sieht sich selbst in einer noch nicht vorhersagbaren Entwicklung. Er ahnt, dass es später einmal ganz anders sein wird als heute – um dieses Anderssein geht es der Kindheitsforschung.

Während man im alltäglichen Umgang mit Kindern – als Erzieherin, Eltern oder Lehrer beispielsweise – meist in der Gewissheit des gegenseitigen Verstehens und Vertrautseins lebt, stellt der wissenschaftliche Blick auf Kinder und Kindheit heraus, dass dieses Verstehen nicht nur höchst voraussetzungsvoll ist, sondern auch Züge von Vereinnahmung, Projektion oder gar Gewalt tragen kann.

Voraussetzungsvoll ist unser Verständnis von Kindern, weil wir Kinder immer „als etwas" sehen, häufig bezogen auf ihre Zukunft: So sehen wir im lallenden Säugling das bald sprechende Kind, im gerade sich aufrichtenden Kleinstkind den bald laufenden Menschen, im Kindergartenkind das spätere Schulkind, im Jungen mit dem schlechten Zeugnis den späteren Schulversager. Der pädagogische Blick auf Kinder sieht notwendigerweise mehr als das, was man sehen kann, er bezieht eine mögliche Zukunft mit ein und diese Voraussicht beeinflusst das aktuelle Geschehen zwischen Kindern und Erwachsenen maßgeblich. Dabei wird man den Kindern selbst bei besten Absichten keineswegs in jedem Fall gerecht, da erstens die Zukunft immer ungewiss ist und zweitens die Perspektive des Kindes auf die Situation nicht eingeholt wird. Je jünger die Kinder sind, desto mehr entscheiden Erwachsene für sie, deuten ihre Äußerungen und reagieren nicht nur auf die Kinder selbst, sondern auch auf ihre eigenen Vorstellungen von ihnen.

Diese Vorstellungen haben eine Vergangenheit. Das Bild von Kindheit in unseren Köpfen hat biografische Spuren. Die Erinnerung an die eigene Kindheit und ihr Überschreiten wird zu einem Maßstab für die Wahrnehmung und Deutung kindlichen Ausdrucks. Die Differenz zwischen dem, was als kindlich, und dem, was als erwachsen wahrgenommen wird, begründet erzieherisches Handeln. Diese Differenz ist von Ambivalenzen geprägt. Erwachsene sind von Kindern fasziniert und fühlen sich gleichzeitig von ihnen bedroht. Sie suchen ihre emotionale Nähe und empfinden zugleich die Mühen des Erziehungs- und Bildungsprozesses. Sie wünschen sich, dass das Kind nie „groß wird", und können gleichzeitig sein Selbständigwerden kaum erwarten. Sie wissen, was das Kind braucht, und empfinden die kindlichen Bedürfnisse gleichzeitig als Rätsel.

Von diesen Ambivalenzen ist auch die wissenschaftliche Kindheitsforschung nicht frei. Sie versucht neben solchem Alltagswissen und Alltagshandeln in mehrfacher Hinsicht reflexiv und aufklärend zu forschen:

Gegenwart von Kindern

1. Kindheitsforschung will Kinder so beschreiben, wie sie *ohne* den erwachsenen „Zukunftsblick" leben. Kindheitsforschung will Kinder in *ihrer* gegenwärtigen Perspektive auf die Welt und in ihrer eigenen Welt aufsuchen. Sie bemüht sich herauszufinden, wie Kinder die Welt wahrnehmen, was sie über sich, die Welt und andere Menschen denken, wie sie die Welt entdecken und mit anderen Menschen in Beziehung treten. Sie fragt auch: Wie konstituiert sich diese kindliche Weltsicht? Mit was müssen Kinder sich im Alltag auseinandersetzen und auf welche Weise tun sie es? Welche kulturellen Praktiken entwickeln Kinder? Auf welche Weise erzeugen sie interaktiv und performativ Sinn und Bedeutung? Welche Wünsche und Ängste bewegen sie und wie gehen sie damit um? Welche Phantasien und kreativen Ideen entwickeln Kinder zu den sie bewegenden Fragen? Was erwarten sie von uns Erwachsenen und von ihrem eigenen Leben? Kindheitsforschung betont damit den Eigenwert der Kindheit jenseits von Entwicklung, Gesellschaft und wirtschaftlicher Verwertbarkeit.

Rekonstruktion und Dekonstruktion von Kinderbildern

2. Kindheitsforschung will weiterhin die (notwendigen) Zuschreibungen und Deutungen über Kinder rekonstruieren und offenlegen, damit wir uns über deren Variabilität – man könnte auch sagen deren Willkür – wissenschaftlich und gesellschaftlich verständigen können. Dies geschieht z.B durch Vergleichsstudien. Zu anderen Zeiten etwa wäre nicht nur die Frage, was Jonas einmal werden will, sondern auch die Antwort für einen Sechsjährigen nicht vorstellbar gewesen. Kind-Sein und Kindheit bedeuten in unterschiedlichen Zeiten, Kulturen, Gesellschaften sehr Unterschiedliches. In der Art und Weise, wie eine Gesellschaft ihre Kinder und die Lebensphase Kindheit bestimmt, wie sie Normen für Lernen und Entwicklung festlegt, wie sie das Generationenverhältnis ordnet, liegt immer auch eine Konstruktionsleistung. Diese Konstruktionen zu re- und auch zu de-konstruieren ist ein wesentliches Anliegen der Kindheitsforschung. Zwar kann das nur geleistet werden, indem immer wieder neue Konstruktionen erstellt werden, der wissenschaftstheoretisch reflexive Umgang damit bewahrt aber ein Stück vor der Gefahr, Kinder, Kindheit und das Generationenverhältnis einseitig zu ontologisieren.

Akteurs- und Strukturperspektive

3. Kindheitsforschung unterscheidet zwei grundsätzliche Perspektiven auf Kinder: die Struktur- und die Akteursperspektive. Erstere betont Kindheit als ein soziokulturelles Muster einer Gesellschaft und als Teil der generationalen Ordnung. So wie die Kategorien Geschlecht, Ethnie und soziale Schicht eine Gesellschaft in ihren Grundzügen differenzieren und ordnen, ist auch die Differenz zwischen Kindern und Erwachsenen für unser Selbstverständnis grundlegend. Zur Strukturperspektive gehören alle gesamtgesellschaftlichen kulturellen Entwicklungen, soziale Milieus und überlieferte sinnstiftende Weltbilder, die das Aufwachsen von Kindern mitgestalten.

Zusätzlich zu diesen Strukturen werden Kinder als Akteure in den Blick genommen. Kindheitsforschung will den unterschiedlichen Antworten und Gestaltungsformen, die Kinder in pluralisierten Welten auf biologische Gegebenheiten und strukturelle Anforderungen finden, auf die Spur kommen. Sie will die Perspektive der Kinder in den Blick nehmen und nicht nur gesellschaftliche oder institutionelle Erwartungen formulieren.

Drei Einflussgrößen bestimmen das Leben von Kindern und sind in gegenseitiger Wechselwirkung aufeinander bezogen:

Erstens stellen sozialstrukturelle, kulturelle und historische Gegebenheiten die Rahmenbedingungen sowohl für das einzelne Kind als auch für bestimmte Gruppen von Kindern (Mädchen, Jungen, Migrantinnen, Behinderte, Großstadtkinder, Schüler oder Kinder von ALG II-Empfängern z.B.) dar.

Zweitens sind die Kinder diesen Bedingungen aber nicht einfach unterworfen und ausgeliefert, sondern sie werden von ihnen subjektiv angeeignet und ausgestaltet. Kinder entwickeln unterschiedliche Strategien des Umgangs mit den Lebensbedingungen, die sie vorfinden. Insofern fragt man beispielsweise in der Kinderpolitik auch nach den Möglichkeiten veränderter Lebensbedingungen durch die Kinder.

Drittens sind Kinder durch die Tatsache ihres (Auf-)Wachsens immer wieder mit entwicklungsnotwendigen Schritten konfrontiert. Auch hier antworten die Kinder zum Teil recht eigensinnig auf diese Herausforderungen, seien sie vom eigenen Körper oder von Erwachsenen gestellt. Alle drei Einflussgrößen werden wesentlich mitbestimmt durch die Sicht der Erwachsenen auf die Kinder, durch ihr kulturelles Selbstverständnis, ihre Zukunftswünsche. Die Kindheitsforschung versucht, diese komplexen Zusammenhänge in unterschiedlichen Forschungstraditionen zu thematisieren und transparent(er) zu machen.

Das Kind wird in der Kindheitsforschung als Ko-Konstrukteur seiner Lebenswelt und Selbsterfahrung gesehen, das sich zusammen mit anderen Kindern sowie Erwachsenen aktiv und kreativ die Welt aneignet und sie im günstigen Fall mitgestaltet. Darüber darf jedoch nicht vergessen werden, dass es auch viele Kindheiten bzw. Momente von Kindheiten gibt, in denen Kinder nicht selbst gestaltende Akteure, sondern vielmehr Objekte von Armut, Gewalt, Vernachlässigung oder Gleichgültigkeit, aber auch von Ehrgeiz oder elterlichen Projektionen sind. In der Kindheitsforschung wird daher analytisch unterschieden zwischen dem konkreten „Kind", der „Kindheit" als soziokulturell gestalteter Lebensphase, sowie zwischen „Kindsein" als gesellschaftlicher Lebensrealität für Kinder und einem rechtlich-genealogischen Begriff von „Kindschaft". Auch in empirischen Zugängen wird versucht, die gegenseitigen Einflussnahmen von Ideen *über* Kinder und dem Erleben und Erfahren *der* Kinder reflexiv auszubalancieren.

4. Man ahnt schon jetzt, dass es „die" Kindheitsforschung nicht gibt, ebenso wenig, wie es „das" Kind oder „die" Kindheit gibt. Während man zunächst anhand der leitenden Differenzlinie zwischen Kindern und Erwachsenen arbeitete und dabei alle Kinder im Blick hatte, geraten heute mehr und mehr auch die enormen Differenzen unter den Kindern in den Focus der Wissenschaft. Ähnlich ist es in den sozialwissenschaftlichen Disziplinen, die an der Kindheitsforschung beteiligt sind, auch wenn Soziologie und Erziehungswissenschaft, historische Wissenschaften und Ethnologie ihren Forschungsgegenstand je etwas anders formulieren. Kindheitsforschung ist mittlerweile ein breites, heterogenes, transdisziplinäres und international vernetztes Forschungsfeld, das sowohl theoretisch als auch (mehr) empirisch, sowohl historisch als auch (mehr) gegenwartsbezogen, sowohl normativ als auch (mehr) deskriptiv ausgerichtet ist. In diesem Buch wird – der WBG-Reihe „Grundwissen Erziehungswissenschaft" entsprechend – eine erziehungswissenschaftlich orientierte Kindheitsforschung vorgestellt. Die erziehungswissenschaftliche Perspektive bezieht auch die

Kindheitsforschung als transdisziplinäres Forschungsfeld

erwachsenen Präsentationen und Repräsentationen in ihre Forschungskontexte mit ein.

Für die Erziehungswissenschaft bleibt die Wissensgenerierung über Kinder letztlich rückbezogen auf die gesellschaftlich zu organisierenden Sachverhalte von Bildung und Erziehung, wodurch sie sich von einer stärker soziologisch ausgerichteten Wissensgenerierung unterscheidet. Das heißt zum einen, dass wir ein erhellendes Wissen über Kinder brauchen, wenn wir mit ihnen arbeiten, für sie Strukturen und Angebote schaffen wollen. Somit hat die erziehungswissenschaftliche Kindheitsforschung einen programmatischen Anteil. Der Blick auf Erziehungs- und Bildungsprozesse ist aber auch insofern niemals wertfrei, als er das Kind nicht in Momentaufnahme wahrnimmt, sondern methodologisch seine Vergangenheit, Gegenwart und Zukunft einbezieht. Wenn wir Kinder beim Spielen beobachten, dann enthält die Situation immer auch das Vorgängige und das Zukünftige. Es werden so jene Dimensionen von Kindheit erfasst, die sich auf den ersten Blick einem direkten Zugriff verschließen. Dabei handelt es sich beispielsweise um Sehnsüchte, Träume, Erinnerungen oder Wünsche, die eine Gegenwart mitbestimmen können, aber in der empirischen Kindheitsforschung häufig nicht beachtet werden.

Die erziehungswissenschaftliche Kindheitsforschung, so wie wir sie verstehen, überschreitet die scheinbare Sicherheit jener struktur- und akteursbezogener Ansätze, die sich in den letzten Jahrzehnten als neue Kindheitsforschung durchgesetzt haben. Sie greift auf ältere Ansätze, beispielsweise aus Pädagogik und Psychoanalyse zurück und versucht, sie vor dem Hintergrund aktueller Prämissen neu zu verorten. Dabei werden Leerstellen bleiben, weil Vieles noch nicht oder noch nicht in dieser Art und Weise erforscht ist.

Anliegen des Buches

Dieses Buch will und kann keinen Überblick über die Kindheitsforschung geben. Es ist kein Handbuch. Sein Anliegen ist es, einen Einblick in die Zugangsformen und Fragestellungen zu ermöglichen. Es möchte auch in die Art und Weise einführen, wie in der empirischen Kindheitsforschung Wissen über Kinder entsteht. Deshalb arbeiten wir meist exemplarisch und halten uns an folgende Fragestellungen: Wie geht Kindheitsforschung jeweils vor, was kann auf diesem Wege über Kinder, über die Konstitution der kindlichen Perspektive herausgefunden werden? Wie werden Kinder in unterschiedlichen Zeiten, aber auch in unterschiedlichen Forschungstraditionen gesehen? Kinder nehmen diese Blicke wahr und gehen damit um. Wie können wir Kinder als eigenaktive, sich selbst und ihre Welt gestaltende Subjekte sichtbar machen, ohne sie nur in unsere eigenen Blickweisen, Vorstellungen, Erwartungshaltungen einzuordnen? Das sind theoretische und methodische Herausforderungen, denen sich die Kindheitsforschung in sehr vielfältiger Weise stellt.

Aufbau des Buches

In einem ersten Teil (A) nähern wir uns dem Thema der Kindheitsforschung in zwei Kapiteln an: Wir beschreiben anhand ausgewählter Bilder und Fragen der historischen Kindheitsforschung Entstehung und Wandel (-barkeit) einer modernen Auffassung von Kindheit. Damit ist Grund gelegt für die in späteren Kapiteln immer wieder auftauchende Frage nach Historizität und Modernisierungsprozessen von Kindheitsbildern und Kindheiten.

Im zweiten Abschnitt des Buches (B) stellen wir die für Kindheitsforschung wichtigen theoretischen Perspektiven auf Kindheit vor und machen deutlich, dass jeder theoretische Ansatz eigene Kindheitsbilder entwickelt. Während die Entwicklungspsychologie eher nach Entwicklungsgesetzmäßigkeiten sucht, richtet die Psychoanalyse den Blick auf das Innere des individuellen Kindes, auf seine Wünsche, Sehnsüchte, aber auch seine Verletzungen und Bewältigungsformen. Auch die Biografieforschung setzt beim Subjekt an und fragt, wie dieses sich zwischen biografischer Erfahrung und historisch-kulturellem Kontext konstituiert. Die Phänomenologie wiederum setzt ihr Hauptaugenmerk auf die Weise der Welt- und Selbsterfahrung, wie sie in Phänomenen der Kindheit rekonstruierbar sind. Struktur- und kulturwissenschaftliche Ansätze betrachten weniger das einzelne Kind als vielmehr Bedingungen von Kindheit sowie die kollektiv-kulturellen Praxen von Kindern. Darin spiegelt sich die oben beschriebene Unterscheidung in Akteurs- und Strukturperspektive wider. Jedoch stammen die theoretischen Richtungen nicht alle aus der neueren Kindheitsforschung selbst, sondern sind – wie etwa im Fall der Psychoanalyse – zum Teil erheblich älter, bieten aber zusammen genommen das Reservoir theoretischen Wissens, auf das heute zurückgegriffen wird, um einen reflektierten und differenzierten Blick auf Kinder und auf Kindheit entwickeln zu können. Das Ziel liegt hier nicht in der Bevorzugung eines bestimmten Zugangs zu Kindheit, sondern in der Entwicklung einer Vielfalt möglicher Perspektiven, die Kindheit heute auf sehr unterschiedliche Weise fassen und dann auch beforschen können.

Gleiches gilt für die Methodologie- und Methodendiskussion innerhalb der Kindheitsforschung, die wir im Abschnitt C vorstellen. Methoden der Sozialforschung werden genutzt, um Forschungsfelder zu erschließen und unter der Prämisse kindliche Lebensweisen zu fokussieren und zu modifizieren. Hierbei soll auch ergänzend auf die Methodenbände der Reihe verwiesen werden, die diese Fragestellungen vertiefen.

Vier weitere Kapitel wenden sich dann im Abschnitt D den wichtigsten Fragestellungen der neueren Kindheitsforschung zu. Hier werden Kinder in ihrem Lebensumfeld, in ihrem Alltag aufgesucht: in Familie, Kindergarten, Schule, in ihrer eigenen aktiven Freizeitgestaltung, in ihrer Weise, sich die Welt anzueignen, ihre eigene Kinderwelt aufzubauen, zu gestalten.

Mit diesen Forschungszugängen können unterschiedliche Fragestellungen in den Blick genommen werden, die wiederum auf spezifische Methoden der Kindheitsforschung zurückgreifen.

Alle Teile des Buches beziehen sich aufeinander. Nicht soll erst die Theorie, dann die Methode und zuletzt die Praxis der Forschung dargestellt werden. Vielmehr ist es uns ein Anliegen zu zeigen, wie unterschiedliche theoretische Ansätze und Paradigmen spezifisch geeignet sind, zu ihnen passende Fragestellungen aufzugreifen und methodisch passend zu bearbeiten. Dabei gelingt es durch das Heranziehen unterschiedlicher Perspektiven umso besser, die Diversität und Vielschichtigkeit von Erfahrungen von Kindern in den Blick zu nehmen.

A Annäherungen

1 Bilder von Kindheit

„Bilder kommen von weit her, wenn sie die elementaren Welt- und Selbsterfahrungen wie Zeit, Körper und Raum repräsentieren, die wir nicht anders als eben in Bildern verständlich machen können. Sie stehen deshalb in einer Geschichte des kollektiven Imaginären, die einem kulturellen Wandel unterliegt." (BELTING 2000, S. 8)

Bilder sind wertvolle Zugänge, wenn wir mehr über Kinder, ihre Wahrnehmungs- und Erlebnisformen, ihre Gedanken und Gefühle, sowie über unsere eigenen Blicke auf Kinder erfahren wollen. Auch historisch-kulturelle Kontexte, die diese Blicke und Erfahrungen mit konstituieren, sind in Bildern mit präsent. Die Bilder von Kindern in der Kunst lassen uns einen Blick in das Andere der kindlichen Welt- und Selbsterfahrung werfen, sie zeigen aber auch, wie Kinder jeweils immer wieder anders gesehen werden. Auf diese Weise können sie uns auf unsere Verstrickung in eigene Bilder vom Kind und von Kindheit aufmerksam machen.

Imaginations-geschichte der Kindheit

Visuelle Medien, insbesondere Bilder, machen nicht nur anschaulich, was ohnehin in Texten aufzufinden ist. Sie zeigen, was sie sagen, und geben dem Dargestellten eine Präsenz. Sie spiegeln nicht nur unsere Vorstellungen, Deutungsmuster und Zugangsweisen zu Kindern wider. Sie zeigen uns, wie wir Kinder sehen und verstehen, und arbeiten zugleich an unseren Bildern vom Kind mit, indem sie unsere Sehgewohnheiten infrage stellen. Bilder, die uns betreffen, vermögen unser bisheriges Bild vom Kind zu verändern. Deshalb sind Bilder für die Kindheitsforschung unverzichtbar, weil sie durch ihre Uneindeutigkeit in der Lage sind, sowohl äußere Strukturen, die das Kindsein mitbestimmen, aufzuzeigen – wie beispielsweise soziale und kultur-historische Kontexte –, als auch die innere, psychische Verfasstheit zu thematisieren. Aus diesem Grunde hält Johannes Bilstein eine „Imaginationsgeschichte der Kindheit" für unverzichtbar, die sich nicht nur mit den visuell sichtbaren Bildern befasst, sondern auch mit den Kindheitsbildern, die darin erkennbar werden und die uns in unserem Wahrnehmen und Handeln mitbestimmen. Alle Formen von Bildern, also auch die Fotografien, die wir selbst erstellen, oder die Bilder in Werbung und Kinderbuch, sind dabei interessant.

„Sie [die Bilder] präsentieren relevante Elemente der Weltsicht, des Selbstverständnisses, und eines zumindest partiell gepflegten Wunschbildes vom Verhältnis Individuum – Umwelt, und das in jeweils rekonstruierbaren historischen Kontexten." (BILSTEIN 2002, S. 29)

Bilder deuten Erfahrungen, sie entwerfen Möglichkeitsräume, bringen Inneres zum Ausdruck und gestalten Identität. Das bedeutet, sie repräsentieren nicht nur nach außen, sondern wirken rückwirkend auch auf den Betrachter der Bilder, indem sie etwas sichtbar machen.

Neben Bildern und Fotografien sind auch videografische Aufnahmen, die Kindern in ihren Alltagspraxen dokumentieren, als visuelle Dokumente für das Methodenrepertoire der Kindheitsforschung relevant. Sie vermögen Dimensionen der Konstitution kindlicher Welten präsent zu machen, die in Texten allein nur schwer sichtbar werden, indem auch nonverbale Anteile von Handlungen für Interpretationen zugänglich gemacht werden können.

1.1 Das Bild vom Kind in der Kunst

Bevor nun exemplarisch auf einige ausgewählte Bilder eingegangen wird, muss angesprochen werden, wie Bilder überhaupt rezipiert werden können, wie ihr Erkenntniswert erfasst werden kann. Wie können wir diese Bilder „lesen", wie sie verstehen?

Als erstes ist es notwendig, dass wir die Bilder, die wir schon im Kopf haben – wie wir uns Kinder vorstellen, wie wir glauben, dass sie sind –, einklammern und uns den Bildern, die uns entgegentreten, wirklich zuwenden; sonst können wir nicht ins Sehen kommen.

Bei den folgenden Bildern wäre es sinnvoll, wenn Sie zunächst anhand der beschriebenen Interpretationsaspekte selbst versuchen, sich den Darstellungen fragend zuzuwenden, bevor Sie die Interpretation lesen. Bitte richten Sie Ihre volle Aufmerksamkeit auf das jeweilige Bild und lassen Sie es auf sich wirken. Nehmen Sie sich dafür Zeit. Bilder sprechen nicht auf Kommando zu uns. Beantworten Sie dann für sich die folgenden Fragen:

Zugänge zu Bildern

1. *Wenden Sie sich den Empfindungen zu, die das Bild bei Ihnen auslöst: Welcher Gesamteindruck ergibt sich?*
2. *Charakterisieren Sie, was unmittelbar dargestellt ist: Was ist das Thema?*
3. *Wie ist das Bild aufgebaut, was ist hervorgehoben, was ist zentral?*
4. *In welchem Verhältnis steht dieses Kind zur Welt? Welche Erfahrungen sind hier Thema? Wie würde es sich anfühlen, dieses Kind zu sein?*
5. *Welches Bild vom Kind präsentiert sich hier?*
6. *Welches Kontextwissen ist für die Interpretation hilfreich, bzw. was erfahren wir über den Kontext aus dem Bild?*

(Zur Zusammenstellung der Fragen war hilfreich:
RITTELMEYER, C./PARMENTIER, M. (2006); Kapitel Bildhermeneutik, S. 72–103)

Wenden Sie sich nun den Darstellungen von Kindern aus der bildenden Kunst zu.

Abb. 1: Pazzi
Madonna (um 1420).
Donatello

Abb. 2: Kind, mit
einem Auto spielend
(1953). Pablo Picas-
so. © Succession
Picasso/VG Bild
Kunst. Bonn 2010

Abb. 3: Final Fantasy
– Wendy, (1993).
© Inez van Lams-
weerde and
Vinoodh Matadin.
Courtesy Matthew
Marks Gallery.

Abb. 4: Kinder
der Ruhr,
© (2000) Marie Jo
Lafontaine

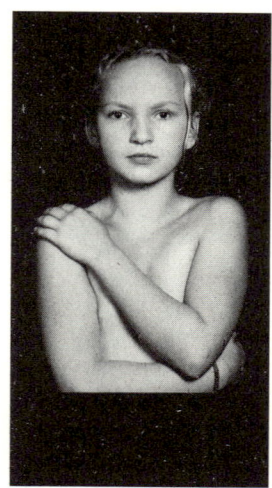
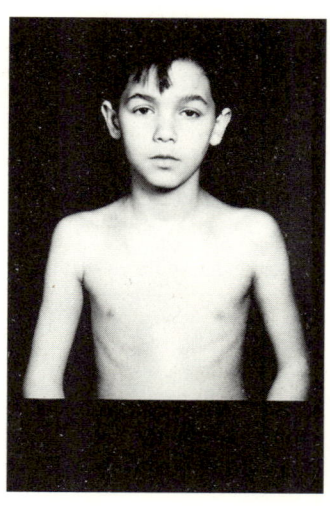

Abb. 5: Kinder
der Ruhr,
© (2000) Marie Jo
Lafontaine

Um die erste Darstellung des italienischen Bildhauers Donatello einordnen zu können, muss man wissen, dass im Mittelalter als nahezu einziges Kind, das stellvertretend für alle anderen dargestellt wird, Jesus auf dem Schoß der oft starr sitzenden Maria thront. Hockend oder stehend ist er in älteren Darstellungen als denen von Donatello nicht der Mutter, sondern – seiner Rolle gemäß – der Welt zugewandt. Die Bilder und Plastiken zeigen ihn als erwachsenen Menschen, oft vollständig bekleidet, nur in einem kleineren Maßstab als Maria. Mollenhauer erklärt diesen Umstand aus dem mittelalterlichen Weltbild, das keine Gleichgültigkeit gegenüber Kindern praktizierte, sondern eine Gleichheit von Kindern und Erwachsenen vor Gott annahm, weshalb auch keine Notwendigkeit bestand, sie als noch in Entwicklung begriffene Wesen darzustellen (vgl. MOLLENHAUER 1994). In den Worten von Parmentier: „Jesus entwickelt sich nicht. Er ist, um es etwas salopp zu sagen, von Anfang an voll da." (PARMENTIER 2000, S. 99)

Erst als dieses Weltbild mit Anbruch der Renaissance aus den Angeln gehoben wird, entsteht ein anderes Bild vom Menschen, das sich auch in den Plastiken des einflussreichsten und eigenwilligsten Künstlers in dieser Zeit zeigt:

Abb. 1: Pazzi Madonna (um 1420). Donatello

Eine zärtliche Verbundenheit strahlt diese Familienszene von Donatello aus. Mutter und Kind sind aufeinander bezogen, befinden sich in einem stillen Dialog. Das Halbrelief ist perspektivisch angelegt und detailreich gestaltet. Die Figuren wirken lebensnah und füllen den ihnen zur Verfügung stehenden Raum, in den sie hineinzureichen scheinen. Die Umgrenzung steigert den Eindruck von Innigkeit noch. Dieses Jesuskind ist nicht Herrscher der Welt, segnet und gebietet nicht. Es muss sich erst noch bilden und ent-

Verbundenheit im Dialog

wickeln. Die Mutter umschmiegt, hält und schützt es mit ihrem Körper und beiden Händen. Ihre Gesichter berühren sich zart. Das Kind, barfuß wie ehedem als von Gott kommend ausgewiesen, ist nur durch ein Tuch bekleidet, dessen Falten in das Gewand der Mutter übergehen. In einer alterstypischen Körperbewegung stützt sich die linke Hand des Kleinkinds noch etwas linkisch oberhalb der Brust ab, um das Gleichgewicht zu halten und den Kopf zur Mutter ausrichten zu können. Beide Figuren sind individuell ausgestaltet, äußere und innere Bewegtheit der Szene zeugen von hoher künstlerischer Ausdruckskraft. Die Szene ist zeitlos realistisch und lebensnah. Genauso könnte heute eine Mutter mit ihrem Kind interagieren. Das Kind erfährt Schutz, Geborgenheit, aber auch Vertrautheit; es darf sich in einen geöffneten Raum bewegen und mit der Mutter kommunizieren. Die Mutter lenkt das Kind nicht, sie zwingt es nicht in eine bestimmte Haltung, sie gibt ihm die Möglichkeit, sich selbst zu bewegen und sich ihr zu- oder abzuwenden. Auch für Mollenhauer markiert dieses Bild neben anderen

„ […] eine neue Auffassung des rätselhaften Vorgangs der Erweckung der Bildsamkeit. Kinder werden von nun an gedacht – in diesen historischen Jahrzehnten noch nicht unbedingt behandelt – als Wesen, deren innere und äußere Form (Geist und Handeln) sich allmählich durch Interaktion mit den Erwachsenen bildet" (MOLLENHAUER 1994, S. 94).

Im Bild zeigt sich hier etwas, das in Texten erst sehr viel später zu finden ist.

Abb. 2: Kind, mit einem Auto
spielend (1953). Pablo Picasso.
© Succession Picasso/VG Bild Kunst. Bonn 2010

Selbstvergessenheit
im Spiel   Picassos Bild zeigt, in Abkehr zu realistischen Darstellungen, ein spielendes Kind, das mit seinem ganzen Körper auf das Spielzeug bezogen ist, mit dem es sich intensiv befasst. Das Kind befindet sich jedoch nicht im Zentrum des Bildes, sondern im linken unteren Viertel. Der Spielraum ist durch ein schwarzes Viereck um das Kind und einen roten Vordergrund vom grünen pflanzenartigen Hintergrund abgegrenzt. Ähnlich der Donatelloschen Darstellung ist auch hier eine intensive Aufmerksamkeit auf das augenblick-

liche Tun gezeigt. Die Welt ringsum verschwindet für das Kind, nur die fast kindlich ausgestalteten pflanzenartigen Strukturen sind im grünen Umraum wahrnehmbar. Von Georg Trakl stammt folgende, auf einen Spielplatz seiner Kindheit hinweisende Gedichtzeile: „Voll Früchten der Holunder; ruhig wohnte die Kindheit in blauer Höhle" (TRAKL 1987, S. 47). Wie Trakl unter dem Holunderbusch, spielt hier im Bild das Kind umgeben von einer Pflanzenwelt ungestört und selbstvergessen. Der Körper ist bis zur Fremdartigkeit verformt. Gesicht, Hände und Beine zentrieren das Auto, wollen es gleichzeitig auf vielerlei Weise in seinen Möglichkeiten erkunden. Auch durch das gestreifte Gewand wird eine kreisförmige Rundung, eine „Konzentration" sichtbar. Präsenz und Abwesenheit; Picasso zeigt uns kein Abbild der Realität mehr, er will sichtbar machen, wie die Wirkungsweise des kindlichen Spiels aussieht, an dem kein Erwachsener teilnehmen kann. Die Welt der Kinder ist eine Eigenwelt, sie ist nicht niedlich und hübsch; mit kräftigen Beinen steht das Kind, trotz seiner Verrenkungen fest und unantastbar in seiner Hingabe an das Objekt seiner Begierde. Im Spiel schafft sich die Welt neu.

Aus der Bindungsforschung wissen wir heute, dass Kinder, die sichere Bindungen zu einer Bezugsperson/Mutter entwickeln, wie sich das im Bild von Donatello anbahnt, später auch in der Lage sind, derart selbstvergessen ihre Welt zu explorieren, wie das Picassosche Kind. Eine besondere Art der Beziehung wird eingeübt und dann weitergeführt.

Abb. 3: Final Fantasy – Wendy, (1993).
© Inez van Lamsweerde and Vinoodh Matadin. Courtesy Matthew Marks Gallery.

Zu sehen ist ein dreijähriges Mädchen, das mit einem Lächeln vor der Kamera posiert. Doch nimmt man ihm seine Fröhlichkeit nicht so richtig ab. Das Kind wirkt irgendwie unecht, wie eine Puppe. Etwas stimmt nicht – es erscheint fast unheimlich.

Der Blick auf die Beschreibung des Werks hilft weiter: Das penetrant wirkende Lächeln, das den Blick auf die strahlende Zahnreihe lenkt, ist nicht von diesem Kind. Der Mund eines Mannes wurde hier eingesetzt. Das Kind entbehrt seines natürlichen Körpers, es ist ein Hybrid, aus verschiedenen Körpern zusammengesetzt. Das Schönheitsideal ist ihm gleichsam unter die Haut gegangen.

Virtuelle Kindheit Das Kind ist mit einem rosafarbenen Body bekleidet, dessen einer Träger ihm über die Schulter gerutscht ist. Es wurde gefällig arrangiert, ist dem Betrachter offen zugewandt und hinter einer Glasscheibe ausgestellt. Das sieht man bei genauerem Hinsehen an den weißen Flecken an beiden Knien, die beim Andruck an die Scheibe entstehen. Ohne den Kopf zu betrachten, erkennt man das Alter des Mädchens an der Körperform. Von kindlicher Unschuld und Unbekümmertheit, einst in Bildern der Romantik um 1800 entdeckt und proklamiert, ist hier jedoch nichts mehr zu sehen. Wie technologisch gezüchtet und optimiert wirkt das Kind. Sein Blick geht ins Leere, es sieht niemanden an.

Die Pose mit dem Gesicht, das zur Grimasse gerinnt, ist inszeniert und arrangiert, berücksichtigt Normen und Erwartungen aus der Werbefotografie. Das Beunruhigende besteht auch darin, dass das Kind keine Individualität zu haben scheint, die sich von innen nach außen darstellt. Alles scheint perfekt. Ein fiktiver Subjektentwurf entsteht durch medialisierte Blicke, die dieses Subjekt erst herstellen. Die Selbstwahrnehmung funktioniert über die Typisierung, die hier erzeugt wird. Das Bild behauptet die Wiedergabe von Wirklichkeit, fängt jedoch keinen Moment im Leben dieses Kindes ein, sondern erzeugt mit seinen Mitteln dieses simulierte Kind in einer virtuellen Realität. Kein Kontext, keine Mitmenschen und Dinge sind ihm als Partner gegeben, das Kind hat keine Welt, es ist nur für die Blicke der anderen da. Es genügt der Aufgabe, einen schönen Schein zu produzieren. Das Kind ist ein Modell, ein Ideal- oder Wunschbild, das entkörperlicht und unerreichbar fremd wirkt, zugleich enteignet von eigenen Wünschen und Bedürfnissen. Sein Selbstentwurf ist fremdbestimmt durch Normalitätsentwürfe, die es formen. Die Formung des Körpers, die im Laufe des Lebens auch durch Erziehung stattfindet, ist hier noch einen Schritt weiter gegangen – bis ins Körperinnere, das durch Manipulationen und Vorstellungen von außen moduliert wird. „Final Fantasy: Wendy". Das ist der Titel des Bildes. Fragt sich nur, wessen Fantasien hier ins Bild gesetzt werden.

Wenn wir Kinder in ihrer Welt, ihrer Wahrnehmung, ihrer Perspektive aufsuchen wollen, müssen wir uns bewusst sein, dass die Blicke, die kulturellen Muster und manipulatorischen Eingriffe der Anderen dieses Kind möglicherweise bereits vereinnahmt, ja ausgelöscht haben. Es sind keine aufmunternden Blicke, auch keine kulturellen Bilder, die das Kind noch für sich vereignen und umformen kann. Sie durchdringen das Kind und verunmöglichen ein eigeninitiatives, selbstbestimmtes Handeln.

In den Bildern von Kindern aus dem Ruhrgebiet, fotografiert von Marie Jo Lafontaine, dominiert Schlichtheit und Strenge. Die Kinder blicken uns vol-

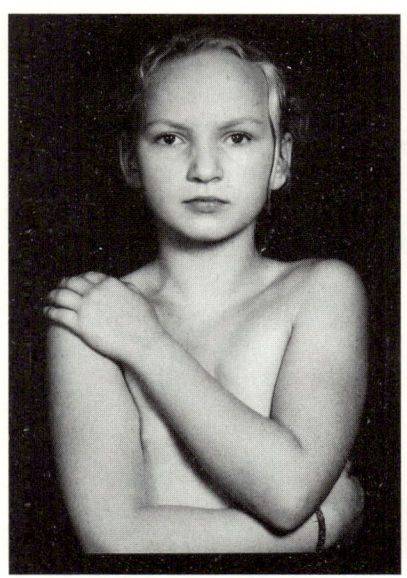

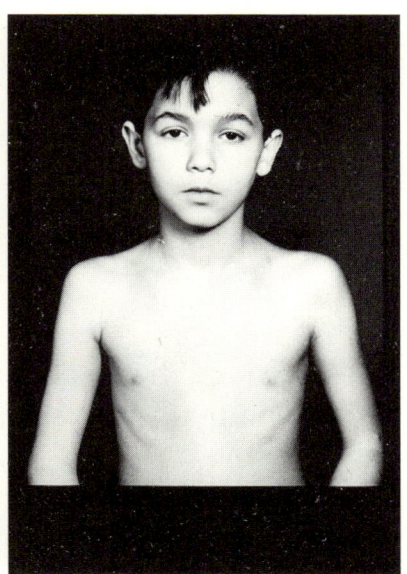

Abb. 4: Kinder der Ruhr,
© (2000) Marie Jo Lafontaine

Abb. 5: Kinder der Ruhr,
© (2000) Marie Jo Lafontaine

ler Ernst an. Auch diese schwarz-weißen Fotografien mit farbigen Balken darunter (in Öl) sind inszeniert, sind keine Schnappschüsse, die spontane Bewegungen wiedergeben. Doch anders als die zuvor abgebildete Wendy existieren sie nicht für uns, sondern – den Eindruck hat man – für sich selbst. (Unter dem Bild des Mädchens befindet sich ein blauer Balken, unter dem des Jungen ein roter. Es sind zwei Bilder aus einer Serie von neunzehn Fotografien von Kindern).

Stille Kraft und Verletzlichkeit

Im Original überlebensgroß und mit nacktem Oberkörper, ohne Hinweise auf soziales Umfeld und Herkunft, präsentieren sie sich als Individuen. Einzeln und in Form eines klassischen Brustbilds symmetrisch und monumental in Szene gesetzt, wirken sie fast sakral, schön und ernst, stark und doch verletzlich. Trotz ihrer Nacktheit sind sie nicht schutzlos. Sie haben bereits eigene Erfahrungen gemacht, sehen die Welt und insbesondere den Betrachter mit ihren eigenen Augen an. Das Mädchen schützt die Brust vor Blicken durch den vorgelegten Arm. Ihre blonden, gewellten Haare sind nach hinten gelegt. Was sehen wir: Zurückhaltung, Gelassenheit, stille Kraft, Zuversicht? Sie wirkt unglaublich präsent – doch sie fordert zugleich, sie so sein zu lassen, wie sie ist. Sie ist nah und zugleich unnahbar, unantastbar, entzogen – ein Geheimnis, das wir achten müssen.

Kinder wahrnehmen

Der Junge schützt sich nicht, seine Arme gehen weit nach unten. So wirkt er verletzlich, ja verletzt und zweifelnd, aber auch fragend. Nie sind die Kinder jedoch resigniert, schwach oder als Opfer dargestellt. Sie haben schon einiges gesehen, aber sie sind auch dadurch geformt worden und können selbst Widerständigem einiges entgegenstellen. Die Kinder, die Marie Jo Lafontaine in einem bestimmten ästhetisch ansprechenden und zugleich intensiven Augenblick zeigt, der ihre Persönlichkeit freilegt, lächeln nicht wohlerzogen in die Kamera. Sie sind nicht unschuldig und fröhlich.

Ihr Blick ruht auf uns und fordert uns auf, sie wahrzunehmen, – ungeschönt und vollständig, als Kinder und Menschen, durch die Nacktheit reduziert auf ihr Wesentlichstes. Sie fordern uns auf, ihnen angemessen zu begegnen und sie ernst zu nehmen.

„Die Kinder der Ruhr eignen sich nicht mehr für unsere Projektionen. Sie beanspruchen ihr Kindsein für sich. In diesen Bildern verbirgt sich bereits ein neues Kinderbild des 21. Jahrhunderts. Wir können es nur noch nicht erkennen." (Mietzner/Pilarczyk 2000, S. 98)

1.2 Kinder als Thema der bildenden Kunst des 20. Jahrhunderts bis heute

Entwicklung des Bildes vom Kind

Als wichtigste Beobachtung, wenn man die Bilder von Kindern in der Kunst des 20. Jahrhunderts bis heute betrachtet, kann man feststellen: Die heile Welt vom unschuldigen Kind, eine lang nachwirkende Idee aus der Zeit der Romantik, scheint in der zeitgenössischen Kunst endgültig zerstört. Dabei hat das 20. Jahrhundert sich auffallend wenig dem Kind als Thema gewidmet. Zu Beginn des „Jahrhunderts des Kindes" tauchen noch verhältnismäßig viele Darstellungen auf: Auch spielende Kinder, Kinder mit Natur und Tieren, bis dato beliebte Motive, gehen auffallend zurück. Interessanter noch ist der Rückgang der narrativen Komponente: Kinder werden weniger in Situationen oder größeren Kontexten gezeigt, die etwas über sie erzählen. Auch das Geschwister- und Familienbild ist – außer bei exponierten Anlässen – selbst in der privaten Fotografie auf dem Rückgang. Dominant und auffällig ist das einzelne, das vereinzelte Kind, das entwicklungsbedürftig, aber auch störanfällig gezeigt wird. Vereinsamt oder verroht, verletzt und ernst, traurig und aufsässig blicken uns die Kinder dieses Jahrhunderts an. Das konnte man in Ausstellungen und Bewegungen in der Kunstszene, wie etwa in „Kinder des 20. Jahrhunderts", wahrnehmen (vgl. Murken u. a. 2000).

In den letzten 50 Jahren, seit dem Ende des Zweiten Weltkrieges, werden Kinder offenbar – wenn man den Bildern traut – trotz Spielzeugindustrie und Wohlstand als Subjekte wenig wahrgenommen. Richtig positive Bilder von fröhlichen Kindern, die sich sicher und geborgen fühlen, die unbekümmert und sorglos spielen können, werden selten in der Kunst. Die heile Kinderwelt ist dabei, sich zu verabschieden. Allein die Werbung produziert diese unschuldigen, glücklichen „Kleinen" noch, um Schokoriegel oder Getränke an den Mann, oder besser: an das Kind zu bringen.

1.3 Kindheitsforschung fragt nach den Bildern vom Kind

Bilder als Quellen der Kindheitsforschung

Historisch-kulturell sich entwickelnde Bilder von Kindern zeigen uns Erfahrungsmöglichkeiten und Befindlichkeiten von Kindern, sie geben darüber hinaus Menschen in ihren Wahrnehmungen, Denk- und Handlungsformen eine Orientierung. Was bedeutet es, damals, heute und morgen ein Kind zu sein? Bilder, die Kinder zeigen, Bilder der Kunst, der Werbung, der Privatfotografie, in Katalogen und pädagogischen Institutionen sind wichtige Quellen für die Kindheitsforschung, weil sie aufzeigen und präsentieren, wie Kinder in einer bestimmten Zeit oder von einem bestimmten Künstler gesehen worden sind. Bilder zeigen uns Blicke, die auf Kinder geworfen werden, aber sie berichten auch von Beziehungsmöglichkeiten, Freiräumen und Grenzen, die das Kindsein mitbestimmen. Kinder treten uns in Bildern als Subjekte entgegen, die uns auffordern, sie nicht nur zu vereinnahmen, sondern ihnen eine eigene Sicht auf die Welt zuzugestehen. Bilder sind somit ein wichtiges Erkenntnismittel der Kindheitsforschung.

Bilder entfalten eine Wirkungsmacht. So haben im 19. Jahrhundert Bilder von Kindern in Bergwerken auch mit dazu geführt, dass Kinderarbeit anders gesehen und anders gehandhabt wurde (vgl. BILSTEIN 2002, S. 49). Bilder machen etwas sichtbar, sie bewegen den Betrachter und können so Veränderungen von Einstellungen und Handlungen erwirken.

Welches Bild vom Kind entwickelt sich derzeit? Welche Bilder von sich selbst entwickeln Kinder in ihren alltäglichen Praktiken und wie werden sie von Eltern, Erziehern, Lehrern, Politikern oder in den Augen der Wirtschaft wahrgenommen? In der Vielfalt von Bildern und Entwürfen scheint eine Tendenz feststellbar zu sein. Immer mehr werden Kinder als Ressource angesehen, als Kapital, das wir auch nutzen müssen.

„Die Erlösungshoffnung, die mit dem Bild vom romantisch-kraftvollen Kind verbunden war, ist abgelöst durch die Erwartung von Nutzen und die Aussicht auf Gewinn, die man dem optimalen Einsatz einer Ressource entgegenbringt." (BILSTEIN ebd.)

Kindheitsforschung befasst sich mit den Wirkungen, die von unseren Blicken und Maßnahmen ausgehen, aber sie sucht auch, die Perspektive des Kindes, seine Eigenwelt und Wahrnehmung zum Thema zu machen. Kindheitsforschung fordert in diesem Sinne auch dazu auf, die Bilder von Kindern wahrzunehmen und kritisch zu befragen.

Was Sie wissen sollten, wenn Sie Kapitel 1 gelesen haben:

Sie sollten in der Lage sein,
– zu erläutern, inwiefern in bildlichen Darstellungen von Kindern auch das Bild vom Kind in einem historisch-kulturellen Kontext sichtbar wird.
– Fragen zu formulieren, die Ihnen helfen, Bilder erschließen zu können.
– Bilder von Kindern, die Sie in Ihrer Umgebung oder im Internet finden, kritisch zu hinterfragen (Nutzen Sie dazu Kinderbilder aus der Kunst-, Zeit- oder Familiengeschichte und Bilder aus der Werbung).
– zu erläutern, inwiefern Bilder als Quellen der Kindheitsforschung genutzt werden können.

Weiterführende Literatur zu Kapitel 1

BILSTEIN, JOHANNES (2002): **Zwischen Unschuld und Kraft. Zur Imaginationsgeschichte der Kindheit.** (Der Artikel zeigt an Beispielen, wie anhand von Bildern die Geschichte der Kindheit auf neue Art „gelesen" werden kann.)

MOLLENHAUER, KLAUS (1994): **Vergessene Zusammenhänge. Über Kultur und Erziehung.** (Ein Klassiker, der einen neuen, spannenden Blick auf die Geschichte der Erziehung wirft.)

RITTELMEYER, CHRISTIAN/PARMENTIER, MICHAEL (2006): **Einführung in die pädagogische Hermeneutik.** (Wer sich intensiver mit der Deutung von Bildern beschäftigen möchte, findet hier eine Einführung.)

2 Historische Entwicklung von Kindheit

Obwohl es zu jeder Zeit der menschlichen Geschichte Kinder gegeben hat, ist es durchaus strittig, ob es ebenso zu jeder Zeit eine Idee von „Kindheit" gegeben hat. Denn eine bewusste Idee von Kindheit entsteht erst dann in einer Gesellschaft, wenn die Unterscheidung von Kindern und Erwachsenen eine für diese Gesellschaft relevante Ordnungsfunktion besitzt. Dies aber sei, so meinen einige Historiker, eine „Erfindung" der Moderne. Unstrittig ist hingegen, dass sich seit der Moderne sowohl die Konzepte und Ideen über Kinder und Kindheit als auch das reale Leben der Kinder in den verschiedenen historischen Epochen stark verändert haben. Mit diesen Veränderungen wie auch mit den Kontinuitäten beschäftigt sich die Historische Kindheitsforschung, die in diesem Kapitel vorgestellt wird. Sie stellt ein relativ junges Forschungsgebiet dar, welches sich erst in den 70er und 80er Jahren des letzten Jahrhunderts etablierte. Das war kein Zufall. Genau in diese Zeit fällt nämlich auch die Wahrnehmung eines gesellschaftlichen Wandels, der nicht nur für die Erwachsenengeneration, sondern auch für die Kinder Veränderungen brachte. Mit Stichworten wie Liberalisierung der Lebensformen und Erziehungsvorstellungen, politische Emanzipationsbestrebungen und Protestbewegungen, Emanzipation der Frauen und Bildungsexpansion kann dieser Modernisierungsschub hier nur angedeutet werden. Während man im eigenen Leben und dem der Kinder solche Veränderungen erfuhr und gestaltete, wuchs das Verständnis dafür, dass Kindheit generell nicht nur eine quasi natürliche Passage des biologischen und sozialen Großwerdens ist, sondern dabei überlagert wird von historisch wandelbaren Vorstellungen über das Großwerden, dem ebenso veränderbare materielle, rechtliche wie soziale Bedingungen unterliegen. Die Historische Kindheitsforschung hat sich seitdem zu einem weit verzweigten Netz unterschiedlicher Themengebiete, Methoden und Fragestellungen entwickelt, innerhalb dessen man verschiedene Perspektiven ausmachen kann.

So untersucht und interpretiert die kulturgeschichtliche Perspektive beispielsweise Texte und andere kulturelle Dokumente über Erziehung und Bildung wie Elternratgeber, Gesetzestexte, öffentliche Debatten, aber auch Bilder und literarische Texte, um die jeweils epochentypischen Begriffe von Kindheit in einer Gesellschaft rekonstruieren zu können.

In einer sozial- oder alltagsgeschichtlichen Perspektive interessiert man sich hingegen dafür, ein Bild über die alltägliche Wirklichkeit von Kindern in bestimmten Epochen und an verschiedenen Orten einer Gesellschaft (z. B. in der Arbeiterklasse oder im Bürgertum) zu generieren. Die hier in den Blick genommenen Quellen sind somit Quellen des Alltags, also z. B. Kleidung, Wohnumgebungen, Spielzeug, Briefe oder Autobiografien. Außerdem lassen sich die Bedingungen des Alltags über statistische Quellen wie Geburts- und Sterberegister, Schulchroniken, Kirchenbücher u.a. rekonstruieren. Einen beträchtlichen Teil der Forschung stellen hier die Fragen zur Geschichte derjenigen Institutionen dar, in denen Kinder aufwachsen, also vor allem Familie und Schule. Insofern weist die historische Kindheitsforschung starke Überschneidungen mit der historischen Schul- und Familienforschung auf (vgl. BAADER 2010).

2.1 „Entdeckung" und Wandel der Kindheit

Ariès „Geschichte der Kindheit"/Rezeption und Kritik

Der französische Autor Philippe Ariès veröffentlichte bereits 1960 ein Buch, das bis heute stark diskutiert wird und als Klassiker der historischen Kindheitsforschung gelten kann. Es erschien im Französischen unter dem Titel „L'enfant et la vie familiale sous l'Ancien Régime" (deutsch 1975: „Geschichte der Kindheit"). Ariès vertritt darin die These, dass das Mittelalter keinen Begriff von Kindheit gehabt habe, sondern dass diese erst mit Beginn der Moderne „entdeckt" worden sei.

Die mittelalterliche Gesellschaft und ihr Verhältnis zu Kindheit (Ariès)

„Die mittelalterliche Gesellschaft [...] hatte kein Verhältnis zu Kindheit; das bedeutet nicht, dass die Kinder vernachlässigt, verlassen oder verachtet wurden. Das Verständnis für die Kindheit ist nicht zu verwechseln mit der Zuneigung zum Kind; es entspricht vielmehr einer bewussten Wahrnehmung der kindlichen Besonderheit, jener Besonderheit, die das Kind vom Erwachsenen, selbst dem jungen Erwachsenen, kategorial unterscheidet. Ein solches bewusstes Verhältnis zur Kindheit gab es nicht. Deshalb gehörte das Kind auch, sobald es ohne die ständige Fürsorge seiner Mutter, seiner Amme oder seiner Kinderfrau leben konnte, der Gesellschaft der Erwachsenen an." (ARIÈS 1975, S. 209)

Philippe Ariès hat für seine Studie zahlreiche verschiedene Quellen ausgewertet, sowohl alltags- als auch ideengeschichtliche. Zur ersten Kategorie gehören etwa Bilddarstellungen und Textquellen, mit Hilfe derer er nachweisen konnte, dass sich die Kleidung der Kinder im Mittelalter von der der Erwachsenen nicht unterschied, sondern dass lediglich soziale Unterschiede durch unterschiedliche Kleidung gekennzeichnet wurden (vgl. ebd., S. 112ff.). Er postulierte außerdem, dass es das Gefühl der Liebe zwischen Eltern und Kindern, insbesondere das Phänomen der Mutterliebe, im Mittelalter kaum gegeben habe. Unter anderem belegt er dies mit Textquellen, die zeigen, dass Eltern beim frühen Tod ihres Kindes keinerlei Trauer empfanden, sondern diese so häufige Erfahrung ohne besondere Emotionen als Schicksalsschlag hinnahmen. In alle wesentlichen Bereiche des erwachsenen Lebens (Arbeit, Sitte, Religion, Sexualität) wuchsen die Kinder der Vormoderne wie Lehrlinge allmählich hinein, ihre Welt war von der der Erwachsenen noch nicht getrennt.

Im Weiteren beschreibt Ariès die immer deutlichere Isolierung der Kinder vom Leben der Erwachsenen, die für die Moderne charakteristisch ist. Drei historische Entwicklungsmomente sind dafür entscheidend:

Familialisierung – Ab dem 15. und 16. Jahrhundert verändern sich, besonders in den Urbanisierungs- und Verbürgerlichungsbewegungen, allmählich die Formen des familialen Zusammenlebens. Großverbände von Sippen und Haushalte, in denen neben den Verwandten verschiedener Generationen sowie weitere, an den Arbeitsprozessen des meist ländlichen Hauses oder Hofes beteiligte Personen lebten, lösten sich auf; es entstand die moderne Kernfamilie, in der Kinder nicht mehr selbstverständlich und beiläufig alles lernen konnten, was sie für ihr Leben benötigten.

Scholarisierung – Damit im Zusammenhang steht die vermehrte Gründung von Schulen, in denen die Kinder (zunächst vor allem Jungen) jene Kenntnisse und Fähigkeiten erwarben, die ihnen zu Hause nicht mehr allgegenwärtig waren. Mit den Schulen entstehen dabei separierte Räume für Kinder und Jugendliche. Indem Kinder dort in zunehmend altershomogenen Klassen zusammengesetzt und unterrichtet werden, formiert sich – auch außerhalb der Schule – die Idee einer stufenweise zu absolvierenden Entwicklung als einer gerichteten Folge von Lernschritten, die als wesentliche Aufgabe der Kindheit angesehen werden.

Erziehung der kindlichen Seele – Im 17. Jahrhundert gewinnt die Erziehung der Kinder in öffentlichen Diskursen der Moralisten, der Kirche und der Pädagogen enorm an Bedeutung. Die Seele des Kindes werde nun, so Ariès, als formbar, der Erziehung und Rettung bedürftig angesehen. Diese Auffassungen stärken wiederum die enger werdenden Familienbande, die sich mehr und mehr auf das Geschäft der Kindererziehung konzentrieren.

So begann mit der Modernisierung eine Absonderung der Kinder aus der Welt der Erwachsenen, in der eigens für die Kinder besondere Räume (Schule, später im 19. Jahrhundert auch Kindergarten und Kinderzimmer) geschaffen wurden. Kinder wurden so in der Tendenz zu „Außenseitern der Gesellschaft" (vgl. KAUFMANN 1980).

In den kommenden Jahren ist den Thesen Ariès' vielfach widersprochen worden. Besonders seine erste These über das Fehlen einer Kindheitsvorstellung im Mittelalter hat bei anderen Historikern Kritik hervorgerufen. Es wurden vielfach Belege sowohl für ausdifferenzierte Praxen der besonderen, kindspezifischen Pflege, der Versorgung, Ernährung und Krankheitsbehandlung gefunden als auch für Eltern, die den Tod ihres Kindes heftig betrauern, z. B. in Predigten, in denen diese zu mehr Gottvertrauen und Gelassenheit ermahnt wurden (vgl. z. B. ARNOLD 1980; SHAHAR 2004).

„Hätten die Eltern im Mittelalter den Tod der Kinder mit dem Gleichmut hingenommen, den die Prediger von ihnen forderten, hätte sich wohl kaum ein Geistlicher bemüßigt gefühlt, sie zu trösten oder für ihre maßlose Trauer zu schelten." (SHAHAR 2004, S. 183)

Innenansichten

Während aber alle diese Forschungen letztlich das Leben der Kinder betrachten, ohne diese selbst zu Wort kommen zu lassen, fragt eine andere Richtung innerhalb der Historischen Kindheitsforschung nach den je zeittypischen Erfahrungen und Erlebnissen der Kinder. Dafür ist sie auf biografisches und autobiografisches Material angewiesen, das Erwachsene im Rückblick auf ihre eigene Kindheit produziert haben (vgl. Schulze 2001). Für die jüngere Geschichte hat sich daneben auch die Methode der „oral history" etabliert. In ihr werden Zeitzeugen einer bestimmtem Epoche – etwa der Weimarer Zeit, des Faschismus oder neuerdings der 1968er Generation – zu ihren Kindheitserinnerungen und Kindheitserlebnissen, zu ihrer Wohn- und Spielumwelt, dem Familienleben, den Rollenverteilungen, den Geschwisterbeziehungen, den Schulerlebnissen etc. befragt.

Das folgende Beispiel ist ein älteres und führt uns exemplarisch einige Fragen der Historischen Kindheitsforschung, die sich mit biografischen Texten befasst, vor Augen.

„Die ersten Töne, die sein Ohr vernahm, und sein aufdämmernder Verstand begriff, waren wechselseitige Flüche und Verwünschungen des unauflöslich geknüpften Ehebandes.
Ob er gleich Vater und Mutter hatte, so war er doch in seiner frühesten Jugend schon von Vater und Mutter verlassen, denn er wusste nicht, an wen er sich anschließen, an wen er sich halten sollte, da sich beide haßten und ihm doch einer so nahe wie der andere war. In seiner frühesten Jugend hatte er nie die Liebkosungen zärtlicher Eltern geschmeckt, nie nach einer kleinen Mühe ihr belohnendes Lächeln. […] Diese ersten Eindrücke sind nie in seinem Leben aus seiner Seele verwischt worden, und haben sich oft zu einem Sammelplatz schwarzer Gedanken gemacht, die er durch keine Philosophie verdrängen konnte. […]
Woher mochte wohl dies sehnliche Verlangen nach einer liebreichen Behandlung bei ihm entstehen, da er doch derselben nie gewohnt gewesen war, und also kaum einige Begriffe davon haben konnte?" (Karl Philip Moritz: Anton Reiser [1785] 1986, S. 12–14)

Beispiel für eine frühe Kindheitserinnerung

Der sich hier erinnert, ist ein bedeutender Autor, Philosoph und Psychologe des späten 18. Jahrhunderts. In seinem „psychologischen Roman" beschreibt er in dem Protagonisten Anton Reiser seine eigene, entbehrungsreiche Kindheit und Jugend. Besonders schmerzhaft wird hier das Hin- und Hergerissensein zwischen den im dauernden Streit lebenden Eltern und die Sehnsucht nach Zuwendung, Liebe und Zärtlichkeit erinnert. Wir können an diesem Beispiel zwei wichtige Dimensionen der Rekonstruktion von Kindheit in solchen (auto-)biografischen Zeugnissen finden:

1. Zum einen bezieht sich diese Konstruktion einer frühen Erinnerung auf reale Erfahrungen des Verlassenseins, die sich von früh an im Protagonisten aufgeschichtet haben und daher zum Zeitpunkt des Schreibens noch immer Aktualität besitzen. Theodor Schulze erläutert, dass es dem Forscher nicht darum gehen kann, zu beurteilen oder gar zu überprüfen, ob eine Erinnerung an Erlebtes richtig oder falsch ist. Das hieße hier etwa, herausfinden zu wollen, ob die Eltern sich wirklich so häufig gestritten haben, oder ob der Sohn im Rückblick vielleicht nicht maßlos übertreibt. Wenn es Anliegen ist, die Perspektive der Kinder und deren Erlebnisweise zu verstehen, so muss man auch berücksichtigen, dass der Vorgang der Erinnerung nicht allein eine kognitive Reproduktion des Geschehenen ist, sondern dass im Erinnern an die eigene Kindheit auch emotionale Aspekte der erlebten Situation eine bedeutende Rolle spielen (vgl. Dietrich/Müller 2010). Denn

„… im Erleben werden Vorgänge der Außenwelt in unterschiedlicher Weise affektiv besetzt und damit bedeutsam. Sie werden für das Subjekt mit einer zusätzlichen Bedeutung ausgestattet als Auslöser von Befürchtungen und Erwartungen, von Ängsten oder Wünschen, von Gefühlen unterschiedlichster Art. Und der Vorgang des Erinnerns […] zeigt sich […] als ein Prozess produktiver Verarbeitung von affektiven Impulsen zu Einstellungen und Imperativen." (SCHULZE 2001, S. 173f.)

2. Interessanterweise wechseln Passagen der Narration von Erinnerungen mit solchen der fragenden Selbstreflexion. Hier fragt sich der Erzähler, woher er sich denn eigentlich nach Liebe sehnen konnte, obwohl er diese doch niemals in seiner Kindheit erfahren hat. Die Beschreibung der Sehnsucht nach Liebe ist Resultat der kulturellen Erfahrung des inzwischen Erwachsenen, der mitten in der Epoche des literarischen Sturm und Drang über das „sehnliche Verlangen nach einer liebreichen Behandlung" zu schreiben gelernt hat. Er gibt uns als Autor ein Zeugnis seiner Zeit, in der die Intimisierung und Emotionalisierung der Eltern-Kind-Beziehungen für die bürgerlichen Schichten immer mehr zur Norm wurde. In dieser reflexiven Passage begegnet uns also der Erwachsene, der auf seine Kindheit zurückblickt und sich selber darüber wundert, dass er offenbar im Laufe seines Lebens Kategorien der Beschreibung von Eltern-Kind-Beziehungen erworben hat, die er selbst nie erfahren hat.

Die Rekonstruktion der Perspektive der Kinder, die heute in der neueren Kindheitsforschung eine so große Rolle spielt, gehört so von Anbeginn an zu den wichtigen Methoden der Historischen Kindheitsforschung. In den 1980er Jahren etabliert sich innerhalb der Erziehungswissenschaft eine Historische Sozialisationsforschung, die sich intensiv um das Aufspüren der kindlichen Erlebensweisen bemüht. Dabei verfolgt sie zum einen das Ziel, die Wirkungsweisen von bestimmten pädagogischen Intentionen verstehen zu können; zum anderen beschreibt sie aber in der dann gefundenen Differenz von Intention und Wirkung auch die individuelle Eigensinnigkeit der kindlichen Akteure (vgl. HERRMANN 1991; KLIKA 1997). Das oben dargestellte Beispiel Anton Reisers zeigt aber auch, dass es der Historischen Kindheitsforschung letztlich niemals vollständig gelingen kann, die Kinder selbst zu Wort kommen zu lassen. Sie ist auf die deutende Rekonstruktion von Erinnerungen Erwachsener an ihre Kindheit angewiesen. Das wiederum impliziert, dass bestimmte Phasen der Kindheit in den verschiedenen geschichtlichen Epochen gar nicht zugänglich sind.

2.2 Die Durchsetzung des modernen Kindheitskonzeptes

Sowohl aus der Rezeptionsgeschichte der Forschungen von Ariès als auch aus zahlreichen Einzelstudien der Historischen Kindheits- und Sozialisationsforschung lässt sich nun der Schluss ziehen, dass man weniger von einer „Entdeckung" der Kindheit, als von der allmählichen Durchsetzung eines modernen Kindheitskonzeptes sprechen sollte (vgl. SAGER 2008).

Mit zunehmender Modernisierung und Teilung der Lebenswelten in (Industrie-)Arbeit und Haushaltsarbeit veränderte sich das Aufwachsen von Kindern nachhaltig. Während in der Vormoderne die Kinder eines Hauswesens durch Teilhabe am Leben der Erwachsenen sozial integriert wurden und zunehmend mehr Aufgaben, Rechte und Pflichten der Erwachsenen übernahmen, wuchsen und wachsen Kinder der Moderne in ihren eigenen Räumen auf. Kindheit wird erst zur Kindheit, indem sie sich in eine Phase des pädagogischen Moratoriums wandelt. Die Freistellung von Erwerbsarbeit gehört ebenso dazu wie die selbstverständliche Schulpflicht, die sich im Laufe der Geschichte immer mehr ausdehnte und für immer mehr Kinder gelten sollte.

Die Trennung zwischen Erwachsenen- und Kinderwelt zeigt sich auch in dem Anspruch der Kinder auf Schutz vor Einflüssen aus der Erwachsenenwelt, die ihrem Lernen und Aufwachsen nicht zuträglich sind. Dies betrifft vor allem die Bereiche Gewalt, Medien, Sexualität und Schad- und Suchtstoffe wie Alkohol oder Tabak, die man aus dem Leben der Kinder fernzuhalten versucht.

Zu den Selbstverständlichkeiten des modernen Kindheitskonzeptes gehören außerdem enge emotionale Bindung an Eltern bzw. Bezugspersonen; nicht umsonst wird das biografische Ende der Kindheit heute u. a. durch die Aufgabe beschrieben, sich aus diesen engen Bindungen allmählich zu lösen. Zusammenfassend spricht man daher von einer modernen Erziehungskindheit, die wesentlich durch Familialisierung und Scholarisierung gekennzeichnet ist.

All diese Momente sind nicht innerhalb einer kurzen Zeitspanne „entdeckt" worden, sondern haben sich sehr allmählich entwickelt. Vor allem müssen wir von einer stark differierenden Entwicklung hinsichtlich Geschlecht, sozialem Status, Region und Religion ausgehen. Modernisierungsprozesse der Kindheit beginnen meist in der männlichen, städtischen, bürgerlichen, protestantischen Kindheit und weiten sich erst sehr langsam in ländliche, weibliche, Unter- aber auch Oberschichtskindheiten traditionellerer Glaubensrichtungen aus. So gab und gibt es zur gleichen Zeit sehr verschiedene kindliche Lebensläufe und Lebensumwelten, wie zahlreiche Studien historisch vergleichender Kindheitsforschung belegen.

Exkurs: Die Entdeckung der Kindheit durch die Soziologie
Während die wissenschaftliche Disziplin der Pädagogik sich von ihrem Anfang an mit Kindheit beschäftigt, hat die Nachbardisziplin Soziologie Kinder und Kindheit als eigenständigen Themen- und Forschungsbereich erst in der zweiten Hälfte des 20. Jahrhunderts für sich entdeckt; dies geschah nicht zufällig in etwa parallel zum Aufschwung der Historischen Kindheitsforschung und zu einer Zeit, in der sich das moderne Kindheitskonzept erneut wandelte und die Grenzen zwischen den Lebenswelten der Kinder und Erwachsenen an manchen gesellschaftlichen Orten undeutlicher wurden. Kindheit, so stellte die Soziologie in den 70er und 80er Jahren des 20. Jahrhunderts fest, findet nicht mehr neben der Gesellschaft in ausgegrenzten pädagogischen Schonräumen statt, sondern ist ein Teil von ihr.

„Die seit den 80er Jahren diagnostizierte moderne Kindheit ist kein Reservat mehr. Illusionäre Denkweisen, die der Auffassung von Kindheit als einer aus der Gesellschaft herausgenommenen Schutz- und Vorbereitungsphase entsprungen waren, sind korrigiert: der Glaube an Machbarkeit, an weitreichende pädagogische Steuerbarkeit kindlicher Sozialisation und auch die Vorstellung von Kindheit als dem ganz anderen, als dem verlorenen Paradies. Kindheit ist entromantisiert. In welcher Weise ist hier Kindheit soziologisch entdeckt worden? Zum einen ist der Begriff „Kindheit" von einer konkreten historischen Erscheinungsform abgelöst. Es ist ein allgemeiner Strukturbegriff der Gesellschaft geworden. [...] Zum anderen wird Kindheit als solche und nicht mehr nur als Vorbereitungszeit auf anderes betrachtet, nicht mehr nur von ihrem Ende, dem Erwachsensein her, sondern von der Gegenwart der Kinder aus." (ZEIHER 1996, S. 798)

Seitdem etablierte sich in der Soziologie eine ganz neue Aufmerksamkeit und Forschungsaktivität auf Kindheit als sozialer Kategorie (vgl. hierzu besonders Kap. 5), als Lebensphase aus eigenem Recht und auf die kulturellen Aktivitäten, die die Kinder innerhalb dieser Phase entfalten. Dabei steht die Historische Kindheitsforschung insofern Pate, als moderne Kindheiten immer als Kindheiten im Wandel gesehen werden.

2.3 Verrechtlichung von Kindheit

Die Entwicklung und Durchsetzung des modernen Konzeptes von Kindheit lässt sich auch an den Stufen der Verrechtlichung von Kindheit aufzeigen. Lange Zeit gab es keinerlei gesetzliche Bestimmungen, die das Leben der Kinder zum Gegenstand hatten. Kinder unterstanden selbstverständlich der Gewalt der (meist männlichen) Familienoberhäupter und tauchten als Rechtssubjekte nicht auf. Das änderte sich erst mit den Diskussionen um die Abschaffung der Kinderarbeit im 18./19. Jahrhundert (auch hier gab es starke regionale Unterschiede innerhalb Europas) und um die Einführung der Schulpflicht im 19. und 20. Jahrhundert. Weitere wichtige Stationen waren das Reichsjugendwohlfahrtsgesetz der Weimarer Republik (1922), in dem erstmals kinder- und jugendfürsorgerische Arbeit als auch Grundbedingungen des Jugendschutzes auf eine gesetzliche Basis gestellt wurden, sowie dessen Neuformulierung im KJHG (Kinder- und Jugendhilfegesetz) von 1990.

Auf internationaler Ebene sind die Kinderrechtserklärung der Vereinten Nationen aus dem Jahr 1959 sowie die Kinderrechtskonvention der Vereinten Nationen von 1989 entscheidende Daten in der Geschichte der Rechte von Kindern. In beiden Erklärungen sind wichtige Grundrechte für Kinder, wie z.B. das Recht auf Bildung und freie Meinungsäußerung, auf gesellschaftliche und kulturelle Partizipation oder auch auf Schutz vor Gewalt und Ausbeutung, festgeschrieben. 1992 hat auch die Bundesrepublik diese Konvention, wie viele andere Staaten vor und mit ihr, ratifiziert.

Kinderrechte betonen den Subjektstatus des Kindes

Man kann die Geschichte der Kinderrechte in zweierlei Weise verstehen. Naheliegend ist zunächst die Auffassung einer Fortschrittsgeschichte: Während Kinder früher gar keine eigenen Rechte hatten, sind es bis heute immer mehr geworden und man bemüht sich vielerorts um eine weltweite Durchsetzung der spezifischen Kinderrechte und einer Politik für Kinder, die deren Schutzbedürftigkeit und Vulnerabilität (im Kinder- und Jugendschutzgesetz), deren Bedarf an Förderung und Bildung, deren Bedürfnis nach verlässlichen Beziehungen sowie deren Recht auf freie Meinungsäußerung und Partizipation Rechnung trägt und sichert.

Kinderrechte tragen zur Vergesellschaftung des Kindes bei

Man kann aus sozialhistorischer Sicht aber auch nüchterner konstatieren: Durch die moderne Trennung von Kindern und Erwachsenen ist die Generationendifferenz zum wichtigen Teil der sozialen Ordnung geworden. Diese Ordnung der Differenz muss nun gesetzlich gesichert werden. Die Verrechtlichung der Kindheit bedeutet zugleich eine Vergesellschaftung der Kindheit und damit auch der einzelnen Kinder. Solange Kinder juristisch lediglich als Kinder ihrer Eltern auftauchen, verbleiben sie in der Privatsphäre der Familie. Sobald sie aber eigenständige Rechtssubjekte werden, sind sie zusätzlich öffentliche Personen, in die die Gesellschaft im Sinne des Humankapitals investiert, von dem sie auch Erträge erwartet. So geht es laut Honig

„im Streit um die öffentliche Tagesbetreuung, um die Armut von Kindern oder um die sog. Kinderkriminalität nicht lediglich um die Zahl von Kindergartenplätzen, die Berechnungsgrundlage von Armutsquoten oder um die innere Sicherheit, sondern auch um den Zuschnitt der Lebensphase Kindheit, um die soziale Lage von Kindern und nicht zuletzt um das Verhältnis von privater und öffentlicher Verantwortung für Kinder, also um die Kindheit als ein soziokulturelles Muster" (HONIG 2000, S. 267).

Das zeigt sich auch deutlich in der aktuellen Debatte um die Verankerung der Kinderrechte im Grundgesetz der Bundesrepublik. Von den vereinten Nationen ist es den ratifizierenden Ländern empfohlen, die Rechte der Kinder auch auf allen gesetzlichen Ebenen des eigenen Landes, also bei uns auf Ebene der Landesverfassungen und des Grundgesetzes, zu verankern. Während einige Bundesländer dieser Empfehlung bereits nachgekommen sind, zögern die Politiker des Bundes, einer entsprechenden Grundgesetzänderung zuzustimmen. Sie berufen sich dabei darauf, dass die allgemeinen Menschenrechte, die im Grundgesetz verankert sind, selbstverständlich auch für Kinder gelten und dass daher auf eine spezielle Verankerung von Kinderrechten verzichtet werden könne. Diese Politiker und Politikerinnen betonen also die Gleichheit von Kindern und Erwachsenen.

Die Befürworter hingegen beharren darauf, dass Kinder darüber hinaus besondere Bedürfnisse (nach Bildung, verlässlichen Beziehungen, Selbstbestimmung und Partizipation – etwa bei der Frage, ob und wie sie Kontakt zum geschiedenen Elternteil möchten) haben können, deren Berücksichtigung nur dann ein Stück weiterkommt, wenn der Appellcharakter des Grundgesetzes auch auf Kinder angewendet werde. Diese Politikerinnen und Politiker betonen also die Differenz zwischen Kindern und Erwachsenen besonders stark. Damit kann uns diese Debatte exemplarisch über den aktuellen Stand des modernen Kindheitsbildes informieren: Ob die Generationendifferenz als wichtigste Ordnungskategorie zur Beschreibung von Kinderleben noch taugt oder ob sie angesichts von Entstandardisierung, Enttraditionalisierung und Entgrenzung von Kindheiten nicht immer marginaler wird, ist noch keineswegs ausgemacht – die Frage wird uns in den folgenden Kapiteln immer wieder beschäftigen.

2.4 Kind, Kindheit, Kindheitsforschung: Wirklichkeiten und Konstruktionen

Die Bilder von Kindern und die Begriffe von Kindheit sind also in starkem Maße von der Konstruktionsleistung Erwachsener abhängig und unterliegen einem dauernden historischen Wandel. Mit seiner These, dass es einen Begriff von Kindheit nicht immer schon gegeben habe, nur weil es kleine, noch nicht erwachsene Menschen gegeben habe, hat Ariès nicht nur einen Wandel der Kindheit, sondern darüber hinaus auch die Historizität der Kindheit selbst behauptet. Das ist vielleicht die bis heute größte Provokation seines Buches, denn sie steht zu anthropologischen Überzeugungen, wie etwa der einer angeborenen Suche nach Bindung und Liebe, wie sie beispielsweise die Bindungsforschung (vgl. Kap. 3.2) behauptet, in Widerspruch.

Abhängig davon, ob man die Kindheit als eine Konstruktion der Erwachsenenkultur auffasst oder ob man sie für eine biologische, soziale und psychische Wirklichkeit hält, verändern sich die Kategorien des Nachdenkens und des Forschens.

Die Konstruktion dessen, was in einer jeweiligen historischen Epoche unter „Kindheit" verstanden wird – oft sind es auch widersprüchliche Konstruktionen – und die Wirklichkeit derjenigen Sachverhalte, die mit dem Begriff Kindheit gefasst werden, stehen zwar in einem Wechselverhältnis, d.h. sie bedingen einander, aber sie unterscheiden sich auch deutlich. In jeder historischen Epoche hat die gesellschaftlich ausgebildete Idee von Kindheit auf die realen Lebenserfahrungen der Kinder ausgestrahlt bzw. Möglichkeiten und Bedingungen des Aufwachsens geschaffen und begrenzt. So veränderten beispielsweise im 19. Jahrhundert die Gesetze zum Verbot der Kinderarbeit das Leben der Familien und Kinder ebenso nachhaltig wie die (sich nur allmählich durchsetzende) Einführung der Allgemeinen Schulpflicht. Ästhetische und literarische wie auch theoretische Texte über Kinder, Kindheit und Erziehung wirken einerseits auf die diese Zeugnisse rezipierende Elterngeneration und erreichen auf diesem Wege auch die Kinderzimmer; die Erfahrungen aus den Kinder- und Klassenzimmern wiederum werden an die Diskurse über Erziehung zurückgespiegelt und beeinflussen diese.

Die Historische Kindheitsforschung macht sich daher die wechselseitigen Einflussnahmen von „Außenansichten" und „Innenansichten" (vgl. HERRMANN 1991), von Idee, kulturellem Kontext und Wirklichkeit zum Thema. Wandel und Kontinuität des symbolisch konstruierten Begriffs der Kindheit müssen in Beziehung gesetzt werden zu Zeugnissen der kindlichen Erfahrungen, zu kindlichen Wünschen, Ängsten, Themen und Tätigkeiten. Dabei hat man sich von der Vorstellung verabschiedet, dass die Geschichte der Kindheit einer großen historischen Richtung folge, die die Geschichtswissenschaft zu rekonstruieren habe, wie es noch Ariès dachte. Stattdessen zeigt der niemals vollständige Versuch, die verschiedenen Perspektiven der Historischen Kindheitsforschung zusammenzuführen, mehr und mehr eine komplexe und wechselvolle, auch widersprüchliche Mehrdimensionalität von geschichtlichen Verläufen (vgl. HONIG 1999A). Ihr besonderer Verdienst liegt darin, deutlich gemacht zu haben, dass wir auch den heutigen Themen der Kinder, der Kindheit und der Kindheitsforschung nur mit einem historischen Verständnis begegnen können.

Was Sie wissen sollten, wenn Sie Kapitel 2 gelesen haben:

Sie sollten in der Lage sein,
– „Kind" und „Kindheit" als systematische und historische Begriffe der Kindheitsforschung zu unterscheiden.

– die These von der „Entdeckung der Kindheit" erläutern zu können.
– verschiedene Quellensorten der Historischen Kindheitsforschung zu kennen.
– kulturgeschichtliche und sozialgeschichtliche Fragestellungen zu unterscheiden und die Unterscheidungen auf die Rezeption von historischen Studien anwenden können.

Weiterführende Literatur zu Kapitel 2

CUNNINGHAM, HUGH (2006): **Die Geschichte des Kindes in der Neuzeit.** (Eine lesenswerte Studie aus England, die die neueren Forschungen und Debatten zur Geschichte der Kindheit anschaulich zur Darstellung bringt.)
GÜTHOFF, FRIEDHELM/SÜNKER, HEINZ (Hrsg.) (2001): **Handbuch Kinderrechte. Partizipation, Kinderpolitik, Kinderkultur.** (Ein Überblickswerk zur Frage der rechtlichen Situation von Kindern.)
KLIKA, DORLE (1997): **Methodische Zugänge zur Historischen Kindheitsforschung.** (Ein übersichtlicher einführender Artikel in Methodenfragen zur Historischen Kindheitsforschung.)

B Theoretische Zugänge

Die theoretischen Zugänge zur Kindheit sollen hier so vorgestellt werden, dass der Fokus, unter dem sie das Kind jeweils betrachten, deutlich wird. In einem ersten Teil wird es um Theorien gehen, die das einzelne Kind vor allem als Subjekt in den Blick nehmen und dabei bestimmte Fragen nach der Entwicklung oder der psychischen Verfassung des Kindes fokussieren. Das Bild vom Kind, das darin zum Zuge kommt, stellt ein bestimmtes Deutungsmuster dar, das Kindheit in einer spezifischen Hinsicht zum Thema macht.

Zu unterschiedlichen Zeiten haben diese Paradigmen unterschiedliche Wirksamkeit entfaltet: So hat beispielsweise die psychoanalytische Theorie Ende der 1960er Jahre die Kinderladenbewegung beeinflusst. Die Bedürfnisse von Kindern sollten in antiautoritären und selbstverwalteten Kindergärten nicht eingeschränkt, sondern frei ausgelebt werden. Heute wiederum ist es die Entwicklungspsychologie, die einen großen Einfluss auf die Früh- und Schulpädagogik hat, gerade wenn Lernprozesse von Kindern thematisiert werden.

Zunächst sollen die theoretischen Zugänge zum Kind offen gelegt werden. Methoden und Methodologien der Kindheitsforschung werden in Teil B thematisiert und im Teil C dieses Buches wird aufgezeigt, warum für eine ganz spezifische Fragestellung ein bestimmter theoretischer Zugang und gewisse Methoden ausgewählt werden, um relevantes Wissen über Kinder erzeugen zu können. Nur so kann die Frage nach der Perspektive der Kinder auf Grundlage der jeweiligen Theorie sinnvoll angegangen werden. Beispielsweise haben soziologische Theorien bei einer Thematisierung der Peer eine größere Relevanz, während prinzipielle Fragen – etwa ab welchem Alter Kinder überhaupt in der Lage sind, Freundschaften zu schließen – eher entwicklungspsychologisch untersucht werden können. Es geht also nicht um die Favorisierung eines Zugangs, sondern darum, unterschiedliche Zugänge wahrzunehmen und für die Beschreibung der kindlichen Perspektive zu nutzen.

3 Subjektbezogene Theorien

3.1 Entwicklungspsychologie

Fragestellungen der Entwicklungspsychologie

Der Blick auf die kindliche Entwicklung gestaltet im Wesentlichen die Möglichkeiten mit, die Kindern eröffnet oder zugestanden werden. Je nach Konzept ergeben sich bei der Frage nach der individuellen Entwicklung sehr unterschiedliche Antworten.

Entwicklungs-verläufe　Grundsätzlich sucht die Entwicklungspsychologie nach Erklärungen zu Veränderungen des Verhaltens und Erlebens im menschlichen Lebensverlauf. Es sollen Einflussfaktoren ausfindig gemacht werden, die individuelle

Unterschiede in der Entwicklung von Kindern erklären. Aus diesem Wissen ergeben sich unterschiedliche prognostische und diagnostische Möglichkeiten, etwa in Bezug auf Entwicklungsverläufe, wenn anstehende Anforderungen nicht angemessen gemeistert werden. Warum verweigert sich ein Kind dem Schulbesuch, warum nässt es ein oder wird magersüchtig? Welche Interventionen und Maßnahmen sind möglich und sinnvoll?

Voraussetzung für die Gestaltung entwicklungsförderlicher Kontexte ist ein Wissen darüber, welche Kompetenzen von Kindern einer bestimmten Altersgruppe erwartet werden können sowie eine Kenntnis der Wirkung von Risiko- und Schutzfaktoren in den entsprechenden Altersgruppen.

Einflussfaktoren auf Entwicklung

Im Prozess der Entwicklung wirken nach heutigen Erkenntnissen genetische und kontextuelle Faktoren, doch das Kind ist dabei nach neueren Erkenntnissen nicht nur den Einflüssen von Anlage (Reifung) und Umwelt ausgesetzt, sondern selbst aktiv bzw. konstruktiv an seinem Entwicklungsprozess beteiligt. Das Kind sucht selbst Erfahrungen auf, die ihm durch seine Umwelt angeboten werden und die ihm von seinem Entwicklungsstand her möglich sind (vgl. HAUG-SCHNABEL/BENSEL 2009, S. 14 f.). Auch bereits erworbene Kompetenzen beeinflussen die weitere Entwicklung. Doch:

„Die moderne Entwicklungspsychologie geht noch einen Schritt weiter, nachdem sie erkannt hat, dass Individuen nicht nur durch ihre Entwicklungsumwelt beeinflusst werden, sondern ihrerseits Einfluss auf ihre Umwelt nehmen und die ihnen passende Umwelt suchen und sich somit ihre Entwicklungskontexte selbst wählen und gestalten." (MONTADA in OERTER/MONTADA 2008, S. 6)

Ein sich wechselseitig bedingendes Gefüge mit vielen Einflussfaktoren ist jedoch komplex zu untersuchen und so darf es nicht wundern, dass viele Studien klar umrissene Fähigkeiten meist eines bestimmten Entwicklungsbereichs zum Gegenstand haben, deren erstes Auftreten beispielsweise anhand eines Experiments untersucht werden. Die Überprüfung solcher Hypothesen erfolgt häufig durch strukturierte Beobachtungen oder Messungen in konstruierten Laborsituationen.

Psychologische Forschung zur Entwicklung von Kindern

Um verdeutlichen zu können, wie die Entwicklung von Kindern in diesem theoretischen Zugang erforscht wird, soll hier exemplarisch die Arbeitsweise der entwicklungspsychologischen Forschung aufgeführt werden.

Piagets Stufenmodell

Jean Piaget stellte ein erstes umfassendes theoretisches Konzept zur Entwicklung des Denkens vor, das über vier Stufen die Niveaus der kognitiven Entwicklung des Kindes als Anpassungsprozess an seine Umwelt und zugleich als Konstruktionsprozess beschreibt. Das Kind erschafft sich jeweils bestimmte Schemata (geistige Strukturen, Umgangsformen), durch die ihm seine Eindrücke plausibel erscheinen. Wenn ein Schema nicht mehr greift, wird es verändert und dadurch werden neue Erfahrungsformen ermöglicht. Der Vorteil: Piaget beschreibt die Entwicklung als eine Transformation der Denk- und Handlungsformen einer ganzen Altersgruppe; beispielsweise sind die Zwei- bis Siebenjährigen durch voroperationales Denken charakterisiert. Diese Stufe ist gekennzeichnet durch Symbolbildung und Spracher-

Piaget: Das Kind als Individuum steht im Zentrum.

False belief test

Kontext ist ausgespart

werb, Anschaulichkeit des Denkens und Zentrierung auf einen oder wenige Aspekte. Eine solche Zentrierung besteht auch im sozialen Bereich als Egozentrismus. Piaget veranschaulichte dies durch seinen berühmten „Drei Berge Versuch", bei dem er Kindern eine Modelllandschaft mit drei Bergen präsentierte. Auf die Frage, was ein Betrachter, der auf der anderen Seite stünde, sehen würde, suchten Kinder dieses Alters jeweils Bilder ihrer eigenen Ansicht der drei-dimensionalen Landschaft aus. Das war für Piaget der Beweis dafür, dass Kinder sich nicht in die Perspektive einer anderen Person versetzen können, also egozentrisch denken.

Inzwischen gibt es Studien, die diesen Schritt des Perspektivwechsels zum Gegenstand haben. Dazu zählen auch alle Varianten des sogenannten „False belief"-Tests, bei dem mit immer neuem Interieur und Aufbau überprüft wird, ob Kinder – wie etwa im Maxi-Test – die Schokolade, die eine Puppe in den blauen Schrank geräumt hat und die während einer vorübergehenden Abwesenheit der Puppe von der Mutter in den grünen Schrank umgeräumt wurde, von dem Kind am ursprünglichen Ort vermutet wird. Kinder ab vier Jahren können diese gedankliche Operation des falschen Glaubens an den Fundort richtig beantworten (vgl. SODIAN 2008, S. 474 und TOMASELLO 2002). Wenn Kinder handelnd in bekannte Kontexte eingebunden sind, können sie jedoch weitaus früher die Perspektiven anderer einnehmen.

Kritik an Piaget

Piaget hat nicht nur Kinder in ihren Fähigkeiten, sondern auch die Rolle der Erwachsenen unterschätzt. Er bezog zudem zu wenig die sozio-kulturellen Faktoren ein und seine Theorie der umfassenden Transformation des Denkens gilt heute in dieser Form als nicht haltbar. Entwicklungspsychologen gehen inzwischen von der Entstehung domänspezifischen Wissens auf Grundlage eines angeborenem Kernwissen in jedem Bereich aus (vgl. SODIAN ebd.). Das bedeutet zum einen, dass die Denk- und Handlungsformen von Kindern und Erwachsenen sich nur graduell aber nicht grundsätzlich unterscheiden. Und zum anderen konzentrieren die Forschungen sich sehr kleinteilig auf einzelne Bereiche der Entwicklung (Motorik, Kognition, Emotion, Spracherwerb etc.), die experimentell untersucht werden, ohne dass diese Ergebnisse in eine Beziehung zueinander gesetzt werden.

Der entwicklungspsychologische Blick auf Kinder

Piaget hat den Säugling nicht als kompetentes Wesen gesehen. Die neuere Säuglingsforschung hat dies explizit in den Blick genommen. Neue Methoden machen Entwicklungen von Altersgruppen durch Forschung zugänglich, über die man bislang nur beobachtend und erschließend nachdenken konnte. Über die Art und Weise des Schnullersaugens geben wenige Tage alte Kinder Bescheid darüber, was sie bereits kennen bzw. wiedererkennen und was sie besonders interessant finden (vgl. GOPNIK u.a. 2003, DORNES 2003).

Wie aber erscheint die Perspektive der Kinder in diesen Forschungen? Sie taucht auf in der Suche nach allgemeingültigen strukturellen Merkmalen der Entwicklung einzelner Fähigkeiten. Die daraus entstandenen diagnostischen Möglichkeiten finden vielfältigen Einsatz, etwa bei der Schuleingangsuntersuchung oder bei Sprachstandserhebungen, die flächendeckend an einer bestimmten Altersgruppe durchgeführt werden. Orientierungspunkt ist eine Norm, jenseits derer Förderung angezeigt ist. So notwendig Hilfe in Problemlagen ist, so besteht doch auch die Gefahr, dass Erwartungen geweckt werden, dass Kinder schnellstmöglich wieder „reibungslos funktionieren" sollten (vgl. CHARLTON/KÄPPLER u.a. 2003, S. 20). Aber an welchem Bild vom Kind orientiert sich diese Erwartung? Obwohl die Entwicklungspsychologie in ihren Forschungen von einer großen Komplexität und Variabilität der menschlichen Entwicklung ausgeht, so fragt sie doch wenig nach dem Eigensinn kindlichen Denkens und Handelns (beispielsweise des kindlichen Animismus), sondern sieht es meist in einer zeitlichen Perspektive des *noch nicht*.

Die implizite Standardisierung der Stufenmodelle, die in den Darstellungen zu den Lebensaltern und den daraus abgeleiteten diagnostischen Instrumenten liegt, wirkt bis in das Innerste des Körpers disziplinierend, zumal die Pädagogen ihre Blicke und ihr Handeln an dieser Norm ausrichten (vgl. DAHLBERG/MOOS 2005, S. 38f.). Die Macht dieser Körperpolitik unterdrückt Individuen nicht, sondern bringt sie durch eine an der Norm orientierte Lebensgestaltung erst hervor.

Normierung des Blicks auf Kinder

„[Das] Ziel liegt in der Kontrolle, Disziplinierung und Normierung des Körpers, seiner Gesten und Verhaltensweisen." (WULF 2004, S. 148)

Eltern und Pädagogen brauchen entwicklungspsychologisches Wissen als Werkzeug im alltäglichen Handeln. Sie orientieren sich in der Beurteilung individueller Lebensverläufe an diesen Normen. Werden Entwicklungsbeeinträchtigungen und Verzögerungen erkannt, so stellt dieses Wissen auch eine Schutzfunktion dar. Kinder erhalten nun Unterstützung und Förderung, wo zuvor harte Strafen ein Mittel der Erziehung waren. Wird in diesem Buch also die Frage nach der Perspektive der Kinder gestellt, wie Kinder ohne den Zukunftsblick der Erwachsenen sind, so gilt gleichzeitig zu berücksichtigen, dass Kindsein sich auch im Verständnis einer normalen Entwicklung abspielt, von diesen Standards durchdrungen und mitgestaltet wird.

Kinder nehmen diese standardisierten Erwartungen wahr. Sie orientieren sich daran, was produktiv und notwendig ist. Aber es besteht auch die Gefahr, dass individuelle Wege und Begabungen nicht wahrgenommen und akzeptiert werden, dass Individuen somit nicht die Möglichkeit erhalten, ihre Entwicklungskontexte aktiv mitzugestalten.

3.2 Psychoanalytische Perspektive

„Psychoanalyse leistet nur das eine, allerdings Unverzichtbare: sie weckt Aufmerksamkeiten für die Dunkelstellen des pädagogischen Feldes, für die zumeist übergangene Innenwelt und Befindlichkeit der beteiligten Subjekte und bezieht diese in den pädagogischen Diskurs ein." (BITTNER 1996, S. 259)

Grundannahmen und Fragestellungen – Das Bild vom Menschen

Während die Entwicklungspsychologie nach generalisierbaren Strukturen und Dynamiken im Entwicklungsverlauf sucht, die beobachtbar und überprüfbar sind, geht es der Psychoanalyse um die innere Welt der Menschen aus deren eigener Perspektive. Wie aber kann diese innere Welt zugänglich gemacht werden? Die Psychoanalyse, die ursprünglich zur Behandlung psychischer Probleme entwickelt wurde, befasste sich im Laufe ihrer etwa 100-jährigen Geschichte immer mehr auch mit dem Verstehen unbewusster, auf den ersten Blick nicht sichtbarer und doch konstitutiver Dynamiken der zwischenmenschlichen Beziehungen. Ebenso wie die Biografieforschung arbeitet sie im Rückblick auf vergangene Ereignisse, die jedoch gesprächsweise professionell zu Tage gefördert und – vor dem Hintergrund eines Wissens um unbewusste Prozesse von ihren Verzerrungen und Verdrängungen befreit – entsprechend gedeutet werden. Will man etwas über die Innenwelt von Kindern erfahren, kann man nicht nur auf deren Erzählungen bauen, sondern bezieht alle symbolischen Ausdrucksformen mit ein, über die sie ihr Inneres äußerlich machen, also das Spiel, aber auch alle anderen ästhetischen Gestaltungsformen (vgl. Kap. 9).

Freud entwickelte als Begründer der Psychoanalyse ein Modell dieses Inneren des Menschen, das aus drei Instanzen, die als ein dynamisches Kraftgeschehen aufzufassen sind, aufgebaut ist: das Ich, das Es und das Über-Ich.

Die Psychoanalyse nahm mit dem Unbewussten des Menschen, dem „Es", eine Dimension in den Blick, die geheimste Antriebe, Gefühle, Wünsche und Ängste, Verletztheiten und Verwundungen thematisiert. Zu Beginn des Lebens ist das Es sehr bestimmend und zeigt sich beispielsweise als Hunger und Durst, als Lust und Unlust.

Das Ich bildet sich als der rationale, bewusste Teil des Menschen; einerseits um diese Triebe zu befriedigen und zu kontrollieren, andererseits um ein Gleichgewicht mit der dritten Instanz, dem Über-Ich, zu schaffen. Das Über-Ich ist eine Art säkularisiertes Gewissen, das im Laufe seiner Entwicklung die kulturell-gesellschaftlichen Normen und Werte der Eltern sowie gesellschaftliche Normen verinnerlicht hat und diese nun als Maßstab bei der Beurteilung von Gedanken und Taten anlegt.

Im Alter von zwei Jahren lernt das Kind beispielsweise in Besitzkonflikten mit Gleichaltrigen, wie man das Spielzeug des anderen, das man so sehr begehrt, nach gesellschaftlich vertretbaren Aushandlungsformen bekommen kann und bringt so sein Es mit dem Über-Ich in ein Gleichgewicht. Schmähliche Niederlagen oder gemeine Aggressionen gegenüber anderen werden vom Ich entweder verarbeitet oder verdrängt und vergessen, um nicht das Selbstbild zu erschüttern. Erzählungen von vergangenen Ereignissen sind deshalb keine bloßen Abbildungen von äußerer Realität, sondern lassen auch erkennen, wie beispielsweise ein Kind einen Konflikt mit anderen erfahren und für sich gedeutet hat. Derartige Erinnerungen sind Ausdruck einer innerlich erlebten Realität, die nicht ungebrochen nach Außen transportiert wird, sondern im Blick des Anderen und der ihm unterstellten Werte und Normen erzählt wird. Das ist kein Verzerren des Geschehens, sondern ein Berücksichtigen der unterschiedlichen Dimensionen einer Handlung: Was will ich, was darf ich, was ist möglich?

Sigmund Freud ist einer der ersten gewesen, der in einer über verschiedene Stadien laufenden Entwicklung in der frühen Kindheit die Grundlage einer Persönlichkeitsentwicklung gesehen hat, die die drei Instanzen oder Dimensionen der Psyche, das Es, das Ich und das Über-Ich in ein volles Leben führen kann.

Ein anderer Psychoanalytiker, Erik H. Erikson, der sich mit der Identität *Erikson*
beschäftigt hat, greift dieses Modell auf und fragt grundlegend:

„In welcher Weise wächst die gesunde Persönlichkeit, bzw. wie wächst ihr aus den
aufeinanderfolgenden Stadien die Fähigkeit zu, die äußeren und inneren Gefahren
des Lebens zu meistern und noch einen Überschuss an Lebenskraft zu erübrigen?"
(ERIKSON 1973, S. 57)

Erikson hat diese Form der Entwicklung über innere und äußere Konflikte
als psychosoziale Entwicklung gesehen. Das Ich vermittelt in seiner Sicht
nicht nur, sondern entwickelt auf jeder Stufe ganz bestimmte Fähigkeiten,
die es in genau der Gesellschaft braucht, in der es lebt. Auch deshalb sind
die Praktiken im Umgang mit Kindern so unterschiedlich, weil sie von kulturell unterschiedlichen Vorstellungen darüber geprägt sind, was Kinder
können und wissen sollen.

Kommt nun im Laufe der Entwicklung eine der Instanzen/Dimensionen
der Innenwelt nicht ausreichend zu ihrem Recht, werden also grundlegende
Wünsche oder Ängste nicht oder zu häufig berücksichtigt, sind gesellschaftliche Ansprüche übermächtig oder ohne Belang oder wird etwas unterdrückt, was eigentlich integriert werden müsste, so leidet der Mensch. Das
Symptom dieses Leidens – wenn beispielsweise ein Kind im Alter von drei
Jahren nicht richtig sprechen will – wird nicht nur als Störung oder als Anlass für Übungen zur phonologischen Bewusstheit erkannt, sondern auch
als eine aus kindlicher Sicht sinnvolle Äußerung, um etwas mitzuteilen, was
wahrgenommen und in seiner Bearbeitung unterstützt werden muss.

Psychoanalytische Kindheitsforschung: Themen und Methoden

Welchen Beitrag kann eine psychoanalytisch orientierte Kindheitsforschung
leisten? Ebenso wie man in der soziologischen Kindheitsforschung die äußere Welt des Kindes, seine Räume und Spielplätze und die Formen der Freizeitgestaltung erkundet, so kann die Psychoanalyse einen Beitrag zur Erhel-
lung der kindlichen Innenwelt und damit zur kindlichen Persönlichkeitsentwicklung leisten.

Hier soll ein berühmtes Beispiel von Freud angeführt werden. Freud hatte *Freuds*
beobachtet, wie sein eineinhalbjähriges Enkelkind Ernst eine Garnrolle in *Garnrollenbeispiel*
sein Bettchen warf und deren Verschwinden mit einem bedauernden „Oh"
(weg) kommentierte. Dann holte er die an einem Bindfaden befestigte Rolle
wieder zu sich her und begrüßte sie mit einem freudigen „Da" (vgl. FREUD
1920, S. 80–83).

In den Augen eines Entwicklungspsychologen handelt es sich hierbei um
eine sensumotorische Übung, die alterstypisch oft wiederholt wird. Freud
deutet das Spiel seines Enkels als die zeitgleiche Erfahrung, dass die Mutter
ihn für einige Stunden verlässt und hernach wiederkehrt. Im Garnrollen-
spiel könnte Ernst seine Trennungserfahrung, also das Verschwinden und
Wiederkommen der Mutter in seinem Erlebnisgehalt spielerisch bearbeiten.
Er selbst erleidet hier nicht die Trennung, sondern wird aktiv, indem er die
Spule fortschleudert, verschwinden und wiederkommen lässt. Erregungen
und Konflikte zwischen Anhänglichkeit und Autonomiestreben, Liebe, Wut

und Traurigkeit könnten hier in eine symbolische Ausdrucksform gebracht werden. Freud hat überdies beobachtet, dass Ernst das Fortschleudern öfter spielt als das Zurückholen und deutet dies als Hinweis darauf, dass das Fortgehen der Mutter für Ernst als schmerzliche Erfahrung wichtig ist und er die damit verbundene emotionale Erregung in anderer Form erleben und abreagieren, und den zugehörigen Erlebnisinhalt experimentell bearbeiten möchte. Durch die Umwandlung von Passivität (in Form des Verlassenwerdens) in Aktivität (in Form des Fortschickens) wird Unlust in Lust verwandelt. Ernst beschäftigt sich im Medium des Spiels mit dem Erlebten, mit dem unbewussten, innerpsychischen Gehalt der Erfahrung, bearbeitet sie symbolisch und vermag sie möglicherweise prospektiv besser zu bewältigen.

Themen psychoanalytischer Untersuchungen

Freud stellt in seinen Forschungen das einzelne Kind in seiner Entwicklung in den Mittelpunkt. Seine Ausführungen haben eine weit verzweigte Beschäftigung in der psychoanalytischen Theorie mit dem kindlichen Spiel, wie auch anderen symbolischen Gestaltungsformen hervorgerufen. Symbolische Ausdrucksformen liefern Hinweise auf persönlich bedeutsame Sinnzusammenhänge, auf Nöte und Sehnsüchte, die Kinder bewegen. Sie sprechen auch davon, wie Kinder sich sehen und fühlen, welches Bild sie von sich entwerfen und wie sie vielleicht sein wollen.

Autoren wie Winnicott (1995), Bittner (1981), Fatke (2003), Schäfer (1995) u. a. haben sich insbesondere diesen kindlichen Symbolisierungen in ihren Untersuchungen zugewandt. Schäfer hat z. B. in seinem Buch „Bildungsprozesse im Kindesalter" aufgezeigt, wie Kinder über das Fantasieren, Spielen und Gestalten den Themen und Prozessen des Selbstwerdens eine fassbare Gestalt geben. Kulturelle Traditionen (Inhalte und Ausdrucksformen) werden hierbei für Selbstbildungsprozesse genutzt. So dürfen beispielsweise in Technikfantasien Themen wie Zerstörung und Neuwerden symbolisch behandelt und in dieser Form zur Sprache gebracht werden.

„Es sollte sichtbar werden, wie Kinder einen Bereich gegenwärtigen kulturellen Lebens [Technik], (…) dazu benutzen, um Prozessen ihres Selbstwerdens eine symbolische Form und damit auch eine handhabbare innere Struktur zu geben." (SCHÄFER 1995 ebd., S. 155)

Symbolisierungen der inneren Welt

Das Wechseln auf die symbolische Ebene vermag eine Sinnordnung zu schaffen, die sichtbar und kommunizierbar ist. Die so entstandenen sinnhaften Formen artikulieren und stiften Identität. Menschen finden und erkennen sich in symbolischen Handlungen – wie etwa dem Gutenachtkuss als eine frühe Form symbolischer Verständigung zwischen Mutter und Kind. Das Gefühl inniger Verbundenheit im Augenblick der Trennung gibt dem Kind die Sicherheit und Geborgenheit, die es zum Einschlafen braucht.

Diese innere Welt von Kindern, die im Spiel, in kulturellen Praktiken, in Fantasien, Träumen, Geschichten und ästhetischen Gestaltungen sichtbar wird, lässt sich nicht in gleicher Weise erschließen, wie die äußere. Sie aber deshalb in der Kindheitsforschung zu vernachlässigen und nur die äußerlich sichtbare Welt zum Forschungsgegenstand zu machen, wäre eine fatale Folge.

Psychoanalyse und Bindungsforschung

Aus der klassischen Psychoanalyse ist in den 1940er Jahren die Bindungstheorie hervorgegangen und hat sich seither selbständig gemacht. Ihre zentrale Ausgangsthese besagt, dass „der menschliche Säugling die angeborene Neigung hat, die Nähe einer vertrauten Person zu suchen" (DORNES 2002, S. 44). Diese Neigung wird besonders in Situationen aktiviert, in denen das Kind ängstlich oder traurig ist, also des besonderen Schutzes und der Fürsorge bedarf. Nach bindungstheoretischer Überzeugung hat sich das Bindungsstreben evolutionär entwickelt, um dem Neugeborenen Überlebensschutz zu sichern.

[Handschriftliche Randnotiz: Bindungstheorie: Eine enge Bindung an eine best. Person → beeinflusst Zugang zu anderen.]

Aus den Interaktionserfahrungen, die der Säugling im ersten Lebensjahr mit seinen Bezugspersonen macht, entstehen unterschiedliche Qualitäten oder „Färbungen" des Gefühls der Verbundenheit. Als Hauptdeterminante für die Entstehung unterschiedlicher Bindungsmuster gilt der Grad der mütterlichen Feinfühligkeit, durch den die Qualität der Interaktion zwischen Mutter und Kind wesentlich bestimmt wird.

Zum Bindungssystem gehört ebenso auch das Neugier- und Erkundungsverhalten des Kindes bzw. des Menschen. John Bowlby, der Begründer der Bindungstheorie, hat das Verhältnis zwischen Bindungs- und Explorationsverhalten als ein komplementäres beschrieben:

[Randnotiz: Bowlby]

„Wenn eine Person gleich welchen Alters sich sicher fühlt, wird sie sich sehr wahrscheinlich erkundend von ihrer Bindungsfigur wegbewegen. Wird sie erschreckt, ängstlich, müde oder fühlt sie sich unwohl, fühlt sie ein starkes Bedürfnis nach Nähe. So sieht das typische Muster von Interaktionen zwischen Eltern und Kindern aus, nämlich die Erkundung von einer sicheren Basis aus." (BOWLBY 1995, S. 21)

Während die klassische Psychoanalyse an Trieb- und Ich-Entwicklung interessiert ist, arbeitet die moderne Psychoanalyse verstärkt am Verständnis von Interaktionen zwischen Kind und Beziehungsperson. Zu nennen ist hier Donald W. Winnicott, der in Mikroanalysen beschreibt, wie ein innerer Impuls des Kleinkindes von der Bezugsperson ausgehalten und zur Geltung gebracht wird. Dies geschieht durch ein anfängliches Zögern, das den Impuls des Kindes noch mehr hervorlockt. Wird zu eindringlich und zu rasch eine Ausführung gefordert, so kann ein falsches Selbst entstehen, das den inneren Impuls verbirgt und künftig nur so handelt, wie die Bezugsperson es sich wünscht. Auch Stern untersucht Interaktionen mikroskopisch, um Dynamiken besser erfassen und verstehen zu können (vgl. STERN 2004).

[Randnotiz: Winnicott]

Wenn Psychoanalyse und Bindungstheorie miteinander verglichen werden sollen, so ist zu bemerken, dass John Bowlby sich insbesondere von der klassischen Psychoanalyse absetzt und eine Unabhängigkeit des Bindungssystems von Triebbedürfnissen postuliert. Eine große Bedeutung hat für ihn stattdessen das Bedürfnis des Säuglings nach Kommunikation, Affektaustausch und Körperkontakt (vgl. DORNES 2003, S. 45). Der Überbetonung der Innenwelt in der Psychoanalyse stellt er die Betonung der Interaktionen mit der Außenwelt gegenüber.

[Randnotiz: Interaktion]

Dornes zeichnet den Unterschied beider theoretischer Zugänge an einer konkreten Fragestellung auf (vgl. ebd., S. 48ff.). In Bezug auf die Frage, was die Ankunft eines jüngeren Geschwisterkindes für ein Einzelkind bedeutet, haben Bindungstheoretiker die tendenzielle Verschlechterung der Bin-

[Randnotiz: Beispiel Geschwisterforschung]

dungsbeziehung des Erstgeborenen beschrieben, die in Testsituationen erhoben wurde. Sie können auch Auskunft geben, welche Einflussfaktoren auf Seiten des Kindes (Alter des Kindes, Geschlecht) oder der Mutter (psychische Verfassung der Mutter) angenommen werden können (vgl. ebd.). Die Art der Verarbeitung des Erlebnisses durch das Kind wird hier nicht befragt. Wie könnte diese von der Psychoanalyse erhoben werden?

„Die Psychoanalyse würde eher auf die ideosynkratischen Formen der Realitätsverarbeitung beim *einzelnen* Kind fokussieren, die empirischen Studien mit großen Fallzahlen weniger zugänglich sind. Sie würde z. B. untersuchen, wie das Kind seinen Rückzug im symbolischen Spiel darstellt, welche Geschichten es dazu erzählt, welche Träume es hat und welche Zeichnungen es malt. Aus diesen Quellen würde sie Aussagen über den Nachhall der Geburt im Seelenleben des Erstgeborenen extrahieren. Dadurch kommen andere und individuellere Daten in den Blick, als wenn man „nur" erhebt, ob sich die Bindungsqualität verschlechtert hat oder nicht." (ebd., S. 49)

Fallstudien

Beide, Psychoanalyse und Bindungsforschung, haben den Blick auf Kinder verändert und bereichert. Die Bindungsforschung hat mit großem Erfolg darauf hingewiesen, welch hohe Bedeutung Bindungsbeziehungen für eine gesunde Entwicklung von Kindern haben, arbeitet dabei jedoch mit implizit normativen Mustern einer idealen Bindung, die zudem exakt messbar erscheint. Untersucht werden könnte auf dieser theoretischen Grundlage die Entstehung individueller und historisch bedingter Bindungsmuster. Dazu müsste man womöglich eher auf Methoden zurückgreifen, wie sie die Psychoanalyse in Form von Fallstudien entwickelt hat. Kindheitsforschung mit dem theoretischen Ansatz der Psychoanalyse bedeutet: Die Perspektive der Kinder als Blick in die innere Welt, in die Befindlichkeit, die Emotionalität, die Beziehungserfahrungen, ja das Erleben von Kindern zum Thema zu machen und Theorien zu entwickeln, mit denen dieses komplexe Geschehen interpretiert werden kann.

Diese Fragestellungen lassen sich nicht so leicht operationalisieren. Reiches Material findet sich in ausführlichen Falldarstellungen – beispielsweise neben Freud in der Spieltherapie Zulligers (1990), bei Schäfer (1995, S. 81–95) oder bei Datler. Diese Fallstudien beinhalten nach Datler (vgl. DATLER 2004, S. 9–42) unterschiedliche Gesichtspunkte, unter denen sie als Beiträge zur Forschung interessant sind: Sie zeigen am individuellen Fall, welche neuen theoretischen Erkenntnisse entwickelt werden müssen, um genau diesen Fall interpretieren oder dieses Rätsel lösen zu können (vgl. ebd., S. 26–29). Die Eröffnung dieser Blicke ist eine zentrale Grundlage für neue Forschungen zur Kindperspektive.

„Die Falldarstellung erzählt von Geschehnissen und Zuständen, die öffentlich *nicht* beobachtet und demonstriert werden können." (ebd., S. 29)

> *Was Sie wissen sollten, wenn Sie Kapitel 3 gelesen haben:*
>
> Sie sollten in der Lage sein,
> – den entwicklungspsychologischen und den psychoanalytischen Blick auf Kinder zu charakterisieren.

- Nutzen und Grenzen der beiden Perspektiven zu diskutieren.
- mögliche Forschungsfragen zu beiden Richtungen zu formulieren.
- sich konkrete Situationen zu überlegen, in der Ihnen entwicklungspsychologisches und psychoanalytisches Wissen hilfreich sein könnte, und dies erläutern.

Weiterführende Literatur zu Kapitel 3

DATLER, WILFRIED (2004): **Wie Novellen zu lesen …: Historisches und Methodologisches zur Bedeutung von Falldarstellungen in der Psychoanalytischen Pädagogik.** (Sehr anregendes Plädoyer für eine Forschung zur inneren Welt von Kindern, die durch Falldarstellungen zu neuen Erkenntnissen kommen kann.)
FREUD, SIGMUND (1920): **Deutung des Spiels eines anderthalbjährigen Knaben.** (Grundlagentext)
SCHÄFER, GERD E. (1995): **Bildungsprozesse im Kindesalter.** (Anhand von Fallbeispielen werden kindliche Phänomene wie Spielen, Gestalten usw. erschlossen und der Ertrag psychoanalytischen Denkens für das Verständnis verdeutlicht.)
SODIAN, BEATE (2008): **Entwicklung des Denkens.** (Die Perspektive der Entwicklungspsychologie auf Kinder kann hier gut erarbeitet werden.)

4 Kind und Welt (Subjekt und Struktur)

Während in psychologischen Zugängen der Fokus auf dem Kind als vor allem introspektivem Subjekt liegt und seine Lebenswelt nicht konstitutiv in den Blick genommen wird, sollen in diesem Teil theoretische Zugänge zu Kindern vorgestellt werden, die Kinder in ihrer Welt in den Blick nehmen – wenn auch auf sehr unterschiedliche Weise. Insofern bilden diese theoretischen Ansätze Brücken zwischen den subjekt- und strukturbezogenen Theorien, da sie Kinder in ihrer Lebenswelt thematisieren.

4.1 Biografieforschung

Grundannahmen und Perspektive der Biografieforschung

Anliegen des biografietheoretischen Ansatzes ist es, Kindheit als Teil des Lebenslaufes zu verstehen und die Wege vom Kindsein zum Erwachsenwerden in unterschiedlichen historischen, gesellschaftlichen und kulturellen Kontexten und Gruppen zu rekonstruieren sowie Erfahrungen und Werte von „typischen Kindheiten" herauszukristallisieren (vgl. GRUNERT/KRÜGER 2006a, S. 17).

Im Anschluss an das im 18. Jahrhundert entstehende Interesse am Innenleben des Menschen und den zu Beginn des 20. Jahrhunderts entstandenen Instituten für Kindheits- und Jugendforschung, die sich auch der Auswertung von Tagebüchern zuwandten, erfuhr die Biografieforschung in den 80er und 90er Jahren des letzten Jahrhunderts einen enormen Aufschwung. Gründe dafür sind – trotz der normierenden Wirkung von Entwicklungsvorstellun-

Biografieforschung: DEUTUNGSMUSTER (#Kultur)

gen und der zunehmenden Institutionalisierung von Kindheit – die Enttraditionalisierung und Pluralisierung der Lebensformen. Für den einzelnen Menschen/das einzelne Kind bedeutet dies die Notwendigkeit, eine eigene Identität zu entwickeln und den Lebenslauf selbst zu gestalten sowie in Übergangssituationen oder kritischen Lebensereignissen das eigene Gewordensein und zukünftige Perspektiven zu reflektieren, um sich seiner Selbst zu vergewissern (vgl. BEHNKEN/ZINNECKER 2001, S. 16–32). Kinder werden dabei als produktive Verarbeiter ihrer Realität gesehen.

Die Biografieforschung ist ein Ansatz, der Kindheit aus der erinnerten Perspektive der Betroffenen erforscht. In dem programmatischen Band von Baacke und Schulze „Aus Geschichten lernen" (BAACKE/SCHULZE 1993) wurden dafür konzeptionelle Grundlagen geschaffen. Es wird dabei ein Blick auf geografische, historische und sozio-kulturelle Zusammenhänge geworfen, und zwar aus der Innenperspektive eines Subjekts, das von seinen Erfahrungen berichtet. Biografien als diese erinnerten Zusammenhänge sind sehr komplex und vielschichtig.

> „Biographie ist als Konzept strukturell auf der Ebene von Subjektivität und gesellschaftlicher Objektivität, von Mikro- und Makroebene angesiedelt und eröffnet somit die Möglichkeit, Lern- und Bildungsprozesse im Spannungsfeld subjektiver und objektiver Analysen zu fassen." (KRÜGER/MAROTZKI 2006a, S. 8)

Schlüsselsituationen

IDENTITÄTSSTIFTEND

Für Theodor Schulze sind kritische oder signifikante Ereignisse, also Schlüsselsituationen, von entscheidender Bedeutung, die in einer besonderen Weise geschildert und hervorgehoben werden, so dass der Leser oder Zuhörer dabei zu sein glaubt (vgl. SCHULZE 1993, S. 136).

Beispiel: Max Hoelz

Ein Beispiel hierfür stammt aus der Autobiografie von Max Hoelz. Aus einfachen Verhältnissen stammend organisierte er in Sachsen nach der Novemberrevolution Arbeiteraufstände. Er berichtet über seine Kindheit in Armut, von der harten, körperlichen Arbeit der Eltern, von ihrer Ergebenheit in die Lage ihrer Klasse. Er selbst wird durch seine sehr einfache Kleidung zum Außenseiter und Gespött der Gleichaltrigen.

> „Als ich eines Sonntags wieder arg verhöhnt wurde, weil mein Rock zu sehr von den Röcken der anderen abstach, ergriff mich ein grenzenloser Zorn. Etwa ein Dutzend Kameraden umringten mich: In meiner Verzweiflung griff ich nach einem faustgroßen Stein, schleuderte ihn aber nicht nach den Spöttern, sondern hämmerte mit ihm auf die Finger meiner linken Hand los, bis sie blutig waren. Dabei schrie ich, mit Tränen in den Augen, ich würde mir alle Finger abschlagen, wenn sie mich noch länger verspotteten. Das machte einen so starken Eindruck auf die Jungen, dass ich von Stunde an auf lange Zeit von ihren Hänseleien und Verfolgungen Ruhe hatte." (HOELZ zitiert nach SCHULZE 1993, S. 141)

Was geschieht hier?

Deutung

Wieder einmal ist Max der Verspottete. Die anderen verdeutlichen ihm die Aussichtslosigkeit seiner Lage, sie bedrängen ihn. Gegen sie hätte er keine Chance, aber er findet etwas viel Wirkungsvolleres: Er demonstriert seine Verzweiflung und Verletztheit, indem er sich selbst die Finger blutig schlägt. Er verletzt sich die eigene Hand als Bild seiner Handlungsunfähigkeit. Und er droht, sich selbst weiter zu verstümmeln, falls sie nicht aufhören. Nach Schulze verwandelt er auf diese Weise den Stein in eine moralische Waffe, die seinen Peinigern ihre eigene Gemeinheit und zugleich die Folgen, nämlich seine tiefe Verletztheit, vorführt (vgl. ebd., S. 142). Sie sehen durch die blutig geschlagene Hand, was sie selbst anrichten. Die Handlung gewinnt eine symbolische Qualität und offenbart sich nach Schulze als ein kritisches Lebensereignis, weil sich hier erstmals zeigt, dass Max sich, anders als seine Eltern, mit seiner Lage in der Gesellschaft und unter seinen Kameraden nicht abfinden wird. Eine neue Sichtweise und eine neue Handlungsmöglichkeit deuten sich an.

Für Schulze erscheinen in kritischen Lebensereignissen Themen, die in der Lebensgeschichte fortwirken und – was noch entscheidender ist – „was sie für die Konstituierung von Lebensläufen bedeuten." (ebd., S. 143). Die Biografie ist nicht einfach ein Ablauf von Ereignissen, sondern sie konstituiert sich in solchen Schlüsselsituationen neu. Bittner würde sagen, sie begründet sich neu, indem ein weiteres Deutungsmuster gefunden wird, ein neuer Blick auf die eigene Vergangenheit stattfinden kann und sich damit neue Perspektiven und Handlungsmöglichkeiten für die Zukunft herausbilden (vgl. BITTNER 1994, S. 15).

So eindrücklich diese Autobiografie die soziale Lage der Arbeiterklasse schildert, sie verknüpft auch äußere Zusammenhänge mit inneren Erlebnissen – der emotionalen Betroffenheit – und zeigt ein Motiv auf, das verständlich machen kann, wie diese Verhältnisse später durch Aufstände geändert werden konnten. Diese Transformation kann Biografieforschung aufzeigen. Eine derartige Arbeit an der Erinnerung ist konstitutiv für die Identitätsbildung.

Nach den programmatischen Vergewisserungen zu Beginn der 1980er Jahre hat sich die Zahl der Studien, die im Kontext von Themen der Kindheitsforschung mit diesem Ansatz arbeiten, ständig erhöht.

Fragestellungen, Themen und Methoden der Biografieforschung

„Forschungsprojekte, die sich mit *kindlichen Biographieverläufen* auseinandersetzen, konzentrieren sich vor allem auf Lebensgeschichten von Kindern und ihre eigene Perspektive auf ihre Biographie und die darin enthaltenen Lebensentwürfe und Verselbstständigungsschritte gegenüber der Familie." (GRUNERT/KRÜGER 2006b, S. 248)

In der historischen, biografisch orientierten Kindheitsforschung werden Alltagspraktiken, Lebensverläufe und Sozialisationsbedingungen früherer Zeiten untersucht. Neben Autobiografien, Tagebüchern und archivarischen Quellen wird auch auf Interviews zurückgegriffen (vgl. Kapitel 2 in diesem Buch). *Materialien der Biografieforschung*

· Christa Berg beispielsweise thematisiert in ihrem Text „Erinnerte Kindheit im Raum" die Kindheit von Bürger- und Arbeiterkindheiten" (BERG 2001, S. 912–935). Von Interesse ist hier – neben den Handlungsmöglichkeiten, die mit jeweiligen kindlichen Lebensräumen verbunden sind – auch die Art und Weise, wie die Räume im Verlaufe der Entwicklung wahrgenommen und für Selbstentwürfe genutzt werden. Räume sind dabei durch Kinder und deren Familien inszenierte Umwelten, aber auch imaginierte Räume, die ihren Ausgangspunkt in jenen Zimmern, Häusern und Straßen finden, die Kinder bewohnen. Christa Berg versteht ihre Analyse als „Bildungsge- *Beispiel: Erinnerte Kindheit* schichte im Raum" (ebd., S. 914). Sie arbeitet in ihrer Untersuchung – über die Analyse der Narrationen aus den Autobiografien – soziale und historische Kontexte im Spiegel der Erfahrungen und Sichtweisen heraus. So kann die Perspektive der Kinder selbst in ihren subjektiv und emotional bedeutsamen Erlebnissen und Deutungen in den Blick kommen.

Bürgerliche Kindheit   Das Aufwachsen im bürgerlichen Milieu macht bereits eine Verhäuslichung sichtbar, die in den prunkvoll geschmückten Räumen der bürgerlichen Wohnkultur einerseits als hierarchisch strukturierte und inszenierte Ordnung mit Stolz, aber auch aus der Distanz wahrgenommen wurde, andererseits ebenso als Bühne mit Akteuren und Kulissen erlebt worden ist (vgl. ebd., S. 917). Kinder waren nicht wirklich Teil dieser Welt, sondern wuchsen erst noch in sie hinein.

„[…] der Abstand zu den freundlichen Erwachsenen war zu groß. Die Dimensionen ihrer Welt waren so riesenhaft wie die der Treppe und der Gartenmauer. Ich war in ihren ‚Kreisen und Rängen' liebevoll geduldet, aber eigentlich nicht zu Haus, und in meinem eigenen Kreise, auf der Ebene meiner Gedanken und Möglichkeiten, war ich allein. Dies war nicht Freiheit, sondern Einsamkeit." (VIKTOR MANN zit. nach BERG 2001, S. 920)

„Hier herrschte eine Art von Dingen, welche […] im Ganzen so von sich und ihrer Dauer überzeugt war, dass sie mit keiner Abnutzung, keinem Erbgang, keinem Umzug rechnete und immer gleich nahe und gleich weit von ihrem Ende, das das Ende aller Dinge schien, verharrte. Das Elend konnte in diesen Räumen keine Stelle haben." (WALTER BENJAMIN zit. nach BERG 2001, S. 927)

Hier werden nicht nur Gegenstände und Räume beschrieben. Diese Dinge bedeuten zugleich eine Art von Welterfahrung, die bestimmte Wirkungen auf das kindliche Subjekt haben und somit je spezifische Erfahrungen und Entfaltungsmöglichkeiten bieten. Die Eltern, insbesondere der Vater, agierte aus der Distanz heraus. Die Kinder blieben für sich, im Haus mit den kostbaren und zugleich riesig erscheinenden Gegenständen, und konnten so weder die Außenwelt erobern noch andere Kinder als Spielkameraden für sich gewinnen. Die Wirkungskraft dieser Welt, wie Benjamin sie stellvertretend an den Dingen seiner Kindheit beschreibt, wird von den Biografieforschern sowie von den Psychoanalytikern für das ganze weitere Leben als prägend angesehen.

Arbeiterkindheit   Die Proletarierkinder lebten unter bedrängenden Verhältnissen mit vielen Menschen, zudem oft Not leidend, in einem Raum, vor dem sie nach draußen auf die Straßen geflohen sind. Dort konnten sie sich im Rahmen ihrer Möglichkeiten bewegen, aber sie hatten auch Pflichten, etwa bestimmte Aufgaben zu erledigen oder für Brennholz zu sorgen. Da die arbeitenden Eltern oft außer Haus waren, konnten/mussten früh selbstständig Erfahrungen gemacht werden. Arbeiterkinder organisierten sich in Gruppen, fanden Spielgefährten und bewegten sich eigenständig im Raum. Auch hier gab es eine Distanz zu den Erwachsenen, die wenig Zeit und Raum für die Begleitung ihrer Kinder hatten. Trotzdem waren auch diese Kinder stolz auf ihre Eltern, die unter so schwierigen Bedingungen ihre Familie durchbrachten. Berg arbeitet die emotionale Befindlichkeit dieser Kinder heraus und zeichnet ihren Blick auf ihre Welt nach.

Das ist ein häufiges Ergebnis biografischen Forschens. Man sammelt Geschichten/Lebensläufe aus einer Zeit oder einer Gruppe von Personen, vergleicht sie und sucht nach Gemeinsamkeiten, die sich entweder als Handlungsmuster erweisen oder aus ähnlichen Vorstellungen, Motivationen und emotionalen Befindlichkeiten bestehen können.

Vorgehensweisen von Biografieforschung

Behnken und Zinnecker stellen in ihrem umfassenden Handbuch „Kinder, Kindheit Lebensgeschichte" (2001) heraus, dass in neuerer Zeit eine Forschung entsteht, die auch den Blick von Kindern selbst auf ihre eigene Biografie, die eigenen Deutungen ihrer Lebensgeschichte zum Thema macht (vgl. ebd., S. 63–162). Eine andere Gruppe bilden die Untersuchungen spezifischer Kindheitserfahrungen und alltäglicher Praktiken: Lernbiografien, aber auch persönliche Zugänge zur Schrift, zur Natur, Leseautobiografien, Medienbiografien, Bewegungsbiografien oder die Lebenswege hochbegabter Kinder (vgl. ebd., S. 201).

Biografieforschung bedient sich unterschiedlicher Methoden, um Daten zu gewinnen. Entweder werden bereits vorhandene Materialien genutzt (seien dies Autobiografien, historische Quellen, Dokumente, auch Briefe oder Tagebücher) oder es werden vom Forscher selbst mittels Interviews, Gruppendiskussionen, Befragungen und teilnehmender Beobachtungen Daten erhoben. Hier ist es jedoch wichtig darauf zu achten, dass den Kindern ausreichend Möglichkeiten zur Verfügung stehen, ihre eigene Perspektive auch darzustellen, da sonst die Analyse die Lebensentwürfe, Selbstbilder, Wahrnehmungen und Erfahrungen der Kinder nicht herausarbeiten kann. Bezüglich der Frage des Raumes beispielsweise sind mit Kindern Interviews geführt worden: Dabei sind deren Kinderzimmer anhand von Inventarlisten als Rückzugsraum zwischen Abhängigkeit und Selbstständigkeit beschrieben worden (vgl. BÜCHNER/FUHS 1998, S. 147–180). Doch welchen Deutungsmustern folgen Kinder, wenn sie von Erfahrungen mit ihren Räumen berichten? Sind es Schutz- und Schonräume, Orte von Behaglichkeit und Glück, Orte des Verlassenseins und der Einsamkeit? Sind es Räume kontrollierter, disziplinierter Entwicklung oder solche, in denen individuelle Entfaltung möglich ist? Hier gibt es wichtige Fragen, die von einer biografisch-wissenschaftlich orientierten Kindheitsforschung beantwortet werden können, indem sie die jeweilige Perspektive der Kinder aus dem Material herausarbeitet.

Methoden der Erschließung der Perspektiven von Kindern

Erwähnt sei hier auch die Erforschung institutionalisierter Kindheit, wenn beispielsweise das Schüler-Sein als prägende, biografisch relevante und zugleich je einzigartige Erfahrung der Bildungsgeschichte und Identitätsentwicklung von Kindern in den Blick genommen wird (vgl. HELSPER/BERTRAM 2006).

4.2 Phänomenologie

Grundannahmen und Fragestellungen – Das Bild des Menschen

Die Phänomenologie ist eine philosophische Strömung des 20. Jahrhunderts, die von Husserl begründet und von Heidegger, Fink, Merleau-Ponty u.a. weitergeführt wurde. Die Pädagogik von Langeveld, Bujtendujk, Beek-

Historische Entwicklung

mann und von Manen in Holland griff diese philosophische Denkrichtung auf, ebenso wie Lippitz, Meyer–Drawe, Stieve, Schultheis und Stenger in Deutschland. Welcher Beitrag ist von einer phänomenlogischen Kindheitsforschung zu erwarten? Dazu sollen zunächst die Grundannahmen geklärt werden.

Die Phänomenologie setzt sich zum einen vom *Psychologismus* ab, der aus ihrer Perspektive immer dann vorliegt, wenn der Ursprung der Sinnentstehung primär im Subjekt angesetzt wird. Das Subjekt in seinen kognitiven, selbst konstruierten Strukturen oder inneren Befindlichkeiten kann aber nicht einfach vorausgesetzt werden. Dies wäre in der Psychologie, der Psychoanalyse, aber auch in der Biografieforschung der Fall, wo die Perspektive des Subjekts auf seine Lebens- und Erfahrungswelt im Vordergrund steht. Zum anderen setzt sich die Phänomenologie vom *Objektivismus* oder Empirismus ab, der die Wirklichkeit als gegeben annimmt und das Subjekt als Akteur in dieser Welt sieht, die es zwar eigenständig verarbeitet und deutet, aber zunächst einfach nur vorfindet.

Konstitution von Subjekt und Welt

Die Phänomenologie hingegen sucht die wechselseitigen Konstitutionsbedingungen von Subjekt und Objekt, von Mensch und Welt zu Forschungsthemen zu machen. Subjekt und Welt entstehen durch die Art und Weise ihres Aufeinander-Bezogenseins je anders. Weder gliedert das Subjekt sich nur in eine vorgegebene Lebenswelt ein und interpretiert sie nur im Anschluss daran für sich neu, noch kann alles nur als Konstruktion des Subjekts angesehen werden. Ein Tourist betritt einen Dom anders als ein gläubiger Mensch, und der wiederum verhält sich anders und sieht anderes als ein Kunsthistoriker. Viele Touristen können durch die Art des Weltbezugs, den sie an den Tag legen, die Eigenschaft eines Domes als Gotteshaus zum Verschwinden bringen. Die Phänomenologie sucht also die Art und Weise, wie etwas in einem jeweiligen Weltbezug gegeben ist, zu erfassen und wendet sich in dieser Form Phänomenen der Kindheit zu. Lebensweltliche Erfahrungen sollen so rehabilitiert und erforscht werden.

Phänomen Fußball und Geige

Ein anderes Beispiel: Der sechsjährige Jonas, der mit seinen Freunden Fußballspielen geht, muss spezifische Fähigkeiten entwickeln, wenn er mitspielen will. Er muss rennen, mit dem Ball umgehen können, sich mit anderen auch ohne Worte in Bezug auf mögliche Spielzüge und Strategien verstehen. Er tritt auf eine bestimmte Weise in Beziehung zu den anderen, die entweder seine Mitspieler oder Gegner sind. Gegenstände und Räume werden auf eine bestimmte Weise behandelt und hervorgebracht, wenn es ein gelingendes Spiel sein soll. Auch wenn das Fußballfeld vorher schon „da" ist, wenn Regeln bekannt sind, so ist es doch eine Notwendigkeit, ein gutes Spiel erst entstehen zu lassen. Nach Kampf und Anstrengung, Wut und Freude gewinnt Jonas und wird von seiner Mutter zum Geigenensemble abgeholt. Dort spielt er auch mit anderen Kinder zusammen, aber die Beziehungsformen sind anders; Emotionalität, Sozialität, Fähigkeiten werden nun ganz anders eingebracht, damit hier ein Spiel entsteht und nicht nur ein „Üben". Phänomenologie interessiert sich für diese jeweiligen Entstehungsformen von Wirklichkeit, die unterschiedliche Formen von Intentionalität (Bezogenheit auf die Sache, auf andere, auf die Welt) fordern. Auch wenn Jonas den Bogen über die Geige führt, ist er möglicherweise in Gedanken noch bei einem erlittenen Foul, weshalb er hier nur beiläufig mitspielt und das Stück nicht zum Klingen bringt. Jedes Phänomen, sei es das Fußballspiel oder die Musik, entfaltet einen ihm eigenen Horizont, den das jeweilige Subjekt mit aufbauen und aufspannen muss, soll es, wie hier, mitspielen können. Ansonsten bleibt die Handlung äußerlich, so dass kein Sinn entsteht und auch die jeweilig zugehörige Erfahrung nicht gemacht werden kann. (Man ist nicht im Spiel). Es ist daher die Aufgabe der Kindheitsforscher, die jeweiligen Korrelationsstrukturen von „Subjekt"- und „Objektseite", also die jeweilige „Gegebenheitsweise" von etwas in ihren unterschiedlichen Erfahrungsdimensionen herauszuarbeiten.

Der Ansatz der Phänomenologie berücksichtigt bei der Entstehung von Wirklichkeit und Subjekt auch die leibliche Erfahrung, die ebenfalls dieser wechselseitigen Konstitution unterliegt. Ein Beispiel: Ich berühre die Seiten der Geige, aber ich werde auch von ihr berührt, taktil und akustisch. Dieses Berührt-Werden erzeugt wiederum für mich Notwendigkeiten, den Bogen anders zu führen, um auch einen anderen Ausdruck zu erzeugen, der als Eindruck eine neue Antwort erwartet.

Das Subjekt antwortet also in jedem Augenblick auf die Welt, die nicht nur als dingliche, sondern als sozial und kulturell konstituierte entsteht – und es erzeugt diese Welt durch sein Handeln erst als leibhaftiges, performatives Geschehen, so wie es selbst aus den jeweiligen Weltbezügen als Subjekt, d.h. in der jeweilig entsprechenden Subjektivität (als Spieler/als Lernender), hervorgeht. Dieses Geschehen der Konstitution von Mensch und Welt, das auf allen Ebenen der Selbst- und Welterfahrung durchgängig und grundlegend tätig ist – was somit überhaupt erst Sinn zu erstellen vermag –, das ist das Thema der Phänomenologie.

Methoden und Vorgehensweisen

Wie wird im Spiel Sinn konstituiert? Was ist überhaupt Lernen? Wie konstituiert sich kindliches Zeiterleben, wie Raumerleben? Welche Bedeutung haben Wünsche und Fantasien im Leben von Kindern?

Die gerade gestellten Fragen sind Fragen phänomenologischer Pädagogen. Wie nun gehen sie vor?

Vorgehensweise phänomenologischen Forschens

Um die Erfahrungsvollzüge der Kinder selbst zu analysieren, können Beobachtungen, aber auch literarische Dokumente, Interviews und andere Quellen herangezogen werden. Wichtig ist, dass der Phänomenologe vor diesen Dokumenten, die die jeweilige Erfahrung beschreiben, zurücktritt. Husserl nennt das „epochè" oder Reduktion, um die jeweilige Konstitution von Subjekt und Objekt erfassen zu können. Dazu werden zu den einzelnen Beispielen gemeinsame Merkmale herausgearbeitet, die das Phänomen beschreiben können.

Ein wichtiges Thema ist die Untersuchung von Raum-Zeitstrukturen der kindlichen Lebenswelt. Für die Analyse „Welt der Kinder, nur eine Spielwelt?" nutzen die Autoren Ton Beekman und Valerie Polakow unterschiedliche Materialien. Sie lassen Studierende Erlebnisberichte zum Thema „Mein Lieblingsspielplatz" erstellen. Mit geschärfter Wahrnehmungsfähigkeit und atmosphärischem Gespür werden nun Beobachtungen, Interviews, Zeichnungen und Fotos, aber auch Dokumente aus der Literatur hinzugezogen. All dieses Material wird nicht systematisch ausgewertet, indem etwa Kodierungen vorgenommen werden, sondern es wird untersucht, inwiefern es die Ursprungsfrage nach kindlichen Spielräumen erhellen kann. Dokumente, die in besonderer Weise Aufschluss geben, werden detailliert analysiert. Für die Erhebung des Materials ist die Haltung des Forschers von großer Bedeutung: Erst wenn Kinder spüren, dass ihre eigene Welt und Welterfahrung respektiert wird, lassen sie den Forscher Einblicke nehmen. Gerade ein Lieblingsplatz dient ja häufig der Abgrenzung des Kindes von der Welt Außenstehender.

Thomas Bernhards Geigenspiel

Aufschluss dazu kann auch eine Passage des Schriftstellers Thomas Bernhard geben, der beschreibt, wie er in dem ihm im Internat zugeteilten Raum, der Schuhkammer, Geige übt.

„Immer wenn er künftig in die Schuhkammer eintritt, tritt er in den Selbstmordgedanken ein. […] In der Schuhkammer ist er allein mit sich selbst und seinen Selbstmordgedanken, das gleichzeitig mit dem Geigeüben einsetzt. So ist ihm der Eintritt in die Schuhkammer, der zweifellos der fürchterlichste Raum im ganzen Internat ist, Zuflucht zu sich selbst, unter dem Vorwand, Geige zu üben, und er übt so laut Geige in der Schuhkammer, dass er selbst während des Geigeübens in der Schuhkammer ununterbrochen fürchtet, die Schuhkammer müsse in jedem Augenblick explodieren […].“ (BERNHARD 2007, S. 75)

Raum als Phänomen

Der von Thomas Bernhard beschriebene Raum hat nichts mehr mit seiner ursprünglichen Funktion zu tun, sondern eröffnet dem Kind eine Möglichkeit, mit sich allein zu sein, seine Verzweiflung zu spüren und dieser im Geigenspiel einen Ausdruck zu verleihen. Die Stimmung, das Atmosphärische, Wahrnehmungen und Gerüche formen den Raum mit. Sie verändern den Raum dessen, der in ihm etwas erlebt. Dabei entsteht eine bestimmte Zeitlichkeit, die mit der messbaren Zeit nicht identisch ist.

Von diesem Beispiel gelangen Beekman und Polakow zu der Erkenntnis, dass der kindliche Raum durch die Einbildungskraft mitkonstituiert wird. Die Vorstellungskraft führt dazu, dass es zu einer „Verwandlung“ des Raumes kommt, so dass er von der Schuhkammer zur Eigenwelt kindlicher Erfahrung wird. Diese Verwandlung kommt durch das „So-Tun-als-ob“ zustande. In jedem Spiel entsteht eine Form von Wirklichkeit, eine neue Bedeutung, die weder Illusion noch Realität darstellt, sondern im Tun erst geschaffen wird. Während den Biografieforscher diese Szene als wichtiges Ereignis im Lebenslauf von T. Bernhard oder aber als Beispiel für das Internatsleben zu jener Zeit interessieren würde, interessiert den Phänomenologen, wie die spezifische Art der Raum- und Selbsterfahrung konstituiert ist. Wodurch kann sie genauer bestimmt werden?

„Hoch in dem Baum, wo der Wind weht und wo der Duft des Meeres zu mir kommt, wo ich zusammen mit meinem Freund Kapitän bin, erfahre ich wahrhaft die offene Ferne der Welt, die mich ruft. Und in der dunklen Schuhkammer der Schule spiele ich meine eigene Musik, behaupte ich mich selbst und schaffe noch eine eigene Welt.“ (BERNHARD 2007, S. 77)

Erschließung kindlicher Raumerfahrung

Mit diesen Beispielen sollen Charakteristika kindlicher Raumerfahrung im Spiel erschlossen werden, die sich im Spiel erst als diese Räume konstituieren. Diesem Thema widmete sich bereits Martinus Langeveld, als er 1968 den Dachboden als geheime Stelle in der Welt des Kindes mit seinen imaginativen Implikationen beschrieb. Max von Manen führt das Thema weiter, wenn er untersucht, welche Bedeutung Geheimnisse für die kindliche Selbst-Bildung haben. Auch bei ihm gibt es geheime Orte, die es Kindern ermöglichen, in unbekannten Räumen symbolische Selbstvergewisserungen und Erkundungen vorzunehmen. Kristin Westphal untersucht die Höhle als prägnantes Beispiel eines kindlichen Raumes, der dunkel und umwölbt Schutz bietet. Die Außenwelt bleibt draußen, sie verblasst. Die Höhle wird ein Ort des Traumes, der Fantasie und der Bewusstwerdung (vgl. WESTPHAL 1997, S. 111). Höhlen und andere Verstecke sind wichtige Orte der Kindheit, die das sich selbst Finden und sich Verlieren ermöglichen (vgl. ebd., S. 129). „Das sind Räume und Ecken, die im Erleben, Handeln und Bewegen erschlossen worden sind" (ebd.). Hier kommt noch ein wichtiges Merkmal kindlichen Raumerlebens hinzu: Das sinnlich-leibliche Erkunden und Erspüren von Raumqualitäten, die in Imaginationen übersetzt werden, konstituiert erst jene symbolischen (Spiel-)Räume, in denen eigene Bewegungen und Handlungen möglich sind.

Kindliche Erfahrung soll aufgesucht und erschlossen werden, auch um Anhaltspunkte für die Gestaltung von Räumen und die Arbeit mit Kindern bieten zu können.

Für eine phänomenologische Analyse lassen sich mehrere Schritte beschreiben. Begleitend wäre im gesamten Prozess als Korrektiv eine theoretische Beschäftigung mit dem Phänomen nötig, eine Sichtung von Thematisierungen in wissenschaftlicher Forschungsliteratur, aber auch in der Architektur, Literatur, in biografischen Dokumenten und in der Kunst. Hier können neue Interpretationspunkte gefunden werden, die bei der bloßen Beschäftigung mit Beobachtungsmaterial nicht ins Auge springen, beispielsweise weil sie entweder zu selbstverständlich sind oder weil sie in einer aktuellen Beobachtung nur punktuell auftauchen (vgl. im Folgenden auch PEEZ 2007).

Vorgehensweise phänomeno-logischen Forschens

Vorgehensweise:

1. Fokussierung eines Phänomens als Forschungsfrage.
2. Datenerhebung und Sammlung relevanter Beispiele, die eine „Klärung des Phänomens versprechen" (PEEZ, 2007a, S. 29f.). Deskription der Beispiele, die aus unterschiedlichen methodischen Zugängen stammen können (Beobachtungen, biografische und literarische Schilderungen etc.).
3. Erster Materialdurchgang, um wichtige Interpretationsgesichtspunkte (Phänomenzüge) zu gewinnen.
4. Auswahl besonders ergiebiger Beispiele, die nun sehr detailliert beschrieben und interpretiert werden. Dabei ist herauszuarbeiten, auf welche Weise das ins Auge gefasste Phänomen konstituiert wird. (Wie wird ein Lieblingsplatz zu einem solchen? Welche Erfahrungen ermöglichen Lieblingsorte? Wie und über welchen Zeitraum entstehen sie? Welchen Bezug geht das Kind zu seinem Lieblingsort ein? Wodurch ist diese Art der Raumerfahrung charakterisiert? Worin besteht der Unterschied zu anderen Raumerfahrungen? Haben andere Menschen dort einen Platz? Wer? Welche Beziehungen werden dort ermöglicht? – Viele andere Fragen sind möglich, die anhand des Materials als Interpretationsgesichtspunkte und Phänomenzüge erst herausgearbeitet werden müssten.)
5. Formulierung des Forschungsergebnisses.

Mit Bezug auf das Phänomen kindlichen Raumererfahrens an „Lieblingsorten" ließen sich vielleicht die Merkmale „Kindlicher Raum als Bewe-

Beispiel kindliche Räume

gungs- und Handlungsraum, Atmosphäre von Räumen, Verwandlung von faktischen Räumen in symbolische Spielräume, Ermöglichung von Identitätsbildungsprozessen" usw. festhalten. Das ist jedoch noch keine abgeschlossene Analyse, sondern nur ein Anfang, der anhand weiterer Beispiele variierend zu weiteren Charakteristika führen müsste.

Eigene Vorurteile und Erwartungen sollten reflektierend einbezogen werden, um sie nicht als bereits feststehende Interpretationsgesichtspunkte an das Thema heranzutragen. Die Merkmale sollen aus der Analyse des Materials gewonnen werden und die Erfahrungsstruktur des Phänomens in einer vorläufigen, aber erhellenden Interpretation zugänglich machen.

Phänomenologie erforscht kindliche Erfahrungen

Erkenntnisse aus den Phänomenanalysen leisten einen wichtigen Beitrag, wenn es um die Erfahrungswelt von Kindern geht. Das zentrale Thema ist hier die Konstitution der jeweiligen Erfahrung. Die so gewonnenen Erkenntnisse können für weitere biografische Analysen oder Sozialraumanalysen genutzt werden. Die kindlichen Erfahrungen werden nicht nur als Vorstufen für die weitere Entwicklung des Kindes gesehen, sondern als je eigene Sichtweisen auf die Welt wahrgenommen und respektiert. Derartige Sichtweisen und Erfahrungsformen wieder zu entdecken, ist auch für Erwachsene spannend, da auch sie dadurch neue Blicke auf die Welt gewinnen können. Die Erfahrungen von Kindern werden in ihrer Andersheit akzeptiert und in ihrer Jeweiligkeit rekonstruiert. Aber auch Erwachsene leben nicht nur im geometrischen Raum, der entwicklungspsychologisch den symbolischen ablösen müsste. Auch wir Erwachsenen haben Lieblingsorte. Was ermöglichen uns diese Orte? Warum haben wir sie ausgewählt? Zu solchen Fragen führen phänomenologische Analysen und sie erweisen sich darin als konstitutiv für das Verstehen kindlicher Selbst- und Welterfahrung.

Was Sie wissen sollten, wenn Sie Kapitel 4 gelesen haben:

Sie sollten in der Lage sein,
- Orte und Räume (reale und imaginäre) zu beschreiben, die für Sie in Ihrer Kindheit wichtig gewesen sind, um dann aus diesen Beschreibungen die Bedeutung von Räumen für Ihre eigene Bildungsgeschichte und Identitätsbildung herauszuarbeiten. Welche Motive sind typisch?
- Ihre Räume mit denen anderer zu vergleichen, um zu überprüfen, ob sich diese Orte als Beispiele bestimmter historischer oder sozio-kultureller Kindheitserfahrungen typisieren lassen.
- das Material nun für eine Phänomenanalyse kindlicher Raumerfahrung zu nutzen. Können Sie weitere Merkmale finden, die in allen Ortsbeschreibungen auf unterschiedliche Weise vorkommen?

Weiterführende Literatur zu Kapitel 4

BEHNKEN, IMBKE/ZINNECKER, JÜRGEN (Hrsg.) (2001): **Kinder, Kindheit, Lebensgeschichte.** (Standardwerk mit wichtigen Texten, die zeigen wie die unterschiedlichsten Themenfelder mit dieser Methode erschlossen werden können. Eine Fundgrube.)

LIPPITZ, WILFRIED/RITTELMEYER, CHRISTIAN (Hrsg.) (1990): **Phänomene des Kinderlebens. Beispiele und Methoden einer pädagogischen Phänomenologie.** (Sehr anschauliche und wichtige Texte, die die Methode des phänomenologischen Arbeitens verdeutlichen können.)

STENGER, URSULA (2005): **Zum Phänomen des Spielens.** (Beispiel einer Phänomenanalyse: Anhand eines Fallbeispiels wird der Aufbau und die Eigenart der Erfahrung des Spielens von Kindern analysiert.)

STIEVE, CLAUS (2010): **Sich von Kindern irritieren zu lassen. Chancen phänomenologischer Ansätze für eine Ethnographie der frühen Kindheit.** (Stieve zieht Verbindungslinien zwischen phänomenlogischen und ethnographischen Forschungszugängen.)

5 Strukturbezogene Theorien

Im letzten Teil der theoretischen Zugänge zu Kindheiten liegt der Schwerpunkt auf den strukturbezogenen Ansätzen. Grundsätzlich geht es darum, das Verhältnis von Individuum und Gesellschaft in seinem komplexen Wirkungsgefüge zu beschreiben. Strukturbezogene Theorien akzentuieren dabei die Einflüsse der Umwelt, z.B. die gesellschaftlichen Bedingungen auf individuelle Wahrnehmungen und Handlungen. Bezogen auf Kinder kommt die „Entwicklungstatsache" hinzu, auf die Erwachsene mit Erziehung reagieren. Das heißt, das Wirkungsgefüge von Gesellschaft und Individuum lässt sich im Falle der Kinder nicht ohne Berücksichtigung ihrer besonderen Situation verstehen. Sie werden von Erwachsenen versorgt, bestimmt, vor gesellschaftlichen Entwicklungen geschützt, auf eine Zukunft hin erzogen. Strukturbezogene Ansätze der Kindheitsforschung müssen Kinder sowohl als selbstständige Akteure als auch als von Erwachsenen erzogene in den Blick nehmen.

Allerdings wird der Entwicklungsgedanke auch in strukturbezogenen Ansätzen jeweils unterschiedlich gefasst. Während die ältere Sozialisationsforschung auf Entwicklung als menschliche Universalie und damit Voraussetzung reagierte, hat nach Honig/Lange/Leu

Unterschiedlicher Entwicklungs- gedanke

„die Kritik der Kindheitsforschung am Entwicklungsparadigma ihren Sinn (…) darin, daß sie auf die Eigenständigkeit der Erziehungstatsache als genuin sozialem Sachverhalt aufmerksam macht" (HONIG/LANGE/LEU 1999, S. 14).

Aus dieser Sicht sind weder Entwicklung noch Erziehung „natürlich" gegebene Bedingungen menschlichen Daseins. Das, was wir unter Entwicklung und Erziehung verstehen, unterliegt dem historisch-kulturellen Wandel. Dadurch wird deutlich, dass beide Begriffe letztlich sozial konstruiert sind. Ihr Sinn entsteht und erschließt sich durch das Wechselspiel materieller (z.B. Entwicklung des Körpers) und diskursiver (z.B. gesellschaftlich-kultureller Interpretation von Körpern und ihrer Entwicklung) Komponenten (vgl. PROUT 2003, S. 34).

Honig/Leu/Nissen unterscheiden zwischen einer akteursbezogenen Kinderforschung und einer strukturbezogenen Kindheitsforschung (vgl. HONIG/ LEU/NISSEN 1996b, S. 21). Während die eine das Kind als Akteur in den Blick

Akteursbezogene Kinderforschung gegenüber

strukturbezogener Kindheitsforschung

nimmt, den Alltag aus seiner Perspektive erforschen möchte und danach fragt, wodurch das Kind handlungsfähig wird, konzentriert sich die andere auf Kindheit als sozio-kulturelles Muster sowie auf die spezifischen Lebenslagen von Kindern. Es geht dabei um den Sozialstatus Kind im historisch-kulturellen Wandel der Generationenverhältnisse. Die Unterscheidung ist primär eine analytische, weil jede Forschung zu Kindern als Akteure immer auch Kindheit als sozio-kulturelles Muster bearbeitet und umgekehrt. Jedoch hat die an Kindern als Bevölkerungsgruppe im Vergleich zu den Erwachsenen interessierte Forschung gerade in den letzten Jahren zu wichtigen Erkenntnissen geführt, durch die neue Sichtweisen auf Kinder und ihre Lebenswelt sowie daraus resultierende politische Interventionen ermöglicht wurden. Sowohl die akteurs- als auch die strukturbezogene Kindheitsforschung findet sich unterschiedlich akzentuiert in verschiedenen theoretischen Zusammenhängen.

5.1 Sozialwissenschaften: Sozialisationstheorie/Soziologie der Kindheit

Der Begriff Sozialisation stammt ursprünglich aus der Soziologie, einer Disziplin, die sich Ende des 19. Jahrhunderts entwickelt hat und die sich erst seit wenigen Jahrzehnten explizit der Kindheit zuwendet. Allerdings haben sowohl der Begriff Sozialisation als auch die Sozialisationsforschung eine weitaus längere Geschichte als die Soziologie der Kindheit. Damit wird bereits das Spannungsverhältnis von Sozialisationsforschung und Kindheitssoziologie, die sich ausdrücklich als Kindheitsforschung versteht, angedeutet.

Das Bild des Kindes in der Sozialisationsforschung

Die Kindheitsforschung sieht nämlich in der Sozialisationsforschung die Kinder und ihre Lebenswelt eher ausgeblendet, weil es primär um die Anpassungsleistung des Kindes an gesellschaftliche Normen und Werte geht, die sich wiederum am Bild des „fertigen" Erwachsenen orientiert. Ähnlich wie in der Entwicklungspsychologie werden Kinder von der Sozialisationsforschung vor allem als „unfertig", als „Werdende und nicht als Seiende" verstanden.

In der Ansicht, wie die Auseinandersetzung mit der Umwelt geschieht, kann man affirmative und gesellschaftskritische Sozialisationstheorien unterscheiden. Das heißt, es geht um die Frage, ob Sozialisation „als Prozess des Einpassens von Individuen in gesellschaftliche Vorgegebenheiten oder als Befähigung zu deren Gestaltung und Veränderung verstanden wird" (HONIG/LEU/NISSEN 1996b, S. 15). Allgemein gesprochen kann man nach Geulen Sozialisation „als die Entstehung und Bildung der Persönlichkeit aufgrund ihrer Interaktion mit einer stets historisch spezifischen materiellen, kulturellen und sozialen Umwelt" (GEULEN 2002, S. 84) definieren. Mit Persönlichkeit ist ein gesellschaftlich handlungsfähiges Subjekt gemeint.

Sozialisation gilt gesellschaftstheoretisch als die Genese der Fähigkeiten zu gesellschaftlichem Handeln (vgl. ebd.). Dieser Prozess ist lebenslang relevant, wirkt aber gerade in der Kindheit besonders nachhaltig. Während die Bedeutung der klassischen Sozialisationsinstanzen wie Familie und Kindergarten/Schule sinkt, nimmt der Einfluss von Medien, Konsum und Peers in der Sozialisation von Kindern zu. Hierbei sprechen wir von Vergesellschaftung von Kindheit. Dieser Prozess beinhaltet eine Reihe von Prämissen, die das moderne Kindheitskonzept ausmachen.

Veränderung des modernen Kindheitskonzepts

1. Die im Zuge der Moderne entstandenen Grenzen zwischen Kindern und Erwachsenen werden undeutlicher und verschwinden zum Teil, weil sich Kindheit nicht mehr selbstverständlich in pädagogischen Schonräumen vollzieht, Kinder durch die Medien nahezu ungehinderten Zugang zu Informationen haben und sich jugendkulturelle Merkmale (Kleidung, Freizeitverhalten, etc.) längst generationenübergreifend durchgesetzt haben.

2. Der kindliche Sozialisationsprozess ist nur sehr bedingt durch Erziehung steuerbar. Die Gleichaltrigengruppe und die Kinderkultur haben einen maßgeblichen Einfluss auf die Herausbildung der Persönlichkeit. Hinzu kommt die Annahme, dass Kinder wohl ihre Sozialisation als produktiv realitätsverarbeitende Subjekte (HURRELMANN/BRÜNDEL 2003²) weitgehend selbst steuern. Diskutiert wird der Begriff Selbst-Sozialisation, der der klassischen Sozialisationstheorie widerspricht.

3. Kinder sind nicht nur maßgeblich an der Gestaltung ihrer Lebenswelt und ihres Sozialisationsprozesses beteiligt, sie bestimmen auch die Lebensform Kindheit mit. Für die Soziologie der Kindheit gelten sie als Akteure im Prozess der Modernisierung von Kindheit. Unser Begriff von Kindheit als sozio-kulturelles Muster basiert auf einer Ko-Konstruktion von Kindern und Erwachsenen.

In der Folge ändern sich Bilder von Kindern und Kindheit. Der Blick der Kindheitsforschung, der neueren Sozialisationstheorie oder der Soziologie der Kindheit richtet sich zunehmend auf andere Forschungsfelder und -fragen (Kinderkultur, Medien, etc.). Kinder werden mehr als „Seiende" denn als „Werdende" gesehen. Im Zentrum steht zum einen der komplexe Alltag von Kindern, der aus ihrer Perspektive erforscht werden soll. Zum anderen werden die Lebensbedingungen von Kindern als sozialkulturelle Bevölkerungsgruppe ermittelt und analysiert, für die ein spezifischer Wohlfahrtsstatus kennzeichnend ist (vgl. KRÜGER/GRUNERT 2002, S. 23; HONIG 1999).

Leitend für beide Ansätze ist die Vorstellung von Kindern als vollwertige Mitglieder der Gesellschaft. Kinder werden somit konsequenterweise nicht nur als Teil von Familien verstanden und untersucht, sondern als eigenständige gesellschaftliche Gruppe im Vergleich zu den Erwachsenen. Dadurch wird Kindern zum einen Wertschätzung und Gleichberechtigung zugestanden, zum anderen sind damit gesellschaftliche Leistungserwartungen verknüpft, die nur bestimmte Fassungen von Kindheit und Kindsein zulassen. Kinder als kompetente Akteure zu betrachten, die ihre Lebenswelt mitgestalten, schließt Kinder aus, die solche Erwartungen nicht erfüllen können, weil sie zum Beispiel krank, behindert oder in anderer Weise besonders schutzbedürftig sind (vgl. PREUSS-LAUSITZ 2003). Der Akteursbegriff in Forschung und Politik birgt die Gefahr, Kinder als „Manager ihres Lebens" zu sehen, wodurch sich Kindheit in Modernitätsgewinner und -verlierer teilt.

Kinder als vollwertige Mitglieder und kompetente Akteure der Gesellschaft

Ein wichtiger Faktor in diesem Zusammenhang ist das grundsätzliche Machtverhältnis zwischen Kindern und Erwachsenen, das unter dem Begriff „generationale Ordnung" diskutiert wird.

5.2 Generationale Ordnung

In Anlehnung an die Genderforschung, die auf die marginale Position von Frauen nicht nur in der Gesellschaft, sondern auch in wissenschaftlichen Diskursen aufmerksam machte, führte man zunächst in der skandinavischen und angelsächsischen Kindheitssoziologie (vgl. beispielsweise ALANEN 2001; QVORTRUP 2005; JAMES/PROUT 1997) den Begriff der Generation, der auch in anderen wissenschaftlichen Diskursen und Disziplinen zu finden ist, als sozial konstruierte Kategorie gesellschaftlicher Ungleichheit ein. Basierend auf der Theorie Karl Mannheims werden Generationen als Akteure sozialen Wandels verstanden, die als eine Art Kollektivsubjekt agieren (vgl. HONIG 1996b, S. 207). Davon ausgehend versucht Alanen das Verhältnis von Kindern und Erwachsenen als „generationale Ordnung" zu beschreiben (vgl. ALANEN 2001). Lebensalter ist demnach nicht biologisch definiert, sondern wird im Verhältnis der Generationen zueinander mit Sinn versehen und symbolisch wie interaktiv hergestellt. Daraus folgt der kritische Blick auf die seit der Moderne vorherrschende Gegenüberstellung vom „unreifen, unvernünftigen und unfertigen" Kind zum Erwachsenen, der diesen Zustand überwunden zu haben scheint und der durch Fürsorge und Erziehung dieses Kind in seinen Zustand bringen soll (vgl. BÜHLER-NIEDERBERGER 2005).

Machttheoretische Perspektiven auf Kindheit

Diese Vorstellung beschreibt nach Alanen und anderen ein Machtverhältnis. Die angebliche Erziehungsbedürftigkeit des Kindes qua seines biologischen Alters dient einer mehr oder minder bewussten Durchsetzung von Interessen der Erwachsenen. Hierbei spielen ökonomische, soziale, rechtliche und kulturelle Aspekte eine Rolle. Es geht um die Frage nach sozialer Differenz und nach der Partizipation unterschiedlicher gesellschaftlicher Gruppen. Der kindliche Schonraum ist aus dieser Sicht auch Argumentationsfigur für den Ausschluss von Kindern an gesellschaftlichen Prozessen.

So wird das Bildungsmoratorium immer wieder in seiner paradoxen Wirkung diskutiert. Der Ausschluss von Kindern von der Erwerbsarbeit hat – bezogen auf ihren Status – positive und negative Auswirkungen. Die Entscheidung, die institutionalisierten Bildungsprozesse nicht als Erwerbsarbeit zu definieren, spiegelt ein spezifisches Bild von Kindheit und bestimmt den Status dieser Lebensphase (vgl. QVORTRUP 2005). Die Schulpflicht befreit die Kinder von der Erwerbstätigkeit und bietet einen geschützten Raum zum Aufwachsen. Gleichzeitig reguliert sie das Leben der Kinder auf verschiedenen Ebenen bis hin zu einer Kolonialisierung ihrer Lebenswelt (vgl. HELSPER/BÖHME 2002, S. 572). Trotz eines Statusgewinns wird Kindheit somit immer noch als defizitär, pädagogisiert und heteronom konstruiert (vgl. ebd.).

Der machttheoretische Blick wird auch innerhalb der Kindheitssoziologie kontrovers diskutiert, weil er die Entwicklungstatsache nahezu völlig ausblendet und Kindheit primär als soziales Phänomen auffasst. Der Diskurs um die „generationale Ordnung" hat in der Kindheitsforschung vor allem programmatische Spuren hinterlassen. Sowohl die struktur- als auch die akteursbezogenen Ansätze versuchen den Status und die Perspektive der Kinder zu erfassen. Dabei stößt Letzteres an erkenntnistheoretische Grenzen, da Erwachsene nicht die Perspektive von Kindern einnehmen können, weil sie eben nicht mehr Kind sind und als erwachsene Akteure innerhalb der generationalen Ordnung agieren. Deshalb soll sich der Blick der Kindheitsforschung nicht ausschließlich auf das Kind richten, sondern ebenso auf das relationale Verhältnis von Kindern und Erwachsenen und auf den Umgang mit der Differenz.

Diese methodologische Prämisse wird insbesondere in den akteursbezogenen Studien diskutiert (vgl. HONIG/LANGE/LEU 1999).

Die Auseinandersetzung mit der Perspektive der Kinder hat jedoch insgesamt zu einer Zunahme an Forschung geführt, in der Kinder „eine Stimme" haben. Sie werden zunehmend und in immer jüngerem Alter mittels verschiedener Methoden befragt. Direkte Befragungen repräsentieren allerdings nur einen Ausschnitt dessen, was mit der Perspektive von Kindern gemeint sein kann. Akteursbezogene Studien basieren häufig auf der Analyse von sozialen Situationen und ihren verbalen wie körperlichen Interaktionsmustern, durch die kindliche Sicht implizit erarbeitet wird (siehe auch Methodologie und Methoden in Kapitel 6).

Kindern eine Stimme geben

Die Beschäftigung mit Kindern und Kindheit in der Sozialstruktur konzentriert sich auf Status und Lebensphase dieser Gruppe in der Gesellschaft. Dieser Ansatz entfernt sich analytisch klar vom individuellen Kind – seinen Wahrnehmungs- und Verarbeitungsmustern, seiner Entwicklung – hin zu einer Erkenntnis, dass Kindheit in jeder Gesellschaft eine beständige Kategorie ist, deren strukturelle Verfasstheit untersucht und mit anderen Kategorien verglichen werden kann (vgl. QVORTRUP 2005, S. 28f.). Ferner lassen sich so Kindheiten auch historisch und kulturvergleichend untersuchen. Unterschiedliche Ansichten finden sich zu der Frage, welche Kategorien letztlich die Sozialstruktur Kindheit mehr bestimmen: die Tatsache, Kind zu sein, oder die Fragen nach dem Geschlecht, der Ethnizität, des sozio-kulturellen Milieus.

Kindheit als Sozialstruktur

Qvortrup favorisiert eine Konzentration auf die Sozialstruktur Kindheit, weil seiner Ansicht nach Kinder mehr mit Kindern gemeinsam haben als mit Erwachsenen und deshalb familienbezogene Untersuchungen bestimmte Erkenntnisse verhindern. So hat beispielsweise erst die Unterscheidung von Kindern und Erwachsenen in der Sozialberichterstattung sichtbar gemacht, dass Kinder in Deutschland und anderen OECD-Ländern oft ein erheblich höheres Armutsrisiko als Erwachsene haben (vgl. FÖRSTER 2003, s. auch Kapitel 7).

An einem anderen Beispiel zeigt Qvortrup ähnlich die Notwendigkeit, Kinder sichtbar zu machen, und illustriert das Problem der Andersartigkeit von Kindheit. Es handelt sich um die Erhebung der Wohnverhältnisse nach Wohndichte, gemessen an der Zahl der Personen je Raum. Die Erhebung hat verschiedene sozioökonomische Gruppen im Vergleich untersucht und sie mit Kindern sowie mit dem Durchschnitt kontrastiert (dänische Statistik von 1984, Tabelle in Anlehnung an QVORTRUP 2005, S. 33).

Kinder und Erwachsene im Vergleich am Beispiel Wohndichte

	Mehr als 1 Person	1 Person	Weniger als 1 Person
0–15-Jährige	23,0	30,2	45,9
im Ruhestand	2,2	16,4	80,7
Erwerbstätige	10,8	22,5	65,2
gelernte Arbeiter	13,5	27,7	57,8
ungelernte Arbeiter	16,3	26,7	55,8
Hausfrauen	12,9	20,8	65,5
insgesamt	12,6	23,4	62,6

> Versuchen Sie, diese Statistik mit eigenen Worten zu erklären!
> Welche sozialpolitischen Konsequenzen könnten aus einer solchen
> Untersuchung resultieren?
> Wer vertritt eigentlich die Interessen von Kindern in unserer Gesellschaft?

Für eine Sozialpolitik, die, u.a. ausgelöst durch den Paradigmenwechsel in der Wissenschaft, zunehmend die Frage nach der Kindheit im Wohlfahrtsstaat (vgl. KRÄNZL-NAGL/MIERENDORFF/OLK 2003) stellt, ist jedoch die sozialstrukturelle Analyse nur eine Seite der Medaille. Es interessiert das Zusammenspiel verschiedener Wirkungsfaktoren auf den konkreten Alltag von Kindern.

5.3 Lebenslagen

Kinder als Mitglieder von Familien und als aktiv Handelnde

In der Sozialberichterstattung hat sich in den letzten Jahren ein Konzept durchgesetzt, das als „Lebenslagenansatz" bezeichnet wird. Es handelt sich hierbei um einen sozialwissenschaftlichen Ansatz, mit dem das Zusammenwirken verschiedener Faktoren (sozial, ökonomisch, kulturell, etc.) in den konkreten Lebensverhältnissen von Individuen und gesellschaftlichen Gruppen theoretisch erfasst wird. Ausgangspunkt sind nicht die Bedürfnisse, sondern es wird versucht, objektive Bedingungen des Handelns zu erfassen und sie als Spielraum für ein mögliches Handeln von Akteuren zu definieren.

„Mit dem Konzept der Lebenslage ist der Anspruch verbunden, soziale Unterschiede sowohl in der horizontalen als auch in der vertikalen Dimension sehr differenziert zu erfassen und dabei sowohl materielle als auch immaterielle Aspekte zu berücksichtigen." (LEU 2002, S. 20)

Ziel ist zum einen die Berücksichtigung pluraler Lebensformen postmoderner Gesellschaften, zum anderen, gesellschaftliche Mitglieder nicht als „Opfer" ihrer Lebensbedingungen und passive Empfänger von staatlicher Hilfe zu sehen, sondern als aktiv Handelnde. Dieses gilt auch für Kinder, die seit etwa Ende der 1990er Jahre explizit als gesellschaftliche Gruppe untersucht werden. Allerdings werden Kinder immer in der Verschränkung von eigenständigem Subjektstatus (bzw. als soziale Akteure) und ihrer Erziehungsbedürftigkeit, d.h. als Empfänger eines Erziehungsauftrags, betrachtet, der zunehmend von Familie und Öffentlichkeit geteilt wird.

Das von Leu überarbeitete Lebenslagenkonzept unterscheidet fünf Dimensionen, mit denen Handlungsspielräume beschrieben werden, und vier Ressourcen, die näher die Handlungsfähigkeit von Akteuren bestimmen.

Wählen Sie eine Dimension aus und versuchen Sie, das Zusammenwirken von Handlungsspielraum und Ressourcen an dem Beispiel Zugang zu Büchern/Erwerb von Lesekompetenz/Freude an Literatur zu entfalten.

Ressourcen und Dimensionen der Lebenslage von Kindern
(in Anlehnung an LEU 2002, 22f.):

	individuelle Ressourcen	familiale Ressourcen	Ressourcen im sozialen Umfeld (nicht institutionalisiert)	institutionelle Ressourcen
Versorgungs-/Ein-kommensspiel-raum				
Kontakt-/Koopera-tionsspielraum				
Lern- und Erfah-rungsspielraum				
Muße- und Regenerations-spielraum				
Dispositions- und Partizipations-spielraum				

Das Konzept verweist darauf, dass sich Lebenslagen von Kindern in Deutschland erheblich unterscheiden können. Dazu gehören plurale Familien- und Lebensformen, sozio-ökonomische und kulturelle Differenzen, Unterschiede im Wohnumfeld und in der Versorgung durch öffentliche Institutionen. Damit wird das Spannungsfeld zwischen dem sozio-kulturellen Muster Kindheit (Was verbindet alle Kinder einer Kultur, eines Zeitalters?) und der Ausdifferenzierung in verschiedene, parallel existierende Kindheiten transparent. Ähnliches gilt für die Seite der Handelnden. Dem sozio-kulturellen Muster Kindheit steht nicht „das Kind" gegenüber, sondern eine höchst vielfältige Gruppe von Kindern, die ihre Ressourcen in unterschiedlicher Art und Weise nutzt.

Lebenslagen von Kindern unterscheiden sich

An einem Fallbeispiel sollten diese offenen Fragen konkret diskutiert werden:

Familie A besteht aus Vater, Mutter und zwei Kindern. Sie werden demnächst eine Wohnung beziehen, die aus vier Zimmern unterschiedlicher Größe, einer Wohnküche und einem Bad besteht.
Wie stellen Sie sich die Verteilung der Zimmer vor?
Welches Zimmer, welche Zimmer sind als Kinderzimmer gedacht?
(Die Normgröße der Kinderzimmer lag lange Zeit unter der von Elternschlafzimmern. Vgl. GÜNTHEROTH 2003, S. 200)
Wer entscheidet über die Vergabe der Zimmer?
Wie kommunizieren die Familienmitglieder über den Verteilungsprozess?

Reflektieren Sie Ihre Entscheidung vor dem Hintergrund eines sich wandelnden Kindheitsbilds.

Chancen und Risiken postmoderner Kindheiten

Gleichzeitig reflektiert das Konzept auch bestimmte Kindheitsvorstellungen, die sich im Laufe des 20. Jahrhunderts gewandelt haben, wovon Änderungen im Recht, in der Politik und im generationalen Verhältnis zeugen. Kindern wird heutzutage mehr Eigenrecht zugestanden. Sie können in höherem Maße an Entscheidungen partizipieren und ihre Lebenssituation mitgestalten. Damit verbunden sind jedoch Chancen und Risiken. So müssen sich Kinder mit einer Vielzahl von Handlungs- und Orientierungsmustern (vgl. Leu 2002) einer postmodernen Konsumgesellschaft auseinandersetzen. Von ihnen wird ein hohes Maß an Orientierungs- und Entscheidungskompetenz erwartet. Partizipation und Mitgestaltung sind in diesem Sinne zwar essentielle Voraussetzung für ein demokratisches Miteinander der Generationen, aber kein Garant für ein glückliches Aufwachsen von Kindern – ein normativer Anspruch, der in Wohlfahrts- und Erziehungsvorstellungen implizit enthalten ist.

5.4 Cultural Studies

Die Bedeutung von Kinderzimmern für Kinder (und Erwachsene und deren Verhältnis zueinander) sowie die Bedeutung der Kinderzimmer als Spiegelbild von Kindheitsvorstellungen, lassen sich nicht durch statistische Erhebungen, z. B. der Verbreitung eines eigenen Kinderzimmers oder der Quadratmeter der Räume, ermitteln. Auch Studien zur Wahrnehmung des eigenen Zimmers und seinem emotionalen Stellenwert, die auf der Basis von Interviews oder biografischen Texten in der Regel rekonstruktiv erfolgen, vermögen nicht den komplexen Zusammenhang von Makro- und Mikroebene zu erfassen, der für soziale Praktiken und kulturelle Formen kennzeichnend ist.

Es gibt allerdings Ansätze, die ein vielschichtigeres Erfassen ermöglichen, die sogenannten Cultural Studies. Die Cultural Studies kommen ursprünglich aus England und haben sich in anderen Ländern unterschiedlich durchgesetzt bzw. sind dort modifiziert worden, vor allem im Bereich der Medien- und Jugendkulturforschung. Es handelt sich um ein interdisziplinäres Projekt, das kulturelle Formen, Praktiken und Prozesse gegenwärtiger Gesellschaften einer kritischen Analyse unterzieht (vgl. Winter 2003, S. 204) und zudem den Anspruch der gesellschaftlichen Veränderung über Wissenschaft formuliert. Cultural Studies gehen nicht mehr von einer Trennung zwischen Gesellschaft und Kultur aus, sondern untersuchen ihren Zusammenhang. Sie betreiben qualitative Forschung im Rahmen umfassender Kultur- und Gesellschaftsanalysen. Kultur wird als „whole way of life" mit all seinen gesellschaftlichen Widersprüchen verstanden. Kultur ist demnach nicht ein vom Leben abgegrenzter Bereich und wird auch nicht in Hoch- und Populärkultur unterschieden.

Vermittlung von kulturalistischem und strukturalistischem Paradigma

In ihrer Fortentwicklung bemühen sich die Cultural Studies um die Vermittlung zwischen dem kulturalistischen und strukturalistischen Paradigma. Weder genügt es, Bedingungen gesellschaftlicher Ungleichheit zu untersuchen ohne die kulturellen Praktiken der Akteure zu erfassen, noch gelten Medienanalysen oder die Erforschung kultureller Lebenswelten ohne Bezug zum Verhältnis von Kultur und Macht als Cultural Studies (vgl. Winter 2003, S. 207). Während sich viele andere wissenschaftliche Ansätze um eine Reduktion von Variablen bemühen, tendieren die Cultural Studies zu einem „radikalen Kontextualismus" (vgl. HEPP/KROTZ/THOMAS 2009). Wissen wird als kontextspezifisch betrachtet. Das heißt, Praktiken und Identitäten können nur durch eine intensive Rekonstruktion relevanter historischer und kultureller Kontexte verstanden werden. Davon ausgehend interessiert die Identitätsbildung vor dem Hintergrund zunehmend globalisierter und mediatisierter Welten. Eine besondere Bedeutung hat die Frage nach der Widerständigkeit unterdrückter gesellschaftlicher Gruppen.

Während die Cultural Studies für die Jugendforschung schon seit Längerem eine Rolle spielen, u.a. weil gerade der Jugend klassisch die Erneuerung der Gesellschaft durch Widerstand zugeordnet wird, werden sie in der Kindheitsforschung, insbesondere in Deutschland, bislang wenig rezipiert. Eine Ausnahme bildet die Medienforschung, die sich über eine an den Prämissen der Cultural Studies orientierte Untersuchung kultureller Praktiken von Kindern und Jugendlichen mit der Konstituierung von Kindheit beschäftigt (vgl. BACHMAIR/BURN 2009, S. 120ff.).

In der deutschen Kindheitsforschung werden strukturalistische und kulturalistische Ansätze bislang eher getrennt. Dabei fänden sich viele Möglichkeiten, Kinderkultur aus diesem Verständnis heraus zu untersuchen. Es scheint sich eher ein kulturtheoretischer Ansatz herauszubilden, der von Kindern und ihren Kulturen im Plural spricht und vielschichtige Phänomene des Kinderlebens in ihrem Zusammenwirken untersucht, jedoch die machttheoretischen Fragen ausklammert (vgl. KELLE 2005).

Versuchen Sie anhand eines IKEA-Kataloges (Kinderzimmer) folgende Fragen zu bearbeiten:

1. *Welche Kindheitsbilder werden sichtbar?*
2. *Wer bestimmt wohl die Ausstattung des Kinderzimmers nach Ansicht der Firma?*
3. *Welche kinderkulturellen Formen können Sie entdecken, welche vermissen Sie?*
4. *Inwieweit könnte IKEA unsere Vorstellungen von einem guten Kinderzimmer und einer glücklichen Kindheit mitsteuern?*
5. *Wie könnte man die Perspektive von Kindern – bezogen auf das Thema Kinderzimmer – erforschen?*

Was Sie wissen sollten, wenn Sie Kapitel 5 gelesen haben:

Sie sollten in der Lage sein,
– zwischen einer akteurs- und einer strukturbezogenen Kindheitsforschung analytisch zu unterscheiden und zu verstehen, dass es sich um Perspektiven handelt, die jeweils eine andere Dimension von Kindheit beleuchten.
– sozialisationstheoretische und soziologische Ansätze von Kindheitsforschung benennen zu können und ihren Beitrag zum Verständnis von Kindheit zu erfassen.
– den Paradigmenwechsel der neuen Kindheitsforschung beschreiben zu können und in seiner Relevanz für Wissenschaft und Kinderleben zu erkennen.

– das Lebenslagenkonzept zu verstehen und Kindheit in Deutschland in seiner Komplexität darstellen zu können.
– den Ansatz der Cultural Studies als mögliche Verbindung von akteurs- bzw. subjekt- und strukturbezogenen Theorien zur Erforschung von Kindheit zu verstehen.

Weiterführende Literatur zu Kapitel 5

BACHMAIR, BEN/BURN, ANDREW (2009): **David Buckingham: Kindheit, Handlungsfähigkeit und Literalität.** (Interessanter Beitrag über den englischen Erziehungswissenschaftler und Medienforscher David Buckingham, der die Traditionen von erziehungswissenschaftlicher und soziologischer Kindheitsforschung mit dem Ansatz der Cultural Studies verbindet und an dem der mögliche Ertrag einer solchen Verbindung deutlich wird. Seine Schlüsselkonzepte zu Kindheit, Handlungsfähigkeit und Literalität entwickelt er kulturanalytisch. Dabei dekonstruiert er konventionelle Kindheitsvorstellungen, insbesondere auf Medien bezogen, mit dem doppelten Ziel: wissenschaftliche Erkenntnis und Emanzipation von Kindern und Jugendlichen.)

HENGST, HEINZ/ZEIHER, HELGA (Hrsg.) (2005): **Kindheit soziologisch.** (Guter Überblick über den Stand der Forschung in der Soziologie der Kindheit; mit internationalen Beiträgen in deutscher Sprache.)

HONIG, MICHAEL-SEBASTIAN/LEU, HANS-RUDOLF/NISSEN, URSULA (Hrsg.) (1996b): **Kinder und Kindheit. Soziokulturelle Muster – sozialisationstheoretische Perspektiven.** (Grundlegendes Buch zu Beginn der Auseinandersetzung mit den Paradigmen der neuen Kindheitsforschung in Deutschland; Diskussion über das Verhältnis von Sozialisationsforschung und Soziologie der Kindheit.)

KRÄNZ-NAGL, RENATE/MIERENDORFF, JOHANNA/OLK, THOMAS (Hrsg.) (2003): **Kindheit im Wohlfahrtsstaat. Gesellschaftliche und politische Herausforderungen.** (Guter Überblick über die nationale und internationale Forschung zu Kindern im Wohlfahrtsstaat unter Berücksichtigung soziologischer, politischer, juristischer und ökonomischer Perspektiven vor dem Hintergrund veränderter Kindheitskonzepte.)

C Forschungszugänge

6 Methodologie und Methoden der Kindheitsforschung

Kindheitsforschung wird in der Regel von Erwachsenen betrieben. Dabei wird die Sicht der Erwachsenen auf Kinder und Kindheit sowie ihr Zugang zum Gegenstandsfeld von zwei Strukturmerkmalen beeinflusst: Erwachsene nähern sich dem Forschungsobjekt erstens vor dem Hintergrund der Erinnerung an ihre eigene Kindheit. Zweitens beeinflusst ihr Verständnis von Kindheit als Phase im Lebenslauf den Forschungsprozess. Dabei spielen sowohl biografische als auch sozio-kulturelle Muster eine Rolle. Die Kindheit in den Köpfen der Erwachsenen (vgl. BEHNKEN 2004) steht immer in Differenz zu dem Gegenstandsfeld, das untersucht werden soll, und zu der Sicht von Kindern darauf. Dieses grundsätzliche erkenntnistheoretische Problem verschärft sich im Zuge von Modernisierungstendenzen: „Die Gegenwart der Kinder ist nicht mehr die Vergangenheit der Erwachsenen und die Gegenwart der Erwachsenen nicht die Zukunft der Kinder." (HONIG/LANGE/LEU 1999, S. 19) Das wird am Beispiel von Medienerfahrung besonders deutlich.

Methodologien sind theoriegeleitete Annahmen, die versuchen, den Untersuchungsgegenstand näher zu bestimmen und Kriterien für das Verhältnis von Erkenntnisinteresse und Forschungsmethoden zu formulieren. Das Kapitel nähert sich der Methodologie der Kindheitsforschung in zwei Schritten: Zunächst geht es um die Frage nach den Grenzen der Kindheit und danach, welche Kinder und Kindheitsphasen im Focus des Erkenntnisinteresses stehen. Im Anschluss daran wird der Diskurs über die Perspektive der Kinder vorgestellt.

Methodologien sind theoriegeleitete Annahmen

Methoden sind Erhebungs- und Auswertungsverfahren, mit denen man diesen besonderen Grundbedingungen der Erforschung kindlicher Sichtweisen und kindlicher Lebenswelten gerecht zu werden versucht. Im Prinzip werden in der Kindheitsforschung alle Methoden der Sozialforschung angewendet, qualitative wie quantitative. Dazu gibt es reichhaltige, auch einführende Literatur (z.B. FUHS 2007), die hier nicht auf wenigen Seiten zusammengefasst werden soll. Vielmehr stellen wir im Folgenden nur solche Methoden dar, die in spezifischer Weise für die Erforschung kindlicher Lebenslagen, Lebenswelten und Lebensdeutungen (weiter-)entwickelt wurden. Die Methodendiskussion in der Kindheitsforschung arbeitet sich dabei auch immer wieder an besonderen Schwierigkeiten und Hürden dieser Methoden ab, die in der Methodologiediskussion entfaltet werden: Immer sind es Erwachsene, die über Kinder forschen, deren Aussagen interpretieren und darüber wissenschaftliche Texte verfassen, dabei haben sie jedoch den Anspruch, die Kinder selbst möglichst unverfälscht zu Wort kommen zu lassen. Es geht daher im Folgenden auch immer um die in der Kindheitsforschung erfolgende Reflexion dieser Schwierigkeiten und Herausforderungen in den konkreten Untersuchungsdesigns.

Methoden sind Erhebungs- und Auswertungsverfahren

Besonders komplex ist der ethnographische Zugang innerhalb der Kindheitsforschung. Weil in ihm methodologische und methodische Fragen verbunden sind, und weil er darüber hinaus eine zunehmende Bedeutsamkeit für die Kindheitsforschung entwickelt, wird er am Ende des Kapitels eigens behandelt.

6.1 Bestimmungen von Kindheit in ihrer Relevanz für die Kindheitsforschung

Von der Annahme ausgehend, dass Kindheit keine „natürliche" Kategorie ist, sondern eine dem historisch-kulturellen Wandel unterworfene Interpretation des generationalen Verhältnisses, kann man nach dem Beginn und dem Ende von Kindheit fragen. Damit wird eine Dimension der Gegenstandsbestimmung angesprochen, die vielfältige Konsequenzen für den Forschungsprozess hat. Darin eingeschlossen ist die Frage, wie „Kindheit nach dem Ende der biologisierenden Selbstverständlichkeiten zu denken" sei (HONIG/LANGE/LEU 1999, S. 18).

Das moderne Kindheitskonzept wird von unterschiedlichen Disziplinen (Medizin, Psychologie, Soziologie, Recht, Philosophie, Pädagogik) beeinflusst und somit werden sowohl die Grenzen der Kindheit als auch die für Kinder „typischen" Merkmale jeweils verschieden gefasst. Lange Zeit wurde Kindheit vor allem über körperliche Merkmale bestimmt, deren Entwicklung in verschiedene Phasen eingeteilt wurde. Im Unterschied zu früheren Epochen jedoch wurden Kinder nicht mehr als miniaturisierte Erwachsene gesehen, sondern als Personen in Entwicklung, die sich von Erwachsenen nicht nur körperlich (Größe, Geschlechtsreife), sondern auch in ihrer Wahrnehmungs-, Denk- und Handlungsweise unterscheiden.

Kindheit heute –
„Kids"

Mit Kindheit meint man heutzutage in der Regel die Zeit nach der Geburt bis zum Beginn der Pubertät. Sozial- und kulturwissenschaftliche Annäherungen an Kindheit machen auf den Konstruktionscharakter dieser Einteilung aufmerksam. Zum einen gilt auch Alter als soziale Kategorie, zum anderen zeigt die moderne bzw. postmoderne Gesellschaft Entgrenzungstendenzen, wodurch sich die klassische Einteilung in Kinder, Jugendliche und Erwachsene teilweise auflöst. Dieses lässt sich beispielsweise an der Kleidung und am Freizeitverhalten der Generationen beobachten. So besuchen möglicherweise Großvater, Vater und Enkel gemeinsam und alle in Jeans gekleidet ein Rockkonzert. Aktuelle Kindheit weist insgesamt viele jugendkulturelle Phänomene auf, die sich zum Teil durch Vergesellschaftungstendenzen erklären lassen. Die Kindheitsforschung spricht neuerdings von einer neuen Gruppe, den „Kids", womit die Acht- bis Zwölfjährigen gemeint sind, deren körperliche Entwicklung und Habitus schon sehr der Jugend ähneln, obwohl sie psychologisch und rechtlich noch als Kinder gesehen werden.

Das Alter ist ein wesentliches Strukturmerkmal von Kindheit. Es bestimmt Übergänge, wie z.B. den Schuleintritt, definiert Zugänge, Handlungs- und Partizipationsmöglichkeiten sowie Schutzräume und beeinflusst den Identitätsprozess. Das Alter ist konstituierendes Element für drei Dimensionen moderner Kindheit:

1. Kindheit als institutionalisierte Lebensphase:
   Kindheit wandelt sich von einer Phase der Reifung und Entwicklung zur Phase eines institutionalisierten Lebenslaufs (vgl. ECARIUS 1996). Kindheit spielt sich zunehmend in Institutionen ab.
2. Kindheit als Minderjährigkeit:
   Das Konzept der Minderjährigkeit verweist auf die Ambivalenz des modernen Kindheitskonzepts. Zum einen beinhaltet es Schutzräume für Kinder, z.B. auch hinsichtlich ihrer Strafmündigkeit (darf man Kinder, die gemordet haben, bestrafen?), zum anderen verhindert es die gleichberechtigte Teilhabe an der Gesellschaft.
3. Kindheit als Bildungsmoratorium:
   Das immer weiter ausgedehnte Bildungsmoratorium verlängert den Schutzraum und damit den Ausschluss von Teilhabe. Kindheit expandiert und erodiert gleichzeitig (vgl. ZEIHER 1996). So beginnt heutzutage der Einstieg in die Erwerbstätigkeit immer später. Gleichzeitig steigen die Leistungsanforderungen an Kinder kontinuierlich und erfassen auch die Phase von Null bis sechs Jahren, die neuerdings als zentrale Bildungszeit verstanden wird. Jedoch zeigen sich auch hier Entgrenzungstendenzen durch die Scholarisierung von Freizeit und umgekehrt durch die Veränderung von Schule als Lebenswelt von Kindern. Bildung findet zunehmend auch außerhalb der Schule statt, Freizeit vermehrt in der Schule.

Die Interessen der Kindheitsforschung und damit die Auswahl an Untersuchungsfeldern und -gruppen stehen in Zusammenhang mit diesen Dimensionen. Durch die Konzentration auf den kindlichen Akteur werden bestimmte Altersphasen und -kohorten favorisiert, und zwar vor allem die Kinder, die mit den gesellschaftlichen Anforderungen kompetent und eigensinnig umgehen und die ihre Erfahrungen vermitteln können, insbesondere durch Sprache. Die Hinwendung zu Kindern von Null bis drei Jahren oder zu kranken und behinderten Kindern vollzieht sich nur zögerlich. Hierbei dominiert immer noch die entwicklungspsychologisch-medizinisch orientierte Forschung. Es gibt jedoch auch Ansätze, immer jüngeren Kindern den Akteursstatus zuzugestehen und ihre Ausdrucksformen als gleichberechtigt anzuerkennen. Dabei zeigt sich der Einfluss reformpädagogischer Sichtweisen auf das Kind und seinen Ausdruck bzw. eine Verschränkung von Forschung und Pädagogik, wie beispielsweise die Reggio-Pädagogik (100 Sprachen der Kinder). Weiterhin spielt die Frage nach dem Bildungswert eine Rolle. So steigt das Interesse der Kindheitsforschung an entsprechenden Kohorten mit der Institutionalisierung von Kindheit unter drei Jahren und der Anerkennung dieser Phase als Bildungsprozess. Ähnliches gilt für behinderte Kinder im Zuge der Anerkennung ihrer Bildungsfähigkeit und ihrer Integration in allgemeinbildende Schulen. *Interessen der Kindheitsforschung*

James und Prout machen darauf aufmerksam, dass die Einordnung von Kindheit als Zugehörigkeit zu einer bestimmten Altersgruppe mit unserem sozialen Verständnis von Zeit korreliert und fordern für die Kindheitsforschung eine Neuausrichtung an Zeitkonstruktionen, z.B. bezüglich der Altersfrage (vgl. JAMES/PROUT 1997). Zeitverständnisse unterliegen dem historisch-kulturellen Wandel. Am Beispiel eines für die moderne Kindheit und für Kinder bedeutsamen Rituals lässt sich dieser Zusammenhang verdeutlichen: *Zeitliche Einordnung von Kindheit*

Kindergeburtstage gehören heutzutage selbstverständlich zum Alltag, sie sind bedeutungsgeladen und spiegeln gleichzeitig die Kindheitsvorstellungen unserer Konsum- und Mediengesellschaft. Sie sind Teil des Kinderkulturskripts der Moderne mit Konsum im Zentrum (vgl. HENGST 2001). Es ist wenig bekannt, dass sich das Feiern von Kindergeburtstagen erst nach dem Zweiten Weltkrieg flächendeckend einbürgerte, dass es in vielen Kulturen unbekannt ist und dass eine moderne Zeitauffassung hierfür Voraussetzung war. Bis zur Moderne war nämlich der Geburtstag in der Regel nicht bekannt, weil er auch nicht dokumentiert wurde. Die Feier des Geburtstages ist Vermittlung eines modernen Zeitverständnisses an Kinder und zugleich ein Aushandlungsspielraum generationaler Ordnung (vgl. DECKERT-PEACEMAN 2005).

Diskutieren Sie dazu die beiden folgenden Beispiele, indem Sie die Unterschiede in der Wahrnehmung von Erwachsenen und Kindern beschreiben und die Szenen als Aushandlungsspielraum generationaler Ordnung interpretieren.

Fallgeschichte:

Erwachsener: Wie lange gibt es dich denn schon?
Kind: Schon immer.
Erwachsener: Ich meine, wie alt bist du?
Kind: Fünf.

(WESTPHAL 2005, S. 19)

Literarisches Beispiel:

„Wie kommt die Zahl in mich hinein?", fragt der vierjährige Matt am Geburtstagsmorgen. An jenem Morgen ist Matt ungewöhnlich ruhig und blickt ernst auf die vor ihm aufgebauten Geschenke. Die Eltern sind verblüfft, weil er nicht sofort die Geschenke aufmachen möchte. Seine Frage verstehen sie zunächst nicht. „Vier werden", erklärt Matt. „Ach so, ich verstehe", sagt der Vater langsam. „Die Zahl geht nicht in dich rein, Matt. Man sagt zwar, du wirst vier, aber in deinem Körper passiert nichts."

(HUSTVEDT 2003, S. 77)

6.2 Perspektive der Kinder

Einen zentralen Stellenwert für die Methodologie der Kindheitsforschung hat die Frage nach der Perspektive der Kinder. In der Auseinandersetzung darüber steckt das Erkenntnisinteresse an einer „unbekannten Wirklichkeit" (vgl. HONIG/LANGE/LEU 1999, S. 12). Gefragt wird nach der Andersartigkeit von Kindern, die – gleichsam einer fremden Ethnie – beforscht werden und deren anderes Weltverständnis sichtbar gemacht werden soll. Ausgegangen wird von einer klaren Differenz zwischen Kindern und Erwachsenen auf verschiedenen Ebenen sowie von einer generationalen Ordnung, die sich als Machtverhältnis von Kindern und Erwachsenen konstituiert. Insofern beinhaltet die Differenz zwischen Kindern und Erwachsenen für den Forschungsprozess und damit das Verstehen von Kindern verschiedene Prämissen:

Erwachsene können Kinder nicht umfassend verstehen, weil sie eben keine Kinder mehr sind und sie sich nicht wirklich in ihre Wahrnehmungs-, Verarbeitungs- und Handlungsmuster hineindenken können (vgl. HÜLST 2000, S. 37ff.). Kinder können aber nur begrenzt für sich selbst sprechen, obwohl die Kindheitsforschung sie zunehmend direkt befragt. Bedingt durch die generationale Ordnung werden die Stimmen der Kinder in der Regel erst über eine stellvertretende Repräsentation durch Erwachsene gehört. In diesem Prozess liegen jedoch zwei Gefahren: das oben genannte Nicht- bzw. Falschverstehen und die Durchsetzung der Deutungshoheit von Erwachsenenkultur in unserer Gesellschaft. Letzteres heißt, dass Erwachsene kindliche Praktiken immer auch hinsichtlich der Aufrechterhaltung ihrer eigenen Machtposition deuten und somit nicht die Perspektive der Kinder repräsentieren. Zusammenfassend kann man festhalten, dass „Kindheitsforschung immer eine über Erwachsene vermittelte, (vor-)strukturierte und hergestellte Forschung ist" (vgl. MEY 2003 S. 18).

Verschiedene Prämissen für den Forschungsprozess und das Verstehen von Kindern

Die programmatische Forderung nach einer Beforschung der Perspektive von Kindern beinhaltet somit erkenntnistheoretische und forschungspraktische Probleme, die in der Kindheitsforschung theoretisch wie empirisch bearbeitet werden. Verkompliziert wird die methodologische Auseinandersetzung durch den normativen Anspruch, der in diesem Programm liegt, das es sich zum Ziel gesetzt hat, *nicht mehr über Kinder* zu forschen, sondern *mit ihnen*. Denn mit der Diskussion über die Perspektive von Kindern geht die Forderung nach deren Partizipation einher (vgl. HONIG/LANGE/LEU 1999, S. 17). Das heißt, letztlich soll durch die Forschung das ungleiche Machtverhältnis der Generationen teilweise aufgehoben werden. Dieses gilt nicht nur für den Forschungsprozess, sondern daraus folgernd auch für die soziale und rechtliche Stellung von Kindern in der Gesellschaft.

Erkenntnistheoretische und forschungspraktische Probleme

Trotz der genannten Probleme hat dieses Leitmotiv der Kindheitsforschung zu einem Erkenntnisgewinn auf mehreren Ebenen geführt:

1. Erkenntnisse zu kindlichen Eigenwelten, über die Sozialökologie der Kindheit (Wo spielen Kinder? In welchen Welten bewegen sie sich? Welchen Sinn verleihen sie ihrer Umgebung?),
2. Erkenntnisse hinsichtlich der Datengewinnung und -auswertung (Interviews mit Kindern, Fragebogen im Vorschulalter, Glaubwürdigkeit kindlicher Aussagen),
3. Erkenntnisse über die Lebenslagen von Kindern, über den sozial-kulturellen Kontext von Kindheit (Kinderarmut, Raumbedarf, daran anschließend eine veränderte Kinderpolitik, die ihrerseits wieder neue Erkenntnisse über Kindheit produziert).

Nach dem aktuellen Stand der methodologischen Diskussion soll die Programmatik nach einer Erforschung der Perspektive von Kindern abgelöst werden durch eine Anerkennung der Differenz zwischen erwachsenen Forschenden und beforschten Kindern. Diese Differenz und die gemeinsame Herstellung einer generationalen Ordnung im Forschungsprozess sollen Ausgangspunkt für die Rekonstruktion von Kindheit und die Beschreibung von Kindern sein (vgl. MEY 2003, S. 17f.). Offen bleibt jedoch, wie man sich der Andersartigkeit von Kindern – dieser anderen Kultur – nähern kann.

6.3 Quantitative Methoden

Sozialberichterstattung

Vornehmlich aus offiziellen statistischen Quellen, wie z.B. der Jugendhilfestatistik, dem Mikrozensus oder den Familienberichten der Bundesregierung, stammen die Daten, mit Hilfe derer über die Lage der Kinder berichtet wird. Dabei bildet man die demografische Entwicklung ab (z.B. Geschwisterzahl oder Häufigkeit der Ein-Eltern-Familien im Zeitvergleich), untersucht Datensätze zum Stand der Gesundheit oder zur sportlichen Betätigung von Kindern; auf diese Weise lassen sich auch Aussagen über die Wohnverhältnisse oder die sozio-ökonomische Position der Kinder generieren.

Relativ jung ist das Bemühen, auch hier die Perspektive der Kinder insofern deutlich werden zu lassen, als sie als eigene statistische „Referenzpunkte" neu definiert werden. Während in früheren Sozialstatistiken Kinder meist in den gezählten Grundeinheiten „Familie" oder „Haushalt" enthalten waren, werden sie nun häufiger als eigene Grundeinheit berücksichtigt. Daraus entsteht eine neue Sicht auf die soziale Lage der Kinder. Die daraus resultierenden Vorteile beschreiben Andreas Lange und Johanna Mierendorff konkret am Beispiel der Sicht auf die viel diskutierte Kinderarmut:

„Es macht einen wichtigen Unterschied, ob arme Familien oder arme Kinder in ihren Familien gezählt werden. Die Anzahl der Kinder nimmt sofort zu, wenn die Forschung das Kind als statistische Untersuchungseinheit nimmt, da in der Regel mehr als ein Kind in einer armen Familie lebt." (LANGE/MIERENDORFF 2009, S. 191)

Surveys und Umfrageforschung

Ein weiteres quantitatives Verfahren ergänzt die Sozialberichterstattungen aus amtlichen Statistiken. So werden beispielsweise in standardisierten Umfragen große Zahlen von Probanden nach

„Optionen zu verschiedenen Lebensbereichen (Entscheidungen zu Konsum, Politik, Lebenslauf), nach der Zufriedenheit mit Institutionen und deren Angeboten [...] und nach Stellungnahmen zu Fragen der aktuellen öffentlichen Meinung [...]." (ZINNECKER 1999, S. 76)

befragt. Es handelt sich dabei um jene Themenbereiche, die von offiziellen Statistiken nicht abgedeckt werden können und bei deren Erfassung man auf die Expertise der betroffenen Personen angewiesen ist. Die Probandenzahl erstreckt sich von mehreren Hundert bis zu mehreren Tausend. Die zu Befragenden werden so ausgewählt, dass die Studien dem Anspruch auf Repräsentativität gerecht werden können. Befragt werden zum einen Erwachsene zu solchen Bereichen ihres Lebens, in denen Kinder eine Rolle spielen, also etwa zu Familie, Trennung, Scheidung, zu Vereinbarkeit von Familie und Beruf, zu Wohn-, Urlaubs- und Konsumscheidungen.

Zunehmend häufig werden in diesen Umfragen auch Kinder zu Probanden der Untersuchung. Auf diese Weise soll die subjektive Sicht der Kinder auf ihre Lebenswelt erhoben werden. Allerdings etablierte sich diese Form der Umfrageforschung erst mit der Neueren Kindheitsforschung ab den 1970er und 1980er Jahren, da erst seit dieser Zeit Kinder, auch jüngere Kinder, als „glaubwürdig" befragbare Personen angesehen werden.

Kinder werden in der Befragungssituation individualisiert, d.h. aus ihren sozialen Verbänden wie der Familie oder der Schulklasse herausgelöst. Alle Antworten haben das gleiche Gewicht, allen Kindern der repräsentativen Stichprobe werden – unabhängig von ihrer sprachlichen und intellektuellen Kompetenz – die gleichen Bedingungen und die gleichen Chancen zur Verfügung gestellt. Am Beispiel der World Vision Kinderstudie von 2007 kann das Vorgehen exemplarisch verdeutlicht werden (vgl. HURRELMANN/ANDRESEN 2007):

In der World Vision Kinderstudie 2007 setzten sich der/die Autor/innen das Ziel, Kinder als Experten ihres eigenen Lebens zu befragen. Anhand der Auskünfte der Kinder sollen deren Sichtweisen aufgegriffen und dargestellt werden, um neuere Erkenntnisse über Kindheit und Kindsein aus kindlicher Perspektive gewinnen zu können. Insgesamt wurden 1592 Kinder im Alter zwischen acht und elf Jahren befragt. Neben einer der gesamten Bevölkerungsstruktur entsprechenden Auswahl der Probanden nach Altersjahrgängen wurde zusätzlich auf eine repräsentative Quotierung des Geschlechts, der Staatsangehörigkeit (deutsch/nicht-deutsch) und des Wohnortes (alte und neue Bundesländer sowie Siedlungsstruktur) geachtet. Der vollständig standardisierte Fragebogen umfasste 73 Fragen und behandelte die folgenden Themen:

Die World Vision Kinderstudie 2007

Themen	Beispielfragen	Antwortmöglichkeiten
Soziodemografie und Familie	„Findest Du, dass Deine Mutter ausreichend Zeit für Dich hat?"	„ja mal so, mal so nein" (ebd., S. 409)
Schule und Institutionen	„Besuchst Du nach der Schule eine der folgenden Betreuungseinrichtungen?"	„eine an der Schule angebotene Mittagsbetreuung; einen Hort; eine sonstige Gruppe zur Nachmittagsbetreuung; nein, nichts davon/ich gehe in keine Einrichtung" (ebd., S. 416)
	Und weiter: „Wie gefällt es Dir dort? Nenn mir einfach den zutreffenden Buchstaben."	☺ (A) usw. ☺ (B) ☺ (C) ☹ (D) ☹ (E)
Freundschaften, Peers, soziale Netzwerke	„Hast Du auch Freundinnen und Freunde, deren Vater oder Mutter nicht aus Deutschland kommen?"	„ja, mehrere; ja, einen oder eine; nein, habe ich nicht."

Diskutieren Sie die Art der Fragen! Wo liegen Chancen, wo liegen Grenzen dieser Art der Umfrageforschung mit Kindern?

6.4 Qualitative Methoden

Interviews mit Kindern

Interviews mit Kindern werden vor allem bei solchen Fragestellungen geführt, mit denen die Sichtweise der Kinder auf bestimmte Lebensbereiche rekonstruiert werden soll. Ihre Interpretationen, Sinnzuschreibungen, ihre beteiligten Gefühle und Wertungen, ihr Erleben bedeutsamer Ereignisse wie etwa der Scheidung der Eltern, aber auch ganz alltäglicher Situationen wie dem Schul- oder Familiengeschehen erfragt man in Gesprächen mit ihnen.

Die Formen des Gesprächs unterscheiden sich zum einen nach dem vorgegebenen Strukturierungsgrad und zum anderen nach der Zahl der Beteiligten. Der Strukturierungsgrad bestimmt die der Art und Weise, wie das Verhältnis der kindlichen Redebeiträge und der erwachsenen Rede- (oder Erzähl-)aufforderungen gestaltet ist. So gibt es beispielsweise Interviews, in denen der Interviewer seine Fragen im Wesentlichen vorformuliert hat (Leitfadeninterviews), aber auch Gesprächssituationen, in denen gleich zu Beginn knappe Fragen gestellt werden, die die Kinder zum möglichst ausführlichen Erzählen anregen sollen (narrative Interviews). Im letzten Fall wählen die Kinder ihre Themen und deren Gewichtung selbst und strukturieren so die Art der Erzählung.

Während im Einzelinterview eher die individuelle Sicht und Erlebnisweise des jeweiligen Kindes erfasst wird, bietet das Gespräch mit einer Gruppe von Kindern die Möglichkeit, auch kollektive Orientierungen zu untersuchen (Gruppendiskussion, s. u.).

Kinder erzählen anders als Erwachsene
Nun ist es so, dass Kinder anders als Erwachsene über ihre Welt berichten und erzählen. Während sie in relativ jungem Alter bereits genau die Dinge ihrer täglichen und aktuellen Wahrnehmung benennen und über Erlebtes berichten können, entwickeln sie erst später einen verbal strukturierten Zugang zu ihrer Innenwelt und zur Reflexion des Erlebten. Beispielsweise wäre es wenig sinnvoll, ein vierjähriges Kind nach den Empfindungen zu befragen, die es beim Hören einer bestimmten Musik bei sich wahrnimmt. Wann welche Erfahrungen und Erlebnisse in verbaler Form mitgeteilt werden können, hängt jedoch nicht nur vom Alter, also von einem allgemeinen kognitiven Entwicklungsstand ab, sondern auch von den angesprochenen Themen und Inhalten sowie von den sprachlichen Umwelten, in denen ein Kind aufwächst. Beschäftigt sich ein Kind gerade selbst sehr stark mit dem Thema, zu dem die Forscher es befragen, beispielsweise religiösen Ritualen, und wächst es zudem in einer Familie auf, in der viel darüber gesprochen wird, so wird es genauer und engagierter darüber Auskunft geben als ein älteres Kind, für das beide Bedingungen nicht zutreffen.

Eine weitere Besonderheit betrifft Erinnerungen und Zeitvorstellungen von Kindern; sie sind anders strukturiert als bei Erwachsenen. So spiegelt sich in den Berichten und Erzählungen der Kinder nicht ein Denken in objektiv messbarer Zeit (in Stunden und Tagen, Monaten und Jahren etc.), sondern eher in Einheiten subjektiv erfüllter oder als erfüllt erwarteter Zeit („wenn ich zur Schule gehe …", vgl. auch die Ausführungen zum Geburtstagserleben unter 6.1 sowie die Thematisierung des Schulanfangs in Kapitel 10).

„Kinder ordnen die durchlebte Zeit in der Regel nicht nach einem chronologisch aufgebauten Zeitraster, sondern aufgrund von Erlebnis-Episoden, die sie weniger nach Reihenfolge oder tatsächlicher zeitlicher Ausdehnung, sondern mehr nach subjektiver Bedeutsamkeit gewichten." (STORCH/STEINHERR 2001)

Mit dieser Dimension des kindlichen Zeitbewusstseins haben sich besonders die narrativ orientierten Forscherinnen und Forscher auseinanderzusetzen, die mit biografischer Fragestellung die Kindheit als Lebensphase aus Perspektive der Kinder untersuchen wollen.

Die Schwierigkeiten, die daraus entstehen können, beschreibt Ecarius (1996). Bei der biografischen Erzählung eines Jungen, der äußerst sparsam über „sein Leben" berichtete, kamen die Forscherinnen immer wieder in Versuchung, mit Hilfe der parallel geführten Elterninterviews zu überprüfen, ob die Daten des Jungen auch der Wirklichkeit, d.h. der Chronologie seines Lebenslaufes entsprachen. Dabei ist auch aus der Befragung von Erwachsenen bekannt, dass deren Erzählungen nicht einfach nur Abbilder von „Wirklichkeit" sind, sondern ihrem eigenen Sinn folgen. Auch besteht bei Kindern je nach Alter, Thema und Lebenssituation ein besonderes Verhältnis zwischen Fantasie und Realität. Dass Kinder häufig nach erwachsenen Maßstäben nicht „die Wahrheit", sondern etwas im Moment Fantasiertes erzählen bzw. wirkliches Geschehen mit Fantasie ausschmücken, ergänzen oder fortführen, hat lange mit dazu beigetragen, Kinder im Kontext wissenschaftlicher Interviews als unglaubwürdige Gesprächspartner zu betrachten. Erst allmählich beginnt man, sich mit großer Sorgfalt auf die Besonderheiten kindlicher Erzählweise einzulassen.

Eine weitere Besonderheit in der Interviewsituation mit Kindern liegt in dem unterschwellig virulenten asymmetrischen Erwachsenen-Kind-Verhältnis: Da ist zum einen das Wissens- und Kompetenzgefälle zwischen den Beteiligten, was leicht dazu führen kann, dass die interviewten Kinder sich in ihrem Antwortverhalten stark daran orientieren, was der Erwachsene vermutlich als „richtige" Antwort von ihnen erwartet. Diese Tendenz verstärkt sich zusätzlich, wenn die Interviews in schulischen Kontexten stattfinden. Die Kinder befinden sich dann in Räumen, die jene Asymmetrie institutionalisiert, auch wenn der Interviewer gar kein Interesse an einer dem Lehrer verwandten Rolle hat.

Besonderheiten der Interviewsituation

Aus diesem Grund erfordert die Interviewsituation mit Kindern eine besonders gründliche Reflexion und Vorbereitung, in der darauf geachtet werden muss, die beschriebenen Erkenntnishindernisse zu vermeiden oder zu minimieren. Viele Kindheitsforscher versuchen deshalb, die Gespräche außerhalb der Schule zu führen.

Die herkömmlichen Interviewformen werden daher in der Kindheitsforschung auf vielfältige Weise modifiziert. Diese Verfahren dienen dazu, die Gesprächsinhalte und Themen konkreter, fassbarer und handhabbarer werden zu lassen. Burkhard Fuhs (vgl. 2000) hat mehrere Interviewformen vorgeschlagen, die je nach Alter, Erzählkompetenz und thematischer Expertise der befragten Kinder ausgewählt oder auch miteinander kombiniert werden

Modifizierung klassischer Interviewformen

können. Er unterscheidet zwischen dem situationsnahen Interview, dem Sequenzinterview, dem lebensweltlichen, biographischen und dem symbolischen Interview.

Situationsnahes Interview

Das situationsnahe Interview wird in direktem Anschluss an eine erlebte Situation oder noch in dieser selbst geführt. Die Nähe zur erlebten Situation bezieht sich also auch auf den Raum. So werden die Interviews nicht an einem dem Kind fremden Ort (etwa der Universität) geführt, sondern man macht mit den Kindern Streifzüge durch ihnen bekanntes Terrain, während man mit ihnen spricht. In ihrem eigenen Zimmer, in ihrem Haus oder ihrer Wohnung, in ihrem sozialen Nahraum oder auch auf dem Schulgelände kann man sie jeweils als Experten ansprechen, die den Uneingeweihten großzügig an ihrem Expertentum teilhaben lassen.

Sequenzinterview

Im Sequenzinterview beziehen sich die Kinder auf eine Folge von mehreren ähnlichen Situationen, schildern also z.B. einen Tagesverlauf, eine Schul- oder Trainingsstunde im Sportverein. Hier ist die Distanz zum unmittelbaren Erleben etwas größer. In der Tagesläufforschung (vgl. ZEIHER und ZEIHER 1994) werden Kinder gebeten, ihre Tätigkeiten je eines Tages zu protokollieren. Im Anschluss daran spricht die Forscherin bzw. der Forscher an Hand des Protokolls mit dem Kind über die Geschehnisse des Tages, wobei das Protokoll während des Interview noch verändert oder ausgeschmückt werden kann. In dem folgenden Beispiel ging es darum zu untersuchen, ob sich die Entscheidungsspielräume der Kinder hinsichtlich der Gestaltung ihrer Freizeit durch vermehrten Zugang zu verschiedenen Medien (TV, PC, Video) verändern. Dafür wurden jeweils zehnjährige Kinder in verschiedenen Jahren (1990/1996) interviewt. Es folgt das Beispiel eines solchen Protokolls von einem zehnjährigen Jungen:

„12.35	Unterrichtende und Heimweg	allein/Wohnquartier
12.50	Rückkehr in die Wohnung; Zubereitung eines Mittagessens	allein/Küche
13.10	Besorgung für die Mutter mit dem Fahrrad	allein/Wohnquartier
14.05	Rückkehr; Spielen (Autorennbahn)	allein/Kinderzimmer
14.30	Diamantenbillard (B) – ZDF	allein/Wohnzimmer
16.00	Diamantenbillard (S)	
16.05	Einkauf mit der Mutter, die um 15.50 Uhr zurückgekommen ist	Mutter/Wohnquartier.

Legende: (B) Beginn der Sendung; (S) Schluss der Sendung"
(vgl. KIRCHHÖFER 1999, S. 102)

Lebensweltliches Interview

Im lebensweltlichen Interview werden Kinder zu einem Ausschnitt ihrer Lebenswelt befragt, ohne dass es dabei um konkrete, eben erlebte Situationen geht. So fragten Krappmann und Oswald (1995) etwa nach Freundschaftsbeziehungen, Streitformen unter den Kindern etc. und ergänzten ihre Beobachtungen um die Deutungen und Einschätzungen der Kinder.

Biografisches Interview

Noch mehr Erinnerungsvermögen verlangt das biografische Interview, in dem Kinder – ebenso wie auch Erwachsene in der Biografieforschung – darum gebeten werden, ihr Leben zu erzählen, also ohne strukturierten Fragenkatalog aus dem Stegreif zu berichten, was ihnen in dem Moment wichtig erscheint. Fuhs kommt zu der Auffassung, dass solche biografischen Erzählungen von Kindern unter zwölf Jahren kaum zu leisten seien.

Im symbolischen Interview nutzt man nonverbale Symbolisierungspraktiken der Kinder, etwa Bilder, Spiele und gebastelte Objekte, die in das Gespräch mit einbezogen werden.

Symbolisches Interview

Um komplexe Modernisierungsprozesse von Kindheit zu erfassen, haben Behnken und Zinnecker zu den Erzählungen, mit denen Kindern und Erwachsenen aus drei Generationen, ihre sozialräumliche Umwelt beschrieben, kleine Landkarten zeichnen lassen (vgl. LUTZ/BEHNKEN/ZINNECKER 1997). Darin skizzierten die Probanden alle in ihrer Kindheit wichtigen Orte wie Elternhaus, Spielorte, Schule, Treffpunkte mit anderen Kindern etc. Mit Hilfe dieser „narrativen Landkarten" werden Zeichnung, Erzählung sowie Stegreiferzählung und Nachfragen durch die Interviewer kombiniert. So wird sowohl für die erwachsenen Probanden die Erinnerung an die eigenen Kindheit lebendiger als auch für die befragten Kinder der aktuellen Zeit das Erzählen über bedeutsame Orte und Episoden einfacher und ausführlicher.

Neben Einzelgesprächen mit Kindern sind eine Reihe von Verfahren entwickelt worden, bei denen die Kinder in Gruppen befragt werden. Der Vorzug dieser Verfahren besteht darin, dass Kinder innerhalb ihrer Gruppe oft unbefangener und bereitwilliger erzählen und Auskunft geben, als wenn sie dem mehr oder weniger fremden Forscher allein gegenübersitzen. Voraussetzung dafür ist allerdings auch, dass sich die Kinder in der Gruppe wohlfühlen. Man sucht daher meist „Realgruppen" auf, etwa Freundschaftsgruppen oder Cliquen, Teilgruppen einer Schulklasse, Geschwister aus einer Familie, also Gruppen, die auch außerhalb des Forschungskontextes als solche existieren.

Gespräche mit Kindergruppen

Bei der Auswertung solcher in Gruppen geführten Gespräche muss jedoch berücksichtigt werden, dass hier nicht die individuelle Orientierung der einzelnen am Gespräch beteiligten Kinder rekonstruiert werden kann, sondern dass sich die Kinder in dieser Gesprächsform immer auch auf die Gruppe beziehen; insofern kann eher die kollektive Orientierung der Gruppe erforscht werden. Das ist allerdings auch ein Vorteil der Methode: Man erfährt etwas über die konjunktiven Erfahrungsräume der Peer-Group (vgl. BOHNSACK 2000; NENTWIG-GESEMANN 2002). Oft wird in solchen Gruppendiskussionen nur in Andeutungen über außerhalb der Gesprächssituation liegende Ereignisse oder Orte, z. B. Klassenfahrten oder gemeinsame Treffpunkte gesprochen, wobei die angedeuteten Dinge für die gemeinsame Orientierung der Gruppe als auch für jedes einzelne Kind einen wichtigen Kontext darstellen, der im Einzelgespräch gar nicht aufgetaucht wäre.

Auswertung von Gruppengesprächen

Auswertung kindlicher Zeugnisse und Dokumente (non-reaktive Verfahren)

Als dritte Gruppe qualitativer Erhebungsinstrumente können schließlich solche Methoden genannt werden, in denen Dokumente und Zeugnisse von Kindern, die unabhängig vom Forschungskontext entstanden sind, interpretiert werden. Dazu zählen etwa Schulaufsätze, Tagebuchaufzeichnungen oder Geburtstagseinladungen, aber auch sprachunabhängige Dokumente wie Fotografien oder Kinderbilder.

Der Vorzug dieses Zugangs liegt einerseits darin, dass die Entstehungssituation der Daten nicht durch die Anwesenheit der ForscherInnen verändert wurde, es handelt sich insofern um „authentische" Zeugnisse der kindlichen kulturellen Praxen und Tätigkeiten. Andererseits bestehen diese Produkte unabhängig von dem sozialen Kontext, in dem sie entstanden sind, so dass der Prozess ihrer Herstellung nicht in die Interpretation mit einfließen kann. Die Produkte werden wie Objekte (Werke) behandelt. Besonders bei jüngeren Kindern sind jedoch Kenntnisse über den Prozess – zusammen mit dem situativen Kontext – oft unerlässlich, weil die Bilder in einem Fall eher nebenbei und zufällig, im anderen mit großem Engagement und mit enormer Anstrengung entstehen (Beispiel: Kritzelzeichnung). Besonders wertvoll ist die Analyse situationsunabhängiger Dokumente aber auch in der Historischen Kindheitsforschung. So können beispielsweise Schulaufsätze oder Schülerzeitungen aus verschiedenen Epochen miteinander verglichen werden.

6.5 Ethnographie

Ausgehend von einem neuen Denken von Kindheit wird die Andersartigkeit von Kindern im Sinne einer „fremden" Kultur beschrieben. Der Begriff „Kultur" und weitere Definitionen wie beispielsweise „andere Ethnie" legen einen kulturanalytischen Ansatz der Kindheitsforschung nahe, für den insbesondere die Ethnographie steht. So fordert beispielsweise Lange, einen ethnographisch informierten Zugang zu der Differenz zwischen Kindern und Erwachsenen zu entwickeln, um die Mehrdeutigkeit kindlicher Äußerungen berücksichtigen zu können (vgl. LANGE 1999, S. 65 f.).

Ethnographien lassen sich in einer ersten Annäherung als Beschreibungen von Ethnien verstehen (vgl. LÜDERS 2003, S. 389). Ihre Wurzeln liegen in der Ethnologie und Kulturanthropologie. Im Zentrum des Ansatzes steht die Feldforschung, also eine längere Teilhabe an den zu erforschenden Praktiken, durch die situiertes und inkorporiertes lokales Wissen zugänglich gemacht werden kann. Dieses Wissen ist vor Ort durch andere beobachtbar, ohne den Akteuren unmittelbar bewusst zu sein. Es ist nicht nur sprachlich präsent, sondern zeigt sich in Interaktionssituationen auch körperlich. Voraussetzung dieser Forschungsstrategie ist eine teilnehmende Beobachtung, die durch weitere Forschungsinstrumente ergänzt werden kann. Allerdings handelt es sich nicht um ein klassisches triangulierendes Verfahren. „Teilnehmende Beobachtung bedeutet nicht nur Teilnahme und Beobachtung, sondern es ist ‚eine methodenplurale kontextbezogene Forschungsstrategie'" (HÜNERSDORF 2008, S. 30), die sich flexibel auf das Feld und den Forschungsprozess einstellt (vgl. LÜDERS 2003, 393 ff.).

Ziele von Ethnographien Ziele von Ethnographien sind nach Hünersdorf, in Anlehnung an Atkinson, „dichte Beschreibungen" (vgl. HÜNERSDORF 2008, S. 32). Der Begriff „dichte Beschreibung" geht auf den Ethnologen Geertz zurück. Es handelt sich dabei um Texte, die eine hermeneutische Kulturanalyse versuchen, indem sich die Autoren selbstreflexiv deutend den lokalen Alltagspraktiken nähern, um ihnen einen Sinn zu verleihen. Beobachtung, Beschreibung und Interpretation sind demnach nicht eindeutig voneinander zu trennen. Kultur ist nicht als feste Größe, als abgeschlossene Einheit beschreibbar, sondern bildet einen Kontext, der aus der Begegnung zwischen Forscher und Feld entsteht. Folglich ist das in der Wissenschaft übliche Verständnis von Datensammlungen zu hinterfragen. Besondere Aufmerksamkeit erhält beim ethnographischen Zugang der Autor, dessen Perspektivität als genuiner Teil der Erkenntnisprozesse mit reflektiert werden muss. Dies gilt auch für den Schreibprozess an sich und seine möglichen Lesarten. Ethnographien sind nach diesem Verständnis nicht generalisierbar. Die Erkenntnis bezieht sich immer nur auf den Einzelfall.

Diese kulturanthropologische Auffassung von Ethnographie hat sich in den letzten Jahrzehnten erheblich ausgeweitet und differenziert, insbesondere durch den Einfluss der Sozialwissenschaften. Das weite Spektrum des ethnographischen Zugangs spiegelt unterschiedliche Wissenschaftsverständnisse und Standardisierungen des Forschungsprozesses wider, die sich im Einzelnen aber nicht in jedem Fall klar gegeneinander abgrenzen lassen. Während sich die Ethnographie in Deutschland bislang mit Mühen etabliert, hat sie im anglo-amerikanischen Raum und in vielen anderen Ländern einen zentralen Stellenwert im Kontext qualitativer Forschung.

Die Frage, was detailliert unter ethnographischem Forschen zu verstehen ist, wird ganz unterschiedlich beantwortet. Unklar bleibt auch die begriffliche Bezeichnung als Methodologie, Forschungsansatz, Forschungsstrategie oder als Methode. *Unterschiedliche Ethnographien*

Ethnographien können weiterhin dahingehend unterschieden werden, dass zum einen ferner liegende Kulturen, außerhalb oder in den Nischen der eigenen Kultur (z.B. Nichtsesshafte, siehe dazu GIRTLER 2001) untersucht werden, zum anderen scheinbar Vertrautes durch einen ethnographischen Blick verfremdet (vgl. AMANN/HIRSCHAUER 1997) wird, um zu einer vertiefenderen Erkenntnis zu gelangen (vgl. HÜNERSDORF 2008, S. 14). Letzteres hat seine Schnittstelle mit den Prämissen der Kindheitsforschung. Kinder sind uns vertraut und fremd zugleich, so dass sich ihre paradoxe Andersartigkeit möglicherweise über einen ethnographischen Blick differenzierter erschließen lässt. Die Hervorbringung der generationalen Ordnung im Prozess des Forschens wird durch die selbstreflexive Haltung des Forschers bewusster. Die Konzentration auf die Textproduktion ermöglicht eine Unterscheidung nach Stimmen: die Stimme der Kinder und die Repräsentation dieser durch die Stimme der Erwachsenen.

Ethnographien finden sich häufig zu den Lebenswelten von Kindern außerhalb pädagogischer Räume, zu ihren kulturellen Praktiken im Spiel, zu ihrem Umgang mit den Medien, zu ihrer Peerkultur, etc. (s. dazu besonders Kapitel 9).

Neben soziologischen Ansätzen entwickelt sich eine Tradition pädagogisch-ethnographischer Forschung, die wiederum in unterschiedlichen Ansätzen vorliegt. Unterschieden wird nach Hünersdorf (2008) zwischen: *Pädagogisch-ethnographische Forschung*
- Pädagogischer Ethnographie, die zwar das pädagogische Feld distanziert untersucht, sich letztlich aber mit seinen Intentionen identifiziert und die

Alltagspraxis verbessern möchte (z. T. im Sinne von Aktionsforschung, insbesondere im Ausland verbreitet), und
– Erziehungswissenschaftlicher Ethnographieforschung, die auf Distanz zu den Zielen der pädagogischen Institutionen geht und auf einem nicht-normativen Begriff von Pädagogik basiert (z. B. zur pädagogischen Ordnung im Kindergarten).

Ziel ist die Untersuchung von Erziehungswirklichkeiten, das heißt die Hervorbringung generationaler Ordnung in pädagogischen Settings mit unterschiedlichen Akzentuierungen. Für die Kindheitsforschung bietet sich hier die Chance, ihre Konzentration auf die scheinbar „unabhängige" Kinderkultur zu überwinden und Erziehungskindheit mit der Prämisse des Kindes als Akteur zugänglich zu machen.

Beobachtungsverfahren und teilnehmende Beobachtung

Ein wichtiges Verfahren in der ethnographischen Forschung ist die teilnehmende Beobachtung. Durch eine direkte Beobachtung der kindlichen Handlungen und Tätigkeiten, ihre Dokumentation und Interpretation versucht man Ausschnitte der kindlichen Lebens- und Erfahrungswelt zu erfassen. In Beobachtungsstudien werden Fragestellungen verfolgt, die nicht die verbalsprachliche Deutung, sondern die bedeutsamen Lebenspraxen selbst (z. B. Spiel, Unterricht, Familienrituale, kulturelle Praxen der Peers) zum Thema haben. Vorausgesetzt wird dabei, dass die Handlungsvollzüge der Kinder einen sozialen und kulturellen Sinn erzeugen, erlangen oder modifizieren, der sprachlich (noch) nicht reflektiert wird und daher im Interview auch nicht abgefragt werden kann, aber auf ein praktisches Wissen der beteiligten Akteure schließen lässt. In allen Feldern, in denen Kinder alltäglich agieren, sind sie an der praktischen Herstellung der dort geltenden Regeln und Ordnungen beteiligt. Kinder stellen Familien, Schulklassen, Freundschaften mit her, indem sie sie aufführen, indem sie in ihnen handeln. Auf diese praxeologische Dimension kindlicher Wirklichkeit zielen Beobachtungen von Kindern in ihren alltäglichen Kontexten und Räumen. Die teilnehmende Beobachtung impliziert, dass der Forscher und die Forscherin nicht als Unbeteiligte hinter der Einwegglasscheibe des psychologischen Laboratoriums stehen, sondern dass sie selbst Teilnehmer der Situation sind. Dadurch ändert sich das ganze Feld und diese Veränderungen gilt es immer mit zu reflektieren (vgl. hierzu auch FUHS 2007). Dabei ist zu beachten, dass es gerade die kulturell eigensinnigen Praxen der Kinder sind, die sich am wenigsten gut mit der teilnehmenden Beobachtung erforschen lassen. Denn viele dieser Vorgänge wie beispielsweise das Spiel oder andere etwa auf Freundschaft oder auch Streit bezogene Arten des gemeinsamen Interagierens etablieren sich in ihrer Eigensinnigkeit gerade erste ohne die Anwesenheit der Erwachsenen.

Offene und strukturierte Beobachtungen
Eine wichtige methodische Unterscheidung betrifft offene und strukturierte Beobachtungen. In offenen Beobachtungen gehen der Forscher oder die Forscherin möglichst ohne vorformulierte Fragen oder Hypothesen in das

Feld. Sie suchen die Schulklasse oder den Kindergarten, die Familie oder die Straße auf und haben dabei eine einzige Frage im Kopf: „What the hell is going on here?" Das bedeutet, sie vermeiden eine Vorstrukturierung des Feldes mit eigenen Vorstellungen und Vor-Urteilen und bemühen sich, die agierenden Kinder wirklich wie eine fremde Volksgruppe, von deren Systemen sie noch gar nichts wissen, zu betrachten. Ziel des offenen Beobachtens ist die möglichst vollständige Erfassung der erlebten Wirklichkeit und die Rekonstruktion der Ordnungsgesichtspunkte aus Sicht der beteiligten Akteure. Dieses offene Beobachten verlangt eine große Sensibilität für Kinder und Kindheit sowie Reflexionsfähigkeit über die eigenen Vorstellungen von Kindern und Kindheit, da diese niemals vollständig „gelöscht" werden können. In der offenen Beobachtung versucht man daher, sich dieser stärker bewusst zu werden, indem man mit einer Gruppe von Forscher/innen ins Feld geht, und die vorgenommenen Kategorisierungen immer wieder hinterfragt und bespricht. Zum Beispiel ist es im Feld der Schule beinahe unvermeidlich, dass man von den Kindern und von den Lehrern zur Selbst-Positionierung gedrängt wird: Gehörst Du als Erwachsener zur Seite der Lehrer oder nicht? Wenn nein, wie sehr stehst Du dann auf der Seite der Schüler? Indem man sich zu diesen Aufforderungen verhalten muss, bestätigt man, ohne es zu wollen, die bestehende dichotome Ordnung der Lebenswelt Schule. Man hat so oft schon in sie eingegriffen bzw. ist Teil von ihr, bevor man sie überhaupt verstanden hat.

Um strukturierte Beobachtungen handelt es sich bei solchen Verfahren, bei denen vorher bereits geklärt ist, welche Ausschnitte der kindlichen Lebens- und Erfahrungswelt woraufhin beobachtet werden. Liegt eine bestimmte Fragestellung vor, etwa nach den Spielpraxen von Schulkindern in den unterrichtsfreien Phasen des Schulalltags (vgl. TERVOOREN 2001), so fokussiert die Beobachtung auf genau die für diese Fragestellung relevanten Szenen, wobei alle anderen Szenen als unerheblich ausgeblendet werden.

Das in Beobachtungsstudien erhobene Material ist vielseitig. Es setzt sich *Erhobenes Material* meist zusammen aus Feldnotizen und Feldtagebüchern sowie aus im Nachhinein ausführlich angefertigten Feldprotokollen. Immer häufiger wird auch die Bild gestützte Erinnerung in Form von Fotos und vor allem Videos als Analysematerial verwendet. Ähnlich wie im Fall der Interviews gilt auch hier, dass Kinder auf die Forschungssituation anders reagieren als Erwachsene. Aufnahmegeräte, Kameras, Fotoapparate können die Fremdheit sowohl verstärken als auch überwinden helfen.

Stellt auch die teilnehmende Beobachtung die wichtigste Methode der Ethnographie dar, ist sie doch nicht die einzige. In der Regel werden Beobachtungen mit anderen Methoden kombiniert, um das Feld aus verschiedenen Perspektiven zu betrachten bzw. verschiedene Interpretationsmöglichkeiten gegeneinander zu stellen. Alle oben dargestellten qualitativen Methoden, Gespräche, Interviews und non-reaktive Verfahren können in der ethnographischen Forschung ebenfalls zum Einsatz kommen. Besonders häufig wendet man das situationsnahe Interview an, in dem Kinder direkt in ihrem Lebensumfeld (in dem sie auch beobachtet werden) als Experten zu ihrer Situation, zu ihren Deutungen befragt werden (vgl. hierzu Kapitel 6.4.1).

Was Sie wissen sollten, wenn Sie Kapitel 6 gelesen haben:

Sie sollten in der Lage sein,
– zwischen Methodologie und Methoden zu unterscheiden.
– die Grundfragen einer Methodologie der Kindheitsforschung zu benennen.
– die Möglichkeiten und Grenzen einer Forschung aus der Perspektive der Kinder zu erkennen.
– über den Unterschied von quantitativen und qualitativen Verfahren zu sprechen.
– spezifische Fragestellungen beider Richtungen innerhalb der Kindheitsforschung benennen zu können.
– die theoretischen und methodischen Grundlagen der Ethnographie wiederzugeben.
– die methodischen Prämissen der teilnehmenden Beobachtung zu verstehen.

Weiterführende Literatur zu Kapitel 6

FUHS, BURKHARDT (2007): **Einführung in qualitative Forschungsmethoden der Erziehungswissenschaft.** (Einführungsband zur qualitativen Forschung in dieser Reihe „Grundwissen Erziehungswissenschaft", in der auch die Kindheitsforschung ausführlich thematisiert wird.)

HEINZEL, FRIEDERIKE (Hrsg.) (2000): **Methoden der Kindheitsforschung. Ein Überblick über Forschungszugänge zur kindlichen Perspektive.** (Darstellung und Diskussion verschiedener, hauptsächlich qualitativer Methoden.)

HONIG, MICHAEL-SEBASTIAN/LANGE, ANDREAS/LEU, HANS-RUDOLF (Hrsg.) (1999): **Aus der Perspektive von Kindern? Zur Methodologie der Kindheitsforschung.** (Standardwerk zur Methodologie der sozialwissenschaftlichen Kindheitsforschung in den 1990er Jahren.)

HONIG, MICHAEL-SEBASTIAN (Hrsg.) (2009): **Ordnungen der Kindheit. Problemstellungen und Perspektiven der Kindheitsforschung.** (Aktueller Stand der Diskussion zur sozialwissenschaftlichen Kindheitsforschung; Weiterentwicklung theoretischer und methodologischer Fragen.)

MEY, GÜNTER (2003): **Zugänge zur kindlichen Perspektive. Methoden der Kindheitsforschung.** (Gute Einführung in die methodologischen Fragen der Kindheitsforschung; Überblick über Methoden vor diesem Hintergrund.)

D Fragestellungen und ihre Bearbeitung

7 Familie

Die Familie stellt für das Kind in den ersten Lebensjahren die wichtigste soziale Lebensform dar, in der es grundlegende Erfahrungen macht: Es erfährt sichere oder unsichere Bindungen; es lernt bestimmte Formen von Beziehungen kennen; es eignet sich kulturelle und milieuspezifische Präsentationen von Interaktionsformen, Sprache und Lebensstil an. Entgegen populär gewordenen Annahmen über Auflösungstendenzen der Familie in der späten Moderne – vorgestellt als Normalfamilie verheirateter erwachsener Menschen mit ihren leiblichen Kindern – wächst die überwiegende Zahl der Kinder auch heute noch in Familien auf; man spricht daher nach wie vor von dem Grundmodell der Familienkindheit.

„Familien werden verstanden als immer wieder neu herzustellende Handlungszusammenhänge, platziert in konkreten Räumen und Zeiten und geprägt durch das unmittelbare Interagieren von unterschiedlichen Geschlechtern und Generationen. Aus den Tätigkeiten und Interaktionen gehen Leistungen vielfältigster Art für die Familienmitglieder selbst, aber auch für die Gesellschaft als Ganzes hervor. Es rücken die alltäglichen Prozesse des Erziehens, Kommunizierens sowie des Sorgens in den Mittelpunkt. Dieser Alltag ist Schauplatz und Drehscheibe der gesellschaftlichen Entwicklungen und Widersprüche der Familienkindheit." (LANGE 2007, S. 241)

Die Familie ist aber nicht nur privater Nahraum des einzelnen Kindes, sie ist zudem Ort der Herstellung der generationalen Ordnung, in der gesellschaftlich Kindheit organisiert wird. Als erste Sozialisationsinstanz ist die Familie eines der Bindeglieder zwischen dem individuellen Kind und den gesellschaftlichen Normen, Erwartungen und Zumutungen, die auf das Kind im Laufe seines Aufwachsens zukommen. Als Institution übernimmt die Familie bestimmte Funktionen für die Gesellschaft.

Je nach Akzentuierung einer dieser Perspektiven – Familie als persönlicher sozialer Raum der Beteiligten oder Familie als gesellschaftliche Institution – entwickelt die Kindheitsforschung unterschiedliche Fragestellungen und Untersuchungsdesigns. Beide Perspektiven aber setzen sich mit historischen Wandlungsprozessen auseinander, in denen sich sowohl Formen und Strukturen der Familie als auch Interaktionsformen und Erziehungsstile im Binnenraum der Familie verändern. Wie beides den Alltag des Kindes durchzieht und prägt, kann am folgenden Beispiel einleitend gezeigt werden.

7.1 Dimensionen der Familienkindheit

Hildegard, die Protagonistin in Ulla Hahns autobiografischem Roman „Das verborgene Wort", wächst im katholischen Arbeitermilieu der Nachkriegszeit auf. In der Schule hat sie sich mit einem Mädchen aus wohlhabenderem Elternhaus angefreundet; auf deren Kindergeburtstag lernt sie erstmalig, von der Mutter der Freundin unterstützt, ihr Würstchen mit Messer und Gabel zu essen. Stolz möchte sie das Gelernte beim nächsten Sonntagsessen der Familie vorführen.

> „Es gab Rinderbraten, Erbsen, Soße und Kartoffeln, als ich beim Sonntagsessen zeigte, was ich konnte. Es war nicht leicht, die Erbsen auf die Gabel und mit links in den Mund zu bugsieren. Das Fleisch in passende Stücke zu schneiden dagegen ein Kinderspiel. […] Der Vater quetschte wie immer Gemüse, Kartoffel und Sauce zu einem Brei, schnitt das Fleisch klein, belud die Gabel mit hohen Haufen und schaufelte diese, den Kopf in die linke Hand dicht über den Teller gestützt, den rechten Unterarm vom aufgesetzten Ellenbogen aus kaum hebend und senkend, in den Mund […]. Ich hatte meinen Teller halb leer gegessen, als plötzlich eine Hand meine Linke umklammerte. Ich schrie auf, ließ die Gabel fallen.
> Ach nä, höhnte mein Vater und ergriff meine Gabel. Mit ner Javvel ze ässe es der wall nit fürnähm jenuch. Dann brochs de se jo och nit.
> Der Vater warf die Gabel auf den Boden, setzte den Fuß darauf. Es knirschte. Josäff, die Javvel, schrie die Mutter.
> Haal de Muul, sagte der Vater. Eh der Teller hie nit leer es, steht dat Blaach hie nit op.
> […] Ich musste die Kartoffeln mit den Fingern festhalten, das soßentriefende Fleisch in die Finger nehmen und ablecken, bevor ich hineinbeißen konnte.
> Jitz lurt ösch ens dat Blaach an. Un sujet will unser eenem zeje, wie mer esse soll. […] Zu Hause benutzte ich bei gemeinsamen Essen nur noch Besteckstücke, die erlaubt waren, aber wie ich sie handhabe, ließ keinen Zweifel daran, dass ich speiste und nicht aß. Nicht selten kamen dabei Kauen und Schlucken zu kurz. Ich nahm es in Kauf, stand vom Tisch auf, hungrig, aber unbesiegt." (HAHN 2001, S. 179f.)

Weitergabe kulturellen Selbstverständnisses

1. Während die Eltern von der unhinterfragten generationalen Weitergabe ihrer milieuspezifischen Gewohnheiten ausgehen, erleben sie hier ein Verhalten der Tochter, die dem zuwiderlaufen. Das Benutzen von Messer und Gabel wird als Provokation, als Kränkung empfunden und vom Vater scharf sanktioniert (vgl. CLOER 2005). Zwei verschiedene Milieus prallen bei dieser Mahlzeit aufeinander: Auf den primären Sozialisationsort Familie treffen Einflüsse aus einem sekundären Sozialisationsort, nämlich der Freundschaft zu einem Mädchen anderer sozialer Herkunft. Die Familie ist kein privates, nach außen hin abgeschlossenes Refugium, sondern sie ist immer schon geöffnet zu anderen gesellschaftlichen Teilbereichen. Über die Schule und über Freundschaften lernen die Kinder für sie interessante, erstrebenswerte Praxen kennen und bringen diese mit in die Herkunftsfamilie. Der soziale Aufstieg durch Bildung, den das Mädchen Hildegard hier gerade beginnt (Hildegard hat die neue Freundin auf der Mittelschule kennengelernt, deren Besuch sie mit Mühe zu Hause hat durchsetzen müssen), bringt ihr in der Familie nicht etwa Sympathie, Unterstützung und den Stolz der Eltern, sondern im Gegenteil zunächst Befremdung, Strafe, Demütigung ein. Der Prozess einer selbstverständlichen Vererbung lebensstilbezogener Werte und Handlungsmuster an die nächste Generation ist hier empfindlich gestört; ein Risiko, das alle modernen Familien tragen. So gehört es zu den Aufgaben aller Familien, das Verhältnis zwischen privater und öffentlicher Sphäre zu balancieren und einen Modus zu finden, die auftretenden Differenzen zu bearbeiten.

Milieu und Zeit prägen den

2. Auch zeigt uns das zitierte Beispiel einen Einblick in den familialen Interaktionsstil einer patriarchalen Grundstruktur der 1950er und 1960er Jah-

re, der uns heute fremd geworden ist. Kennzeichnend dafür ist z.B., dass der Vater Verhaltensweisen der Kinder, die ihm nicht passend und angemessen erscheinen, ohne jedes Gespräch unterbindet und sanktioniert. Dass seine Tochter ihm zeigen will, wie man richtig isst (an anderen Stellen des Romans provoziert sie die Eltern in ähnlicher Weise, indem sie hochdeutsch spricht), bedeutet für ihn nicht nur ein Infragestellen seiner eigenen Essgewohnheit, sondern auch die Umkehrung der Generationenordnung, derzufolge in dieser Zeit die Eltern niemals von den Kindern lernen, sondern immer nur der umgekehrte Fall gelten kann. Auf körperlich drastische, knappe und unmissverständliche Weise demonstriert er, dass er diese Generationen-Unordnung auf keinen Fall dulden wird und unbedingten Gehorsam von seiner Tochter erwartet. Ähnlich wie mit der Tochter geht er auch mit seiner Frau um, welcher er, als sie erschrocken auf den drohenden Verlust der Gabel hinweist, das Wort verbietet: „Haal de Muul" (Halt das Maul). Die Fremdheit und Irritation, die diese Szene beim Lesen hervorruft, verweist auf die Historizität von Bildern und Konzepten einer „Normalfamilie".

Interaktionsstil in Familien

3. Doch Hildegard ist nicht nur Opfer einer engen Familienkultur des katholischen Arbeitermilieus im Nachkriegsdeutschland, sie ist auch handelnde Person, die Erniedrigung, Hunger und anderes mehr in Kauf nimmt, um schließlich „unbesiegt" vom Tisch aufstehen zu können.

Das Kind stellt die Familie mit her

In der Kindheitsforschung wird das Kind innerhalb der Familie nicht allein als Empfänger von Normen, Werten und milieuspezifischen Verhaltensweisen gesehen, sondern es wird auch untersucht, wie die Kinder selbst die Familie herstellen, wie sie in Interaktionen mit Eltern und Geschwistern sowie in der Aneignung und Handhabung der Dinge, der Räume und vorgegebener Zeitstrukturen ihren Teil zur Konstituierung der Familie beitragen. Im obigen Beispiel kann man sehen, auf welch subtile Weise das Kind die Differenz zwischen dem Gebot des Vaters (zum Essen nur eine Gabel zu benutzen und diese in der rechten Hand zu halten) und dem eigenen Wunsch (so zu essen, wie es dem gehobeneren Bildungsmilieu entspricht) bearbeitet. Hildegard beugt sich dem väterlichen Willen, indem sie nur noch Besteckstücke, die „erlaubt waren" benutzt, zugleich setzt sie aber auch ihren Willen durch, indem sie durch Körperhaltung, Positionierung des linken Armes, Mundformung, Größe der Portionen etc. zeigte, dass sie „speiste und nicht aß".

Dass in jüngerer Zeit mit diesem Blick auf die Kinder in der Familie geschaut wird, hängt mit einem Wandel der Familie in mehreren Dimensionen zusammen: Kinder sind für die Eltern in modernen Wohlstandsgesellschaften auf andere Weise bedeutsam als früher. Etwa seit Mitte der 60er Jahre des vorigen Jahrhunderts kommen sie überwiegend als geplante, erwünschte, oft lang ersehnte Kinder auf die Welt. Sie haben keinen instrumentellen oder gar ökonomischen Nutzen mehr für die Elterngeneration, sondern dienen in viel stärkerem Maße der Sinnerfüllung (vgl. NAVE-HERZ 2003). Zugleich gelten Familien als „Basislager" für die Bildungsgänge der Kinder. Die Familie ist nicht mehr nur Schauplatz der Weitergabe von Tradition und kulturellem milieuspezifischen Selbstverständnis, sie ist zudem auch betriebsame Agentur von Bildungsanstrengungen. Die in unserer Gesellschaft so eindeutig messbare Wirkung der Herkunftsfamilie auf den Bildungserfolg der jungen Generation zeigt, mit welch unterschiedlichen Ressourcen in materieller, kultureller, psychischer und sozialer Hinsicht diese Agenturen arbeiten.

7.2 Wandel der Familie und Wandel des Generationenverhältnisses

Demografische Entwicklungen und Pluralisierung der Familienformen

Gegenüber der Normalität der 50er und 60er Jahre des 20. Jahrhunderts, die im Prinzip dem im 19. Jahrhundert entstandenen Deutungsmuster der bürgerlichen Kleinfamilie folgte, findet man heute eine Vielzahl von Familienformen, die in weiten Kreisen der Gesellschaft als normal angesehen werden: Die Einelternfamilie, die Familie mit nicht-verheirateten Eltern, die Stief-, Patchwork- oder auch Fortsetzungsfamilie, die Adoptions- oder Pflegschaftsfamilie. All diese Formen sind an sich nicht neu, verändert sind lediglich der Grad ihrer Akzeptanz in der Gesellschaft sowie die Gründe der Entstehung (Scheidung und Trennung statt früher häufiger Verwitwung oder unehelich geborene Kinder). Hinzu kommt, dass ein Kind im Laufe seiner Kindheit durchaus in verschiedenen Familienformen aufwachsen kann; beispielsweise folgen auf die Trennung der leiblichen Eltern einige Jahre in der Einelternfamilie, dann, durch Wiederverheiratung, erneut ein Aufwachsen in einer Elternfamilie. Nave-Herz (2003) spricht von 16 verschiedenen Formen, die sich allerdings in sehr unterschiedlich starker Häufung finden lassen. Besonders populär ist die These, dass es heute durch eine stetig wachsende Zahl von Scheidungen immer mehr Alleinerziehende und durch den Geburtenrückgang immer mehr Einzelkinder gibt. Die folgenden Tabellen können diese Thesen nicht uneingeschränkt bestätigen.

1. Familien mit Kindern unter 18 Jahren nach Familienform, bezogen auf das Jahr 2006 (nach Mikrozensus 2006/Statistisches Bundesamt):

	Paare			Alleinerziehende		
	gesamt	davon verheiratet	nicht verheiratet	gesamt	davon Mütter	Väter
absolut in %	7144000 81%	6474000 90,6%	668000 9,4%	1617000 19%	1454000 88,8%	164000 11,2%

2. Kinder und Geschwister pro Familie in % nach Kohortenzugehörigkeit (nach Nave-Herz 2003, S. 31):

Zeitraum	Einzelkind	ein Geschwister	zwei Geschwister	drei und mehr Geschwister	N
1941–46	12,4	34,0	26,1	27,5	153
1961–66	10,4	40,1	25,0	24,5	790
1981–86	15,0	47,1	27,4	10,5	627

Immer mehr Kinder wachsen heute mit einem Geschwisterkind bei ihren leiblichen Eltern auf. Während der Anteil der Familien mit einem Kind sowie mit drei Kindern nur geringfügig verändert ist, findet man in fast der Hälfte der Familien der jüngsten Kohorte zwei Kinder. Deutlich zurückgegangen ist die Zahl von Familien mit vier oder mehr Kindern. Aus Perspektive der Kinder kann man daher weniger von einer Pluralisierung, als vielmehr von einer gleichzeitigen Standardisierung des familialen Aufwachsens sprechen. Der Geburtenrückgang wirkt sich also nicht auf ein Aufwachsen ohne Geschwister aus, sondern ist umgekehrt Resultat der Entscheidung von Vielen für höchstens zwei oder drei Kinder sowie der Entscheidung gegen Kinder überhaupt.

> Berechnen Sie die Verhältnisse der Familiengröße (Tabelle 2) mit der Grundgesamtheit der in den Familien lebenden Kinder (statt der Familie)! Wie viele Kinder wachsen als Einzelkinder, wie viele wachsen mit Geschwistern auf?

Eine andere demografische Entwicklung rückt erst allmählich in den Blick der Kindheitsforschung. Durch die deutlich gestiegene Lebenserwartung lernen viel mehr Kinder als noch vor fünfzig Jahren ihre Groß- und zum Teil Urgroßeltern kennen, und zwar über eine Phase von Kindheit und Jugend bis in das Erwachsenenalter hinein (vgl. LAUTERBACH 2000). Laut einer Untersuchung von NAGL UND KIRCHLER (1994) betonen 63 Prozent der Kinder, dass ihnen die Großeltern, neben Eltern und Geschwistern, sehr wichtige Bezugspersonen sind. In vielen Fällen betreuen und versorgen Großeltern Kinder unter drei Jahren und – ergänzend zu (Halbtags-)Kindergarten und (Halbtags-)Schule – auch ältere Kinder regelmäßig (DJI, 2006). Wie sich diese relativ junge Erscheinung der (multilokalen) Drei-Generationen-Familie auf das Leben der Kinder auswirkt, ist noch wenig erforscht (vgl. LAUTERBACH 2004).

Neben den demografischen Veränderungen bestimmt das Aufwachsen der Kinder in Familien wesentlich auch das Verhältnis der Eltern zueinander sowie die gegenseitigen Erwartungen und Zuschreibungen an die Rolle der Mutter, des Vaters sowie der Kinder. Ein ganzes Bündel an Entwicklungen und Veränderungen hat die Rollen innerhalb der Familien in den letzten 50 Jahren nachhaltig verändert. Die in dem autobiografischen Roman der Schriftstellerin Ulla Hahn noch selbstverständliche Vorrangstellung des Vaters hing wesentlich mit seiner Rolle als Ernährer der Familie zusammen. Die Rollen von Vater und Mutter waren, im Unterschied zu heute, noch relativ klar getrennt: Zur männlichen Rolle gehörte das erwerbstätige Arbeiten außer Haus, zur mütterlichen Rolle die unentgeltliche Arbeit innerhalb von Haus, Garten und Kinderzimmer. Diese Rollenaufteilung hat immer mehr an Akzeptanz verloren, so dass heute, einhergehend mit einer stärkeren Erwerbstätigkeit der Mütter, auch die Arbeitsteilung und Familienbeteiligung im Haus zur Debatte stehen. Forschungen zu den „neuen Vätern" zeigen, dass Väter zwar nicht wesentlich mehr Hausarbeit übernehmen und auch nicht wesentlich weniger Erwerbsarbeit leisten, dass sich aber ihr Selbstverständnis im Hinblick auf die Intensität der Beziehung zum Kind, auf Spieltätigkeit und Expressivität gewandelt hat (vgl. FTHENAKIS/MINSEL 2001).

*Verändertes
Rollenverhalten*

Die stärkere Erwerbstätigkeit der Mütter führt aber auch dazu, dass Familien sich mehr zu außerfamilialen Netzwerken öffnen. Das Erziehungsmonopol der Eltern verteilt sich auf mehrere Betreuungsinstitutionen (Krippe, Kindergarten, Schule, Hort) oder informelle Bezugssysteme (Großeltern, Freunde). Interessanterweise gehen diese Entwicklungen mit einer stetig wachsenden emotionalen Bedeutsamkeit der Kinder für die Eltern einher. Man spricht von „Kinderbezogenheit der Eltern", wobei früher eher eine Elternbestimmtheit der Kinder und der Kindheit vorherrschend war (vgl. BÜCHNER/FUHS/KRÜGER 1997).

Veränderte Interaktionsstile und Eltern-Kind-Beziehungen

All diese Entwicklungen verändern auch den Umgang der Familienmitglieder untereinander. So ging mit der Demokratisierung des Geschlechterverhältnisses auch eine Informalisierung des Eltern-Kind-Verhältnisses einher. DuBois-REYMOND (1994) spricht vom „Verhandlungshaushalt", der den „Befehlshaushalt" abgelöst habe. Viele Untersuchungen stützen diese These (vgl. REUBAND 1997): So formulieren die Mehrheit der Eltern (60%) und doppelt so viele wie 1950 im Jahr 1995 als wichtiges Erziehungsziel „Selbständigkeit und freien Willen", während das Ziel „Unterordnung und Gehorsam" im gleichen Zeitraum enorm an Bedeutung verloren hat (von knapp 30% auf unter 10%). Im selben Zeitraum verringerten sich auch drastisch das Erziehungsmittel der körperlichen Strafe sowie das Ausmaß der Kontrolle der Kinder durch die Eltern. Entscheidungen über Freizeitgestaltung, alltägliche Einkäufe und Urlaube werden zunehmend mit den Kindern gemeinsam diskutiert und ausgehandelt – ein von Marktforschung und Industrie schon länger erkanntes und genutztes Phänomen. Auch erfordern Modernisierungstendenzen der hohen Erwerbsbeteiligung beider Eltern bei gleichzeitigen Tendenzen zur Entgrenzung der Arbeit ein immer komplexeres Zeit- und Vereinbarkeitsmanagement, das familiale Interaktion zur Balanceleistung und Bewältigungsarbeit werden lässt (vgl. LANGE/SZYMENDERSKI 2007).

7.3 Familienleben in der Perspektive von Kindern

Zusätzlich zu den strukturellen Veränderungen und den daraus entstehenden Konsequenzen für das Verhältnis der Generationen zueinander, stellen sich für die Kindheitsforschung auch Fragen aus der Binnenperspektive der Familie. Wie beispielsweise erleben und bewerten die Kinder ihre Familie und ihren Familienalltag? Was sind ihre Wünsche und Erwartungen im Hinblick auf die Familienstruktur, die Beziehungen, die Interaktionsformen? Wie gehen sie als Akteure innerhalb der Familie mit den Bedingungen ihres Aufwachsens um? Was ist der Beitrag der Kinder zum Herstellen von Bedeutungen in Familien?

Die Kindheitsforschung hat aus dieser Perspektive inzwischen einige wichtige Felder des kindlichen Erlebens innerhalb der Familie rekonstruiert. Sie betreffen z.B. die Bereiche Trennung und Scheidung (vgl. WALPER/SCHWARZ 2002), Familienfreizeit, aber auch die ganz alltägliche Wahrnehmung und Familienbeteiligung der Kinder. So beschreibt z.B. LANGE (2010, S. 44f.) unter Bezug auf amerikanische Studien eine von Kindern empfundene „Qualität der Beiläufigkeit", die für Kinder gerade das spontane, unstrukturierte und unspektakuläre Beisammensein als besonders wertvoll erscheinen lassen. Intensive Kontakte und Interaktionen zwischen Eltern und Kindern ereignen sich eher nebenbei, beim Essen, Spielen oder Fernsehen, in den unreflektierten Alltagssituationen, weniger hingegen in spektakulären Inszenierungen einer familialen „quality time". Wie in solchen beiläufigen Alltagssituationen von allen Mitgliedern ein familienspezifisches Bildungs- und Erziehungsmilieu hergestellt wird, bzw. wie dieses in alltagskulturellen Teildimensionen wie Essen, Wohnen, Sich-Verständigen oder Religiosität symbolische Ordnungen sichert, ist Gegenstand eines Forschungsprojekts im Schnittpunkt von Familien- und Kindheitsforschung der Universität Osnabrück (vgl. MÜLLER/BORG/FALKENRECK 2010).

An einem konkreten Forschungsbeispiel kann im Folgenden gezeigt werden, wie Familien nicht nur „für sich", sondern mit Bezugnahme auf andere Familien untersucht werden. Die Autorinnen der Studie „Meine Familie ist arm" (CHASSÉ/ZANDER/RASCH, 2003) stellten sich die folgenden Fragen:

Forschungsbeispiel: Meine Familie ist arm

Wie erleben Kinder, die in von Armut betroffenen Familien leben, die materiellen Einschränkungen und deren Folgen im kulturellen, sozialen, schulischen Leben? Sind sie der Armut ihrer Eltern schlicht ausgeliefert oder gehen sie unterschiedlich damit um? Entwickeln sie Strategien der Kompensation, und welche Bedingungen brauchen sie dafür?

Armut wird verstanden als ein mehrdimensionales Merkmal des Kinderlebens, welches nicht nur in materieller, sondern auch in sozialer und kultureller Hinsicht auf die Lebenslage der betroffenen Kinder einwirkt. In einer qualitativen Untersuchung wurden 14 Kinder zwischen sieben und zehn Jahren, die alle in von Armut betroffenen Familien leben, befragt. Das Anliegen der Untersuchung bestand darin,

„nicht in einer advokatorischen Perspektive des Kindeswohls, sondern unter einer vom Subjektstatus des Kindes ausgehenden Betrachtung eine sozialpädagogische Perspektive auf das Problem Kinderarmut zu gewinnen" (CHASSÉ/ZANDER/RASCH 2003, S. 245).

In Anlehnung an das Lebenslagenkonzept (vgl. oben, Kap. 2) fragten die Interviewer die Kinder wie auch deren Eltern nach Familienleben und -klima, nach dem Erleben materieller Einschränkungen, nach Lern- und Erfahrungsmöglichkeiten in Schule und Freizeit, sozialen Netzwerken und Freunden, aber auch nach Wünschen und Fantasien der Kinder. Zudem erhoben sie Daten zu Wohnung, Wohnumfeld, Arbeitsmarktbeteiligung der Eltern etc.

Die Untersuchung zeigte bei den Kindern ein erstaunlich großes Repertoire an Bewältigungsstrategien:

- Kinder nutzen Brücken in andere soziale Handlungsräume wie Sportvereine, Pfadfindergruppen, ältere Freunde durch „Brückenpersonen" wie Großeltern, geschiedene Väter, große Geschwister.
- Kinder nutzen die Angebote von Institutionen zur aktiven Freizeitgestaltung (Schule, Kindertreff).
- Sie nutzen auch aktiv Unterstützung in der Versorgung durch Netzwerkpersonen (bezüglich Nahrung, Kleidung, Förderung).
- Sie fordern Unterstützung von Eltern ein.

– Sie kümmern sich um Peer-Kontakte und Freundschaften, die sie aktiv pflegen und entwickeln.
– Kinder reagieren mit eigenen Initiativen auf die materielle Mangellage, indem sie für einen Wunsch sparen, Spielzeug und anderes auf dem Flohmarkt verkaufen, kleine Geschäfte oder Verdienstmöglichkeiten aufsuchen und Bedürfnisse aufschieben.
– Auch aggressives Verhalten ist eine Bewältigungsstrategie sowie der
– Rückzug in Fantasiewelten, Fernsehkonsum, wechselnde Kontakte.

Allerdings sind nicht alle Kinder in gleicher Weise in der Lage, diese Strategien der Bewältigung anzuwenden. Je nach familialer Situation fanden sich unter den Kindern drei verschiedene Typen.

Typ 1: Elterliche Armut – kindliche Kompensation
Zu dem ersten Typ gehören diejenigen Kinder, die in ihren drei wichtigsten Lebensfeldern, also der Familie, den Freundschaften bzw. Peer-Beziehungen und der Schule, gut zurechtkommen, und deren Lebens- und Erfahrungsräume als vielfältig, anregungsreich und förderlich beschrieben werden können. Diese Kinder leben in Familien, in denen es meist keine Kumulation von Belastungen gibt, d. h. dass die materielle Mangellage als einzige Belastung innerhalb eines relativ stabilen Beziehungsrahmens besteht. Die Eltern und Kinder pflegen ein soziales Netzwerk und Mutter und Vater unterstützen ihre Kinder in der aktiven Nutzung von Bewältigungsstrategien, indem sie z. B. mit ihnen zusammen öffentliche Freizeiteinrichtungen besuchen und städtische oder kirchliche Angebote nutzen. Sie sprechen auch offen über ihre Armut und die daraus entstehenden Sorgen. Häufig existiert ein erweiterter Familienverband (z. T. Patchworkfamilien, Großeltern, Onkel, Tanten) und die Kinder machen vergleichsweise reichhaltige Integrations- und Bildungserfahrungen, in denen sich die einzelnen Lebensbereiche ergänzen.

Typ 2: Kindliche Benachteiligung in unterschiedlichen Kombinationen
Beim zweiten Typ finden sich Kinder mit unterschiedlich kombinierten Belastungen. Sie kommen weniger gut zurecht als die Kinder des ersten Typs, da in ihren Familien zur materiellen Mangellage meist noch weitere Probleme wie Trennung oder Scheidung, Wohnortwechsel, Arbeitsplatzverlust, Krankheit oder Schulschwierigkeiten hinzukommen. Dennoch bemühen sich die Kinder dieses Typs um Kompensation und Bewältigungsstrategien; ihr Erfolg ist stark von den Unterstützungsleistungen der Eltern oder anderer Personen des nahen Umfeldes abhängig. Deutlich wird in den Familien der Kinder dieses Typs, dass sich Armut nicht als statische, sondern als durchaus wechselvolle und dynamische Größe auf das Leben der Kinder auswirken kann.

Typ 3: Stark und mehrfach belastete Kinder
Kinder des dritten Typs erleben eine vielfach belastete Kindheit, in der alle Lebensbereiche – Familie, Schule, Freundschaften – als problematisch empfunden werden. In den Familien kumulieren meist mehrere Mängel- und Problemlagen, wodurch die Eltern so stark beansprucht sind, dass sie sich wenig um das Kind kümmern können. Es entsteht eine „Vergleichgültigung"

den Kindern gegenüber, die dazu führt, dass Kinder kaum darin unterstützt werden, mit den Problemen aktiv kompensierend umzugehen. Dies zeigt sich z. B. darin, dass keine Kindergeburtstage ausgerichtet werden, keine Hilfeanträge gestellt oder Kinder nicht zu kostengünstigen Freizeitveranstaltungen gebracht werden. Die Lebenswelt dieser Kinder ist entsprechend wenig anregungsreich und oft zu wenig strukturiert – was wiederum zu Schulproblemen führen kann. So entsteht ein Teufelskreis von Versagen und Nicht-Anerkennung. Zudem schämen sich viele Eltern für ihre Armut, und ihre geringe Kommunikationsbereitschaft macht die Lage für Kinder zusätzlich undurchschaubar. Häufig erleben diese Kinder viel Diskontinuität durch Schul- und Wohnungswechsel und haben es daher schwerer, Freunde zu finden.

Diese Forschungsergebnisse zeigen, dass elterliche und kindliche Lebenslagen offenbar nicht automatisch übereinstimmen, sondern dass sie sich deutlich voneinander unterscheiden können, wenn das Kind ein soziales Netzwerk nutzen kann, um die in der Familie vorherrschenden Mängel zu kompensieren. Auf allgemeiner Ebene kann mit solcher Forschung auch der allzu häufig anzutreffenden Sicht widersprochen werden, die Familie leiste nichts anderes als eine Reproduktion milieuspezifischer Erscheinungsformen und damit auch Bildungschancen (vgl. BRAKE/BÜCHNER 2006). Auf der anderen Seite werden wir durch die Thematisierung der Armut in dieser Studie aber auch darauf hingewiesen, dass die in Teilen der Kindheitsforschung starke Fokussierung auf Kinder als eigenständige Akteure und Konstrukteure ihrer Lebenswelt angesichts der vielfachen Beschränkungen des kindlichen Aktionsspielraumes in den konkreten Zusammenhängen von Familie, Armut, Schule und Freundschaft relativiert werden muss.

Keine automatische Übereinstimmung elterlicher und kindlicher Lebenslagen

---

Was Sie wissen sollten, wenn Sie Kapitel 7 gelesen haben:

Sie sollten in der Lage sein,
– die verschiedenen Funktionen der Familie für die Gesellschaft zu erläutern.
– die populären Thesen von der Auflösung der Familie zu kommentieren.
– zu diskutieren, inwiefern Kinder die Familie mit herstellen.
– und dies auf ein Forschungsbeispiel anzuwenden.

Weiterführende Literatur zu Kapitel 7

BRAKE, ANNA/BÜCHNER, PETER (Hrsg.) (2006): **Bildungsort Familie. Transmission von Bildung und Kultur im Alltag von Mehrgenerationenfamilien.** (Zusammenstellung vielfältiger Forschungsergebnisse zum sozialen Vererbungsgeschehen in Familien.)

CHASSÉ, KARL AUGUST/ZANDER, MARGERITHA/RASCH, KONSTANZE (2003): **Meine Familie ist arm. Wie Kinder im Grundschulalter Armut erleben und bewältigen.** (Ausführlicher Bericht über das oben dargestellte Forschungsprojekt.)

NAVE-HERZ, ROSEMARIE (2002): **Familie heute.** (Zusammenfassende Darstellung und Diskussion wichtiger neuerer Forschungsergebnisse der Familienforschung.)

MÜLLER, HANS-RÜDIGER/ECARIUS, JUTTA/HERZBERG, HEIDRUN (Hrsg.) (2010): **Familie, Generation und Bildung.** (Zur Vertiefung empfohlener Sammelband zu spezielleren Einzelfragen der neuesten Familienforschung.)

8 Kinder in ihrer Sozialität

Menschen sind soziale Wesen. Die Erfahrung von Sozialität, das heißt die Angewiesenheit des Menschen auf andere in Form von sozialer Steuerung, Unterstützung und Anerkennung, gilt als anthropologisches Muster. Nach Tomasello unterscheiden sich Menschen durch ihre Fähigkeit zum kulturellen Lernen grundlegend von allen anderen Arten, auch von Primaten. Voraussetzung dafür ist eine besondere Form der sozialen Kognition. Es ist die Fähigkeit „einzelner Organismen, ihre Artgenossen als ihnen ähnliche Wesen zu verstehen, die ein intentionales und geistiges Leben haben wie sie selbst. Dieses Verständnis ermöglicht es, sich in die geistige Welt des anderen hineinzuversetzen. Dadurch können sie nicht nur *vom* anderen, sondern auch *durch* den anderen lernen" (TOMASELLO 2002, S. 15). Das ist nach Michael Tomasello nicht nur Bedingung und Motor für die individuelle Entwicklung (Ontogenese), sondern auch für die Entwicklung der Menschheitsgeschichte (Phylogenese), die durch eine kumulative Weitergabe von Wissen gekennzeichnet ist. Das kulturelle Lernen vollzieht sich im Verhältnis von Kindern und Erwachsenen sowie von Kindern untereinander, wobei letzteres im Fokus dieses Kapitels steht.

Das Interesse der Kindheitsforschung an der Sozialität von Kindern fokussiert sowohl Formen der Vergesellschaftung als auch der Vergemeinschaftung. Hinzu kommt der Blick auf die kreativen und eigensinnigen Deutungen der Kinder, wenn sie von ihren sozialen Erfahrungen berichten. Das vorliegende Kapitel konzentriert sich auf zwei Fragen: Welche Organisationsstrukturen von Sozialität sind heutzutage – vor dem Hintergrund vielfältiger Modernisierungsphänomene – für den Alltag von Kindern konstitutiv? Welchen Stellenwert hat die Peergruppe für das Aufwachsen von Kindern?

8.1 Organisationsstrukturen der Sozialität

Räume und Zeiten moderner Kindheit

Zentrale Orte moderner Kindheit sind die Familie, der Kindergarten und die Schule, die den Alltag räumlich wie zeitlich kartieren. Allerdings haben sich die klassische Aufteilung der Sorgearbeit und damit auch Organisationsstrukturen kindlicher Sozialität in den letzten zwei Jahrzehnten wesentlich verändert (vgl. ZEIHER 2009). Kindheit findet zunehmend in Institutionen (Krippe, Kindergarten, Ganztagsschule) und weniger in der Familie statt. Damit verbunden ist auch eine andere Zeitstruktur des kindlichen Alltags. Weder partizipieren Kinder direkt am Arbeitsleben der Erwachsenen und werden durch diese Zeitstruktur reguliert, noch verläuft ihr Tag spontan nach ihren Bedürfnissen (Wach-Schlaf-Rhythmus, Spiel u.Ä.). Das Pendeln zwischen den Orten sowie die institutionellen Vorgaben wirken regulierend. Indirekt hängt jedoch die Tagesstruktur der Kinder mit der Berufstätigkeit der Eltern zusammen. Das zeichnet sich auch an der Zunahme von Betreuungseinrichtungen, insbesondere für das Krippen- und Kindergartenalter, ab, die sich auf die vermehrt deregulierten Arbeitszeiten der Eltern einstellen und Angebote zu Früh-, Spät- und Nachtzeiten machen. Kindheit findet nicht nur zwischen Familie und Institutionen statt, sondern kann sich zudem zwischen verschiedenen Familienformationen abspielen (s. Kapitel 7). Der Alltag eines Kindes, das zwischen den geschiedenen Elternteilen pendelt, ist ein anderer als der eines Kindes mit gemeinsam lebenden Eltern. Der Tages- und Wochenrhythmus des erst genannten Kindes ist vom Pendeln bestimmt. Es hat möglicherweise zwei Kinderzimmer, jeweils Geschwister, trifft auf unterschiedliche Familien- und Erziehungskulturen, muss seine Freizeit zwischen zwei Welten aufteilen. Die Aufspaltung in zwei Lebensräume kann auch Konsequenzen für Freundschaften, Spiel- und Freizeitverhalten haben. Insgesamt ist moderne Kindheit durch vielfältige Modernisierungsphänomene gekennzeichnet, die wiederum das Sozialleben beeinflussen.

Die Kindheitsforschung hat sich in den letzten Jahrzehnten mit verschiedenen Auswirkungen von Modernisierungsphänomenen auf kindliche Lebenswelten beschäftigt und sie empirisch erforscht:

Auswirkung von Modernisierungsphänomenen auf Kindheit

Die These von der Verinselung besagt, dass moderne Kindheit zunehmend geplant an verschiedenen Orten, wie Familie, Kindergarten, Schule, Hort sowie organisierter Freizeit, stattfindet. Diese Orte sind speziell auf Kinder ausgerichtet. Allerdings erreichen die Kinder sie häufig nicht selbständig und zu Fuß, sondern werden gebracht („Mama-Taxi"). Dadurch spielt sich das Kinderleben auf – in der Wahrnehmung der Kinder – unverbundenen Inseln ab. Raum wird nicht mehr sinnlich als Zusammenhang erfahren. Ferner fehlen der Bezug zur Alltagswelt von Erwachsenen (Arbeitsprozesse) sowie das nicht organisierte Zusammentreffen von Kindern, beispielsweise beim spontanen Spiel auf der Straße oder auf dem gemeinsamen Schulweg, das frühere Generationen ausführlich beschrieben und literarisch verarbeitet haben (vgl. DORNEMANN 2007):

Verinselung

„Auch ich kam in eine regelrechte Schule… Aber auch hier wurde mir das Nebensächliche, der Weg zu ihr und von ihr, zur Hauptsache." (KRUSE 2007, S. 46)

Max Kruse (1854–1942) beschreibt ausführlich die vielen sozialen Erlebnisse – oft Konflikte unter den Peers und mit Erwachsenen – und Erfahrungen auf dem Schulweg. Die Erfahrungen beinhalten u.a. Phänomene der Natur sowie Aspekte der Erwachsenenwelt, das Arbeitsleben, Geschäfte, etc.

„Da gab es nur noch einer Versuchung zu widerstehen, allerdings der allerschlimmsten, und das war ein Spielzeugladen. Besonders zur Weihnachtszeit … war es schwer vorbeizukommen. – Mit tiefem Seufzer rang man sich los, um in den gräulichen Schulhof zu gehen." (ebd., S. 48)

Verhäuslichung meint, dass Kindheit zunehmend in Räumen und weniger draußen stattfindet. Der klassische Spielort „Straße" hat an Bedeutung verloren. Kinder verfügen heutzutage über große und gut ausgestattete Kinder-

Verhäuslichung

zimmer, die gerne zum gemeinsamen, in der Regel verabredeten, Spiel genutzt werden. Hinzu kommt eine wachsende „Behütungstendenz". Eltern befürchten, dass ihr Kind beim unbeaufsichtigten Spiel auf der Straße sowie beim selbständigen Weg zu Schule und Freizeit Gefahren (Unfall, Missbrauch, Gewalt) ausgesetzt ist. Im Kinderzimmer beschränkt sich die Begegnung auf wenige Kinder, in der Regel Gleichaltrige und Freunde. Es fehlt die Erfahrung früherer Generationen als lose Gemeinschaft in größeren altersheterogenen Kindergruppen. Es fehlt auch das Abenteuer, das in den möglichen Gefahren steckt und das gemeinsam mit anderen bewältigt werden kann.

„Nein! Ich war ein Straßenkind! Wir hatten doch mit den Trümmerlandschaften im Nachkriegsdeutschland die herrlichsten Abenteuerspielplätze. Ich war immer sehr froh, dass meine Eltern auf Grund der damaligen Situation gar keine Zeit hatten, sich um mich zu kümmern. Nach der Schule habe ich den Ranzen in die Ecke geschmissen und den ganzen langen Nachmittag draußen mit den Freunden gespielt, Streifzüge unternommen und zum Teil auch gefährliche Abenteuer überstanden."
(Antwort eines Mitarbeiters des Deutschen Jugendinstituts auf die Frage, ob er gerne in die Ganztagsschule gegangen wäre.)
(http://www.dji.de/cgi-bin/projekte/output.php?projekt=500&Jump1=RECHTS& Jump2=10; Zugriff 17.2.2010)

Terminkindheit
Die These von der Terminkindheit geht über die häufig straffe Organisation des Tages zwischen Familie und Institution hinaus. Sie bezieht sich vor allem auf Freundschaften und die Freizeitorganisation. Heutzutage ist es schon im Vorschulalter üblich, sich mit Freunden zu verabreden. Die Kommunikation per Telefon hat einen großen Stellenwert. Mit zunehmendem Alter trifft man sich häufig im Internet. Viele Kinder sind einem engen und komplexen Terminkalender von Freizeitaktivitäten unterworfen. Es fehlt ihnen an unstrukturierten Zeiten, in denen sie sich langweilen, in denen sie träumen können, spontan andere Kinder treffen und in denen sie – alleine oder gemeinsam mit anderen – Spielideen entwickeln und über einen längeren Zeitraum hin verwirklichen können.

Medien- und Konsumkindheit
Das Phänomen der Medien- und Konsumkindheit kann hier nur oberflächlich angesprochen werden. Es ist Gegenstand vieler empirischer Studien. Bezogen auf die Sozialität ist dazu festzuhalten, dass sich durch die rasante mediale Veränderung der Gesellschaft das Kinderleben räumlich, zeitlich und sozial verändert. Wirklichkeit wird vielfach aus zweiter Hand erfahren. Sozialkontakte finden in immer früherem Alter per Email, SMS und sogenannten „social networks" wie SchülerVZ und Facebook statt. Daher ist eine entsprechende Medienausstattung Voraussetzung für die Zugehörigkeit zur Kinderkultur und zu den sozialen Beziehungen. Ein wichtiger Bezugspunkt ist die Konsumwelt. Hengst spricht sogar vom Kinderkulturscript der Moderne, dessen Zentrum das Konsumieren als ökonomisches und kulturelles Phänomen bildet (vgl. Hengst 2001). Medien und Konsum wirken häufig zusammen und prägen das Zusammensein von Kindern (shoppen gehen), ihre Spiele (Pokemon) sowie ihre Gespräche (Was hast du zu Weihnachten bekommen? Welches Handy wünschst du dir?) untereinander.

Individualisierung von Kindheit
Die neuere soziologische Forschung macht jedoch deutlich, dass die festgestellten Veränderungen von Kindheit nicht durchgängig sind und auch

nicht für alle Kinder gelten. So gibt es Beispiele für Kinderleben, das weder von Verinselung, Verhäuslichung und Terminen geprägt sind. Auch die „Straße" als spontaner Treffort wird dort, wo viele Kinder in familienfreundlichen Wohngegenden mit Spielstraßen wohnen, wieder belebt. Insofern kann nicht mehr nur von einer Kindheit, sondern es muss von parallel existierenden Kindheiten gesprochen werden, die sich durch sozio-kulturelle Bedingungen unterscheiden. Des Weiteren wird eine zunehmende Individualisierung von Kindheit sichtbar, die die starke Regulierung durch die Modernisierungsphänomene zwar durchbricht, aber nicht aufheben kann (vgl. ZEIHER 2009).

Die Auswirkung von Modernisierungsphänomenen auf Kindheit sowie das gleichzeitige Durchbrechen dieser Muster zeigt sich auch im demografischen Wandel. Die Gesamtzahl der Kinder in Deutschland nimmt seit Jahrzehnten ab. Ferner verändert sich die Alterspyramide, das heißt, in der Gesellschaft gibt es mehr Ältere als Jüngere. Kinder werden zum „kostbaren Gut" für Familie und Gesellschaft. Damit konzentriert sich die Aufmerksamkeit der Erwachsenen auf das individuelle Kind. Die Chance, auf große Gruppen Gleichaltriger zu treffen, nimmt ab. Allerdings unterscheiden sich die Lebensverhältnisse je nach Wohngegend erheblich. Es gibt in Deutschland Gegenden (z.B. strukturschwache Gebiete in östlichen Bundesländern), in denen kaum noch Familien wohnen und andere, in denen sich Familien konzentrieren (z.B. strukturstarke Regionen in Süddeutschland). Jedoch heißt das nicht, dass Kinder heutzutage über weniger Sozialkontakte verfügen. Sie müssen nur gezielter die Orte aufsuchen, an denen sie andere Kinder treffen können und sind dabei nicht selten auf die Hilfe der Eltern angewiesen (Bringdienst; siehe auch Verinselung). Institutionen sind zu wichtigen Begegnungsstätten für Kinder geworden sind. Nur dort trifft sich eine große Anzahl Gleichaltriger. Die Schule gilt als der Ort, an dem Freundschaften geschlossen und gepflegt werden. Aus der Perspektive heutiger Kinder sind Freundschaften und die Zugehörigkeit zu Klassengemeinschaften die wichtigste Schulerfahrung (vgl. SIZE u.a. 2005, S. 19) – vor allen anderen, z.B. Lernerfahrungen im Unterricht.

Demographischer Wandel

Eine Studie von Martha Muchow aus den 1930er Jahren „Der Lebensraum des Großstadtkindes" hat sich schon damals mit der Auswirkung von Modernisierungsphänomenen auf die kindlichen Lebenswelten beschäftigt. Sie beschreibt darin u.a. die Auseinandersetzung von Kindern unterschiedlichen Alters mit dem ersten Warenhaus vor Ort am Beispiel der Nutzung der Rolltreppe:

Erste Studien zur Kindheit in der Moderne

Martha Muchow gilt methodologisch und methodisch als Pionierin der modernen Kindheitsforschung. Sie hat Kinder in ihrer Lebenswelt beobachtet, sie befragt, sie ihre Wege in Stadtpläne einzeichnen und sie zu ihren Tagesaktivitäten Aufsätze schreiben lassen. Ihre Untersuchungen konzentrierten sich auf drei Fragen:

Martha Muchow – Pionierin der modernen Kindheitsforschung

1. Wie leben Kinder in der Großstadt?
2. Wie erleben sie ihr Wohnviertel und ihr Spielgelände?
3. Wie eignen sie sich Plätze der fremdartigen Erwachsenenwelt an und wie gestalten sie diese zu ihrer Welt um?

Die folgenden Abbildungen aus einem Teilbereich ihrer Untersuchung machen die Differenzen von Kindern und Erwachsenen sichtbar.

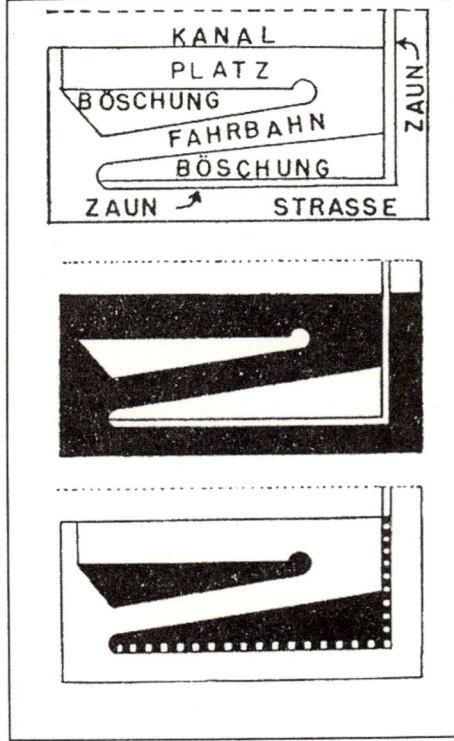

Skizze des Hamburger
Löschplatzes (nach M. Muchow)

Der Löschplatz vom Gesichtspunkt
des Erwachsenen (oben) und des
Kindes (unten).

Die schwarzen Felder kennzeich-
nen die aktionswichtigen Teile.

Abb. 6: Der Löschplatz als Lebensraum des Kindes und des Erwachsenen
(H. Werner 1959 nach M. Muchow)

Muchow beschreibt auf der Grundlage ihrer Beobachtungen, wie Kinder
sich den Löschplatz (einen Platz von Erwachsenen, der nicht mehr zum eigentlichen Zwecke genutzt wurde) aneignen und wie sie ihn umdeuten:

„So wenig der Löschplatz für Erwachsene bedeutet, so erheblich ist er für das Kind."
(MUCHOW/MUCHOW 1998, S. 105)

Der Zaun zwischen Straße und Platz wird beispielsweise von Kindern im
Alter von drei bis dreizehn Jahren intensiv genutzt:

„So wird ein uns Erwachsenen belanglos und geringfügig erscheinendes Stück der
Umgebung… zum Greif-, Sprung-, Kletter-, Sitz- und Hoch-Ding in der Welt des Kindes." (ebd., S. 107)

Die Aneignung und Deutung des Löschplatzes durch Kinder geschieht in
der Kindergruppe, unbeaufsichtigt von Erwachsenen. Muchow zählt 62 verschiedene Gruppen von Einzelgängern bis zu Zwölfergruppen, mehrheitlich
Jungen (vgl. ebd., S. 113). Die sozialen Erfahrungen von Kindern finden sowohl in von Erwachsenen gestalteten und regulierten Räumen statt als auch
in Sphären, die sich der Erwachsenenkontrolle entziehen. Allerdings gibt es
erhebliche Unterschiede im Verhältnisse dieser beiden Räume von Kind-

heit, die historisch und kulturell bedingt sind sowie in individueller Ausprägung vorliegen.

Erst mit Errichtung spezieller Räume und Lebenswelten für Kinder im Kontext der bürgerlichen Familie entstand die Frage nach einer beaufsichtigten Kindheit, das heißt nach einer Regulierung kindspezifischer Tätigkeiten. Das in den Produktionsprozess eingegliederte Kind unterlag damals der gleichen zeitlichen und räumlichen Regulierung wie die Erwachsenen. Heutzutage ist in nahezu allen Bereichen eine spezifische Lebenswelt von Kindern geschaffen worden, die einerseits getrennt von der Erwachsenenwelt existiert, deren räumliche und zeitliche Ausstattung andererseits jedoch durch Erwachsene gestaltet wird und durch deren Bedürfnisse bedingt ist. So hängt die zunehmende Institutionalisierung von Kindheit auch mit den Arbeitszeiten der Erwachsenen zusammen, die von vielen Faktoren beeinflusst werden. Eltern möchten Familie und Beruf vereinbaren. Häufig besteht eine ökonomische Notwendigkeit für die Erwerbstätigkeit beider Eltern. Somit entsteht ein Betreuungsbedarf, der beispielsweise durch Ganztagseinrichtungen gedeckt wird. Dadurch verlieren Kinder zum einen die Möglichkeit zum spontanen Spiel am Nachmittag – falls Kinder in der Nähe wohnen, können aber zum anderen möglicherweise Sozialerfahrungen mit anderen in der Schule machen.

Regulierung von Raum und Zeit

Insgesamt ist ein Rückgang an Zeiten und Räumen für Kinder zu konstatieren, die frei von Erwachsenen sind. Beziehungen unter Gleichaltrigen werden heutzutage in stärkerem Maße als noch vor 50 Jahren von Erwachsenen, Eltern wie Pädagogen in Institutionen, bestimmt. Allerdings schaffen sich Kinder auch in regulierten Räumen immer wieder Nischen, um ihre Beziehungen in der Gleichaltrigenkultur ungestört nach eigenen kulturellen Mustern zu entwickeln. Eine nicht unerhebliche Rolle spielen dabei die Medien, die von immer jüngeren Kindern für Sozialkontakte genutzt werden. Von Bedeutung ist jedoch immer wieder die Sphäre, die dem Zugriff der Erwachsenen verborgen bleibt. Diese kann von der Baumhütte über das Geheimversteck auf dem Schulweg bis hin zu virtuellen Räumen reichen, in denen man Gleichaltrige trifft und auf Augenhöhe und in Abgrenzung zur Erwachsenenwelt miteinander kommuniziert.

Abnahme an nicht kontrollierten Räumen und Zeiten für Kinder

Was Kinder machen, wenn sie unbeaufsichtigt sind, hat Erwachsene seit Durchsetzung des modernen Kindheitskonzepts neugierig gemacht und Fantasien sowie indirekte Kontrollmechanismen hervorgerufen.

„Paulinchen war allein zu Haus, die Eltern waren beide aus…"
„Konrad, sprach die Frau Mama, ,ich geh aus und du bleibst da. Sei hübsch ordentlich und fromm, bis nach Haus ich wieder komm'…"

Demnach bedarf Kindheit einer Kontrolle durch Erwachsene, wie es seit Generationen durch den „Struwwelpeter" (s. o.) vermittelt wird.

Die Erforschung kindlicher Alltagspraktiken ist mit Prämissen verbunden. Kinder empfinden jede Art von Forschung als mehr oder minder starke Einmischung von Erwachsenen in ihre Lebenswelt. Innerhalb der Ethnographie wird in Anlehnung an den Diskurs in der Ethnologie darüber diskutiert, inwiefern damit eine Kolonialisierung kindlicher Kulturen durch die Erwachsenenkultur verbunden ist (vgl. Kap. 6). Die Forschung muss methodologisch möglichen Widerstand und Geheimhaltung von Kindern reflektieren. Kindliche Lebenswelten zu erfassen und sie zu verstehen, entspringt u.a. auch der Faszination und Neugier von Erwachsenen. Während es im ersten Drittel des 20. Jahrhunderts vor allem ein Interesse an dem einzelnen Kind, seiner Entwicklung und seiner inneren Welt gab, hat sich die Erforschung der Peer Culture in den letzten Jahrzehnten zu einem zentralen Thema der Kindheitsforschung entwickelt.

8.2 Peer Culture

Die Bedeutung der Peer Culture

Entscheidende Erfahrungen von Sozialität machen Kinder nicht nur in der Beziehung zu Erwachsenen, sondern auch im Miteinander mit anderen Kindern. Dazu gehören Erfahrungen mit Kindern unterschiedlichen Alters, z.B. mit Geschwistern, und in der Gleichaltrigenkultur, z.B. in der Schulklasse sowie durch Freundschaften. Zunehmende Aufmerksamkeit der Kindheitsforschung richtet sich auf die die Peer Culture, womit die Kultur der Gleichaltrigen und Gleichartigen gemeint ist. Letzteres kann auch altersübergreifend gelten, jedoch wird eine gemeinsame kollektive Identität als Kinder und eine gemeinsam erfahrene Kinderkultur geteilt. Dieses kann sowohl durch gemeinsame Teilnahme als auch durch symbolische Teilhabe erfolgen. Somit lassen sich Kinderkulturen unterscheiden nach einerseits miteinander agierenden Kindergruppen und andererseits globalisierter, medialisierter, oft konsumorientierter Kinderkultur. Beide Ebenen wirken zusammen, wenn sich beispielsweise eine Peergroup auf gemeinsame Idole, Konsumwünsche etc. bezieht und dieser Bezug zum konstitutiven Element dieser Gruppe wird.

Gemeinsamkeiten von Peer Cultures

Der Peerbegriff kommt ursprünglich aus der Jugendkultur und mit ihm assoziieren wir Widerstandsrituale von Jugendlichen gegen den Übergriff von Erwachsenen auf ihre Welt. Inzwischen hat sich jedoch seine Bedeutung in Relation zu unserem veränderten Kindheitsbild des kindlichen Akteurs gewandelt. Konsequenterweise sprechen wir schon im Kindergarten von Peer Culture (vgl. COSARO/EDER 1990) und sind vor allem an den eigensinnigen Deutungen der Kinder interessiert. Nach Cosaro/Eder (ebd., S. 214ff.) gibt es drei zentrale Themen, die die Peer Cultures von der frühen Kindheit bis zum Jugendalter verbinden:

1. „sharing and social participation": Dabei geht es vor allem um Zugehörigkeit, also darum, Teil einer Gruppenaktivität zu sein, sich nicht ausgeschlossen zu fühlen, „mitspielen zu dürfen".
2. „to deal with confusions, concerns, fears, and conflicts": Hier geht es um die gemeinsame Bewältigung von Alltagsproblemen, die zum Teil in der Peergroup selbst entstehen und zum Teil von außen an sie herangetragen werden.
3. „resistance to and challenging adult rules and authority": Hiermit ist die Auseinandersetzung mit und die Abgrenzung von der Erwachsenenwelt in der Peergroup gemeint.

Den Peers wird eine wichtige sozialisatorische Funktion zugeschrieben, weil die Beziehungen – anders als zu Erwachsenen – durch Gleichheit,

Gleichrangigkeit und Gegenseitigkeit gekennzeichnet sind (vgl. KRAPPMANN/ OSWALD 1995). Einen der ersten Hinweise darauf verdanken wir den Studien Jean Piagets zum moralischen Urteil des Kindes (erstmalig 1932 veröffentlicht). Piaget hat u. a. das Murmelspiel untersucht, das weltweit seit Jahrtausenden von Kindern gespielt wird. Er selbst spielte in der Schweiz viele hundert Mal mit den Kindern das Murmelspiel und unterhielt sich dabei mit ihnen über die angewandten Regeln. Obwohl das Spiel weltweit nach einem Grundschema abläuft, entsteht situativ eine Bandbreite von mehr oder minder komplizierten Regeln. Von Interesse ist, wie die Kinder solche Regeln aushandeln und wodurch erreicht wird, dass sich alle daran halten. Piaget hat daraus, sowie aus anderem empirischen Material, Schlüsse über Stufen der kindlichen Moralentwicklung gezogen, die später von Lawrence Kohlberg weiterentwickelt wurden (zur Kritik an Stufenkonzepten siehe Kapitel 3). Von Bedeutung für unser Wissen über Peer Culture ist jedoch die Erkenntnis, dass moralisches Verhalten nur bedingt von Erwachsenen vermittelt werden kann. Gelernt wird es primär durch die von Erwachsenen unbeeinflussten Aushandlungen in der Gleichaltrigengruppe.

Die sozialisatorische Funktion von Peer Culture

Nach Cosaro/Eder bildet die Peer Culture einerseits eine eigene Welt der Kinder, die sich von der der Erwachsenen wesentlich unterscheidet, die aber andererseits in Auseinandersetzung mit der Welt der Erwachsenen entsteht. Erwachsenenkultur wird reproduziert, peerkulturell transformiert und somit neu gedeutet, wodurch letztlich auch die Welt der Erwachsenen verändert werden kann (vgl. COSARO/EDER 1990). Gerade beim „Als-ob-Spiel" von Vorschulkindern wird die Bearbeitung der Erwachsenenkultur sichtbar, wie das folgende Beispiel zeigt:

Das Verhältnis von Erwachsenen- und Kinderkultur

Spielteilnehmer: Anna (A) (7Jahre), Cornel (C) (4 Jahre), Christine (Ch) (Studentin) C hat das Friseurspiel vorgeschlagen und den Koffer, der Spielmaterial enthält, geholt. A kommt hinzu und stellt einen Stuhl bereit.

A: „Ich bin der Friseur!"
C: „Nee, ich!"
A: „Wer will, setzt sich hin, und dann muß ich... Zuerst... Quatsch... Zuerst ich und dann du."
C: „Ja...Nee!"
Ch zieht Stuhl herbei, turnt auf dem Stuhl herum.
A: „Hinsetzen!"
C: „Friseur!"
A: „Nein, aber... Mach erstmal mit, Christine!" Zu C: „Wir sind jetzt zwei, wir arbeiten zusammen!"
Ch setzt sich auf den Stuhl. A holt den Kamm und fängt an, Ch zu kämmen. „Ich mach' das jetzt, zuerst kämmen."
C: „Ich bin auch ein Friseur!"
A: „Du sitzt immer an der Kasse."
C: „Nee."
A: „Nicht?"
C: „Nein, der Christine Locken machen."
Beide beschäftigen sich mit Christines Haar.

(Aufnahme und Protokoll Christine Feil und Rita Schlegel, entnommen aus OERTER 1999, S. 117)

Die Spielsituation nimmt ein Thema aus der Erwachsenenwelt. Die Kinder spielen Rollen von Erwachsenen: Friseur und Kunde. Dabei wechseln sie die Realitätsebene. Sie wissen, dass es sich um ein fiktives Spiel handelt. Jedoch ist das Spiel für sie in diesem Moment real. Zwischen diesen beiden Ebenen wechseln sie hin und her. Dabei bearbeiten sie peerkulturelle Fragen, z.B. nach Gleichrangigkeit, Gleichheit und Gerechtigkeit. Das jüngere Kind beansprucht die attraktive Rolle Friseur, weil es den Spielvorschlag gemacht hat. Darauf kann sich das ältere Kind nicht einlassen. Schließlich wird die Studentin zur Kundin, an der beide Kinder als Friseure tätig sein können. Damit kommen beide zu ihrem Recht: das ältere Kind darf Friseur sein, weil es älter ist; das jüngere Kind, weil es den Spielvorschlag gemacht hat.

Die Erforschung der Peer Culture ist inzwischen ein zentrales Thema der Kindheitsforschung. Von besonderer Bedeutung bleibt allerdings die Frage, inwieweit es erwachsenen Forschern gelingen kann, die Innenansicht der Peers zu erfassen. Damit ist die letztlich nicht lösbare Herausforderung verbunden, sich peerkulturellen Räumen zu nähern, die ja als „erwachsenenfrei" gelten, und diese in ihren ursprünglichen Mustern und Abläufen zu rekonstruieren, ohne das Feld als Erwachsener zu sehr zu verändern.

Themen der Forschung über Peer Culture

Zentrale Themen der Forschung über Peer Culture sind die Sozialbeziehungen von Kindern, ihre Aushandlungsprozesse untereinander und der Stellenwert des Geschlechts. Ging man für die mittlere Kindheit lange von getrennten Welten zwischen Mädchen und Jungen aus, die auch als „Mädchen- und Jungenkultur" untersucht wurde, zeigen neuere Studien eine differenziertere Sicht (vgl. BREIDENSTEIN/KELLE 1998). Allerdings gibt es immer noch „typische" Jungen- und Mädchenspiele, was gerade in Kindergarten und Grundschule sichtbar wird. Auch das von Piaget untersuchte Murmelspiel war ein Spiel von Jungen. Häufig finden sich geschlechtshomogene Freundschaften, wie die Einladungen zum Kindergeburtstag demonstrieren. Breidenstein/Kelle (ebd.) machen aber darauf aufmerksam, dass die Variationen innerhalb von Jungen- und Mädchengruppen größer sind als die vermuteten Geschlechterunterschiede und dokumentieren viele indirekte und direkte Kontaktaufnahmen und Bezüge zwischen den Geschlechtern. Dazu gehört auch die Revision der psychoanalytischen Annahme, die mittlere Kindheit sei von Latenz geprägt. Kinder im Grundschulalter können sich verlieben und setzen sich sowohl mit der Sexualität des eigenen als auch des anderen Geschlechts auseinander. Vor dem Hintergrund der Gendertheorien sind an dieser Stelle die von den Kindern interaktiv und situativ hergestellten Unterscheidungen von Interesse.

Mit dem Blick auf die „face to face" Interaktionen von Kindern fokussieren wir die Vergemeinschaftungsprozesse in der Peergroup. Hierbei geht es um die Frage, welche Formationen unter Kindern sichtbar werden und wie über Zugehörigkeit zu und Ausschluss aus einer Gruppe verhandelt wird. Mit der zunehmenden Institutionalisierung von Kindheit und vor dem Hintergrund des demografischen Wandels haben Kindergartengruppe und Schulklasse als Peergroup einen zentralen Stellenwert. Die Forschung beschäftigt sich beispielsweise damit, in welchem Verhältnis Peer Culture und schulische Ordnung stehen (vgl. DE BOER/DECKERT-PEACEMAN 2009). Welche Räume eröffnen sich in der Schule peerkulturellen Praktiken? Findet sich

Peer Culture primär auf dem Pausenhof, unter den Schulbänken oder ist sie möglicherweise Teil des Unterrichts und steht in einem produktiven und wechselseitigen Spannungsverhältnis zur schulischen Ordnung?

Innerhalb der Schulklasse werden unterschiedliche Formationen sichtbar. Oswald unterscheidet Gruppen, Geflechte und Interaktionsfelder und macht darauf aufmerksam, wie ungenau der Begriff „Peergroup" die Sozialbeziehungen von Kindern beschreibt (vgl. OSWALD 1993). Für das Vor- und Grundschulalter gilt der fluide Charakter von Formationen. Freundschaften und Freundschaftsgruppen sind in dieser Altersgruppe weniger durch klare Abgrenzungen, Hierarchien und anhaltende Dauer gekennzeichnet als bei Jugendlichen. Beispielsweise kann die Antwort auf die Frage nach der „besten Freundin" im 1. Schuljahr ständig wechseln. Ähnliches gilt für die Liste der zum Geburtstagsfest geladenen Kinder, die oft monatelang Aushandlungsgegenstand ist. Aushandlungen über Freundschaften und Zugehörigkeiten gehen weit über den konkreten Anlass hinaus. In ihnen und durch sie machen Kinder wichtige sozialisatorische Erfahrungen. Freundschaftsbeziehungen haben aus Sicht der Kinder und aus Sicht der Forschung einen großen Stellenwert und umfassen ein breites Spektrum von dyadischen bis hin zu lockeren Formationen.

Formationen der Sozialbeziehungen

Neugier wecken die Aushandlungsprozesse der Kinder untereinander und ihre Konfliktlösungsstrategien, die sich von denen der Erwachsenen unterscheiden und ihnen oftmals fremd erscheinen. Kinder sind beispielsweise sehr daran interessiert, die Merkmale ihrer Sozialbeziehungen untereinander wie Gleichheit, Gleichrangigkeit und Gegenseitigkeit immer wieder interaktiv herzustellen. Was sie unter einem Konflikt verstehen, kann von dem Konfliktverständnis der Erwachsenen abweichen. Gerade Pausenkonflikte und ihre Bearbeitung in der Schulklasse machen auf solche Unterschiede aufmerksam. Wichtig ist es, vor den Peers das Gesicht zu wahren und sich die Anerkennung der Group zu sichern (vgl. DE BOER 2006). Der Versuch, peerkulturelle Deutungsmuster und Konfliktstrategien systematisch und von Erwachsenen gesteuert zu nutzen („Positive Peer Culture", vgl. OPP/TEICHMANN 2008), ist kritisch zu reflektieren. Ihre positiven sozialisatorischen Effekte können sich nur dann entfalten, wenn sie in einem vor dem Zugriff Erwachsener geschützten Raum stattfinden. Kinder sind allerdings kreativ im Sichern und Gewinnen solcher Räume. Die Peer Culture ist ebenso wenig im Verschwinden (eine Diskussion in der Wissenschaft) wie die Möglichkeit des von Erwachsenenkontrolle befreiten Spiels.

Was Sie wissen sollten, wenn Sie Kapitel 8 gelesen haben:

Sie sollten in der Lage sein,
- die grundsätzliche Bedeutung der Sozialität für das Aufwachsen von Kindern zu verstehen sowie die Relevanz für die Kindheitsforschung zu erkennen.
- die ambivalenten Auswirkungen von Modernisierungsphänomenen auf das Kinderleben sowie die veränderten räumlichen und zeitlichen Organisationsformen von Sozialität zu kennen.

> – den Begriff Peer Culture zu erläutern und ihren Stellenwert für die So-
> zialisation sowie für das Alltagserleben von Kindern zu erkennen.
> – sich die methodologische und methodische Problematik von Peer Cul-
> ture-Forschung bewusst zu machen.

Weiterführende Literatur zu Kapitel 8

DE BOER, HEIKE/DECKERT-PEACEMAN, HEIKE (Hrsg.) (2009): **Kinder in der Schule. Zwischen Gleichaltrigenkultur und schulischer Ordnung.** (Verschiedene Beiträge
zum Spannungsverhältnis von Peer Culture und Institutionalisierung von Kindheit,
Kindergarten eingeschlossen. Überblick über Stand der Forschung zum Thema.)
MUCHOW, MARTHA/MUCHOW, HANS HEINRICH (1998): **Der Lebensraum des Großstadtkindes.** (Das klassische Werk der sozialwissenschaftlichen Kindheitsforschung, in dem sehr genau und sensibel die Lebenswelt der Kinder untersucht wurde. Zudem handelt es sich um einen Beitrag zur Sozial- und Kulturgeschichte von
Kindheit.)
ZEIHER, HELGA (2009): **Ambivalenzen und Widersprüche der Institutionalisierung
von Kindheit.** (Guter Überblick über zentrale Fragen soziologischer Kindheitsforschung der letzten Jahrzehnte, insbesondere über die gesellschaftliche Dynamik, in
der sich die Institutionalisierung von Kindheit entwickelt hat.)

9 Kulturelle Praxen von Kindern

Im vorhergehenden Kapitel wurde die „Peer Culture" als ein Untersu-
chungsfeld der Kindheitsforschung vorgestellt. Der verwendete Begriff „Peer
Culture" zeigt bereits, dass alle Formen von Sozialbeziehungen immer auch
kulturell codiert und insofern Teile kultureller Praxis sind. Das Gleiche gilt
für die Institutionen, in denen Kinder aufwachsen, und die Gegenstand des
10. Kapitels sind. Folgerichtig spricht man auch von Freundschafts-, Fami-
lien- oder Schulkulturen.

*Verschiedene
Begriffe von „Kultur"*
Dem liegt ein sehr weiter Begriff von Kultur zu Grunde, die man mit Clif-
ford Geertz (1983) als ein Geflecht von Bedeutungen ansehen kann, das
von den Menschen einer Gemeinschaft selbst hervorgebracht wird. Alles,
was in menschlichen Sozialitäten Bedeutung erhält und als Bedeutung geteilt wird, muss unter den Teilnehmern der Sozialität verhandelt werden, sei
es z.B. das gemeinsame Wohnen in einem Haus, in der Stadt, das gemeinsame Lernen in der Familie, in der Schule, das gemeinsame Streiten im Dialog oder im Kampf, das gemeinsame Freizeitvergnügen im Kino oder im
Bergurlaub. Nach dieser Auffassung gibt es – bis hin zu Geburt und Tod –
nichts, was nicht kulturell beeinflusst und geformt ist.

Am anderen Ende der Skala möglicher Auffassungen steht ein sehr viel
engerer Begriff von Kultur, der nur bestimmte Segmente, nämlich die ästhetischen Felder Kunst, Musik, Literatur, Theater, Tanz und Film, in den Blick
nimmt. Er begegnet einem z.B. im Diskurs über kulturelle Bildung (vgl.
FUCHS 2006). Dieser Kulturbegriff ist traditionell verbunden mit einer nor-

mativen Unterscheidung von „hoher" und „niederer" (oder „populärer") Kultur; und auch wenn sich diese Unterscheidungen im ästhetisch-kulturellen Leben mehr und mehr auflösen, bleibt doch der Diskurs über die ästhetischen Praxen von Kindern und Jugendlichen immer wieder an Bildungserwartungen geknüpft: Man erlebt dies beispielsweise in den Debatten über „pädagogisch wertvolle" Kinderbücher oder Fernsehsendungen oder über die Verwendung von Schablonen im Kindergarten (vgl. DIETRICH 2010).

Der im Folgenden verwendete Kulturbegriff liegt zwischen den oben beschriebenen Auffassungen. Den ethnologischen Kulturbegriff grenzen wir ein auf solche kulturellen Tätigkeiten, die sich mit bestimmten Dingen oder Themen, nicht aber mit sozialen Ordnungen generell, beschäftigen. Damit gehen wir auf die **Sachhaltigkeit kindlicher Beschäftigungen** und Freizeitgestaltungen ein. Es ist nicht beliebig, mit welchen Gegenständen und in welchen Medien sich Freunde, Peers, Klassenkameradinnen und -kameraden miteinander beschäftigen, denn über die Sache werden gemeinsam geteilte Bedeutungen hergestellt, die wiederum die soziale Beziehung beeinflussen. So besteht ein Unterschied zwischen einer Freundschaft, die sich im Wesentlichen auf dem Fußballfeld ereignet und einer solchen, die über Jahre das gemeinsame Legospiel „kultiviert". Den engeren, auf ästhetische Praxen fokussierten Kulturbegriff erweitern wir dabei. In Übereinstimmung mit einer Vielzahl von Studien aus der Kindheitsforschung kann man sich vorerst mit folgender Kurzformel helfen: Als kulturelle Praxen untersucht man vornehmlich solche Tätigkeiten, denen (Schul-)Kinder in ihrer Freizeit nachgehen (vgl. BÜCHNER/FUHS 1994).

Generell stehen die kulturellen Praxen der Kinder jedoch niemals isoliert von der Kultur der Erwachsenen. Die Kultur der Kinder ist eng verflochten mit einem unschätzbar großen kulturellen Segment, das sich ausschließlich der Herstellung und Vermarktung einer Kultur für Kinder widmet: Das geht vom Kinderkonzert bis zur Harry-Potter-Bettwäsche, von der Spiel-(zeug)industrie bis zur Lesenacht in der Stadtbibliothek. In dieser für Kinder erzeugten Kultur sind pädagogische, emanzipatorische und Marktinteressen unauflösbar miteinander verflochten (vgl. DIETRICH 2008; HENGST 2001). Insofern steht die Beschäftigung mit den kulturellen Praxen der Kinder in einem Spannungsfeld zwischen dem Anliegen, die Eigengesetzlichkeit kindlichen Handelns zu rekonstruieren und dem Wissen um vielfältige, oft widersprüchliche Einflüsse der Kultur der Erwachsenen.

9.1 Kindliche Freizeit im Wandel

Mit der Thematisierung kultureller Praxen von Kindern reagiert die Forschung auf eine Entwicklung moderner Kindheit, die einerseits durch die eigenständige Organisation von freier Zeit, andererseits aber auch durch eine Pädagogisierung dieser freien Zeit charakterisiert ist (vgl. oben: Terminkindheit). Während man früher in der Erziehungswissenschaft Kindheit und Erziehung mehrheitlich als ein allmähliches Hineinwachsen in die kulturell-symbolischen Ordnungen der Erwachsenwelt auffasste, d.h. das Umgehenlernen mit kulturellen Objektivationen – z.B. Bücher, Musik, Architektur, Institutionen oder Gesetze – sowie das „Einsozialisieren" in die kulturellen

Muster, rücken mit der neueren Kindheitsforschung stärker die eigensinnigen kulturellen Praxen der Kinder in den Blick. Büchner/Fuhs (1994) haben die Nachmittagsaktivitäten von neun- bis 14-jährigen Kindern untersucht. Ihre Fragen lauteten:

„Wie gestalten Kinder als aktiv Handelnde ihr Leben – insbesondere in ihrer schulfreien Zeit? [...] Was machen sie aus den ihnen zur Verfügung stehenden Möglichkeiten und welches sind ihre spezifischen Ausdrucksformen, die ihrem Leben, dem Kinderleben, Profil verleihen?" (ebd., S. 65/66)

Die Autoren verstehen kinderkulturelle Praxen als eine Art „Übersetzung von Lebenslagen und Lebensweisen" in die jeweiligen Freizeitaktivitäten. Sie interessieren sich dabei weniger für das konkrete Kind als vielmehr für Kinder als Repräsentanten eines bestimmten Modernisierungsgrades von Kindheit und unterscheiden zwischen drei Typen gleichzeitig zu findender „Kindheitsmuster".

Hochmodern – individualisierte kulturelle Praktiken

1. In einer hochmodernisierten Kindheit verfolgen die Kinder in ihrer freien Zeit viele verschiedene Interessen: entweder sportliche oder kulturell-musische wie Musikunterricht, Ballett, Theater-AG, Bibliotheksbesuche, oft auch beides. Andere Aktivitäten beziehen sich auf Natur und Naturschutz, den Umgang mit Tieren oder die Teilnahme an religiösen oder kirchlich gebundenen Gruppen. Diese Kinder haben die wöchentlich höchste Termindichte (3–5 Termine). Neben den geplanten Freizeitaktivitäten verfolgen sie auch informelle Interessen wie z.B. Kinobesuche, Fernsehen und Computerspiele, mit Freunden „unterwegs sein". Zu diesem Typus gehören signifikant häufiger Mädchen aus in städtischen Räumen lebenden Mittelschichten. Diese Kinder nutzen viele institutionelle Angebote in Vereinen und musisch-kulturellen Einrichtungen. Von ihren Eltern werden sie für ihr breites Aktivitätsspektrum von gemeinschaftlichen Aktivitäten und Aufgaben entbunden, was sich z.B. in ihren geringen Verpflichtungen zur Mithilfe im Haushalt zeigt (vgl. ebd., S. 89).

Traditionale kulturelle Praktiken

2. Im Kontrast zu der hochmodernen Kindheit gibt es aber ebenso eine traditionale Kindheit, deren kulturellen Praxen einem anderen Skript folgen. Die Kinder kommen mehrheitlich aus einer weniger gebildeten Schicht, leben eher in dörflichen oder kleinstädtischen Gegenden und verbringen ihre Freizeit quartiers- und familienorientierter. Hinsichtlich der Nutzung institutionalisierter Freizeitangebote sind sie mit wöchentlich höchstens drei festen Terminen deutlich weniger „ausgebucht", zeigen aber ein großes Spektrum informeller kultureller Praktiken wie spielen (drinnen und draußen), basteln, „rumstreifen", fernsehen etc. Während hochmoderne Kinder und ihre Eltern zwischen „sinnvoll verbrachter" und „vertaner" freier Zeit unterscheiden, ist diese Unterscheidung für traditional aufwachsende Kinder weniger wichtig. Für sie ist Freizeit eher das Gegengewicht zur schulischen Welt, dagegen ist die Freizeit der hochmodernen Kinder mehr von bildungsinteressierten Zusatzangeboten zur schulischen Bildung geprägt.

Teilmoderne kulturelle Praktiken

3. Schließlich fanden die Forscher einen dritten Typus teilmoderner Kindheit, den man als einen Mischtypus verstehen kann. In vielen Familien liegen hochmoderne und traditionale Überzeugungen der Eltern dicht

beieinander. Einerseits wünschen sich die Eltern eine vielseitige Freizeitgestaltung für ihre Kinder und verwirklichen dies, soweit es ihnen möglich ist, andererseits sehen sie die damit verbundene Termingebundenheit, die Tendenzen zur Zersplitterung des sozialen Umfeldes und die Leistungsorientierung z.B. im Sport durchaus skeptisch und fördern ebenso eine nicht-organisierte und quartiersgebundene Freizeitgestaltung der Kinder.

Der strukturelle Blick auf die kulturellen Aktivitäten der Kinder und deren Verdichtung zu verschiedenen Graden von Modernität sagt aber noch nichts über die Bedeutung der Inhalte und Themen. Daneben gibt es eine ganze Reihe von Forschungen, die die einzelnen Interessenbereiche von Kindern näher untersuchen. Wir wollen uns im Folgenden drei Beispielen solcher Forschung zuwenden: dem Spiel der Kinder, ihren ästhetischen Praxen sowie ihrer Mediennutzung. Dies soll überwiegend exemplarisch geschehen. Dabei bleiben notwendigerweise viele andere Felder kinderkultureller Praxen wie etwa Sport und Bewegung, Religion oder der Umgang mit Natur und Tieren (vgl. GEBAUER/GEBHARD 2005) unbehandelt.

9.2 Spiele der Kinder

Zu spielen ist ohne Zweifel die für jüngere Kinder zentrale Tätigkeit, in welcher sie ihre Welt erkunden, Erlebnisse und Erfahrungen verarbeiten und Beziehungen realisieren. Kinder spielen miteinander, aber auch mit ihren Eltern; sie spielen freie, ungebundene Symbol- und Rollenspiele, wie auch Spiele, die nach festen Regeln ablaufen. Schon die allerkleinsten Kinder spielen mit Gegenständen, mit ihren Händen und Füßen. Weil es dichte Beziehungen zwischen Spielen und Lernen gibt, sind Erwachsene an den Spielen der Kinder stark interessiert – in Schule und Kindergarten inszenieren sie „Lernspiele", im Privaten unterscheiden sie zwischen guten und schlechten Spielen (z.B. Kriegsspiele, Computerspiele, s.u.). Entsprechend der immensen Bedeutung des Spiels für das kindliche Leben und Erleben, widmet sich innerhalb der Erziehungswissenschaft und einiger Nachbardisziplinen ein eigenes großes Forschungsgebiet dem Kinderspiel. Entsprechende Forschungsansätze arbeiten mit recht unterschiedlichen theoretischen Hintergründen: psychoanalytisch, interaktionistisch (vgl. Kap. 8, das Friseurspiel), kognitivistisch oder phänomenologisch (vgl. Kap. 10.1.), um nur einige zu nennen (vgl. FLITNER 1988; SCHEUERL 1997).

Wenn uns das Spiel hier als eine kulturelle Praxis interessiert, so greifen wir zunächst auf ein kulturwissenschaftliches Verständnis zurück. Darin wird betont, dass Spiele sich nicht unabhängig von der Kultur, in der sie auftreten, entfalten:

„Spiele enthalten Ordnungsprinzipien aus der Erfahrungswelt, aus der ersten Welt, auf die sie, als eine zweite Welt, Bezug nehmen. In ihnen zeigt sich die Art und Weise, wie sich die jeweilige Kultur organisiert." (GEBAUER/WULF 1998, S. 188)

Die Spiele einer Kultur verstehen Gebauer und Wulf als „praktische Interpretationen der Welt" (ebd., S. 207), in denen sich die Spielenden über das Selbstverständnis ihres Zusammenlebens verständigen. Das geschieht allerdings in einer Form, die sich durch den unernsten Modus des „als-ob", durch Selbstzweckhaftigkeit und Freiheit der Bewegungen von der ersten Welt, auf die sie Bezug nimmt, immer auch distanziert verhält. Im Spiel wird daher die Wirklichkeit nicht einfach nachgeahmt, sondern sie wird auch kommentiert, befragt, verschoben, ihre sinnlichen Seiten werden dargestellt und wiederum bespielt. Spiel ist immer auch ein körperliches Geschehen, in dem die Körper der Mitspielenden ihre eigene Dynamik entfalten.

GoGo-Spiel als kinderkulturelle Praxis

Anja Tervooren hat ein Pausenspiel in einer Berliner Grundschule untersucht (TERVOOREN 2001).

In einer ethnografischen Beobachtung fokussierte sie das GoGo-Spiel, in welchem Kinder kleine Spielfiguren (GoGos, siehe Abbildung) gewinnen oder verlieren können. Mehrere Kinder finden sich zusammen, stellen je eine ihrer Figuren vor eine Wand und versuchen dann reihum, sie mit einer anderen Figur abzuwerfen. Die getroffenen Figuren gehören demjenigen, der sie abgeworfen hat. Auf diese Weise wechseln in jeder Pause viele der kleinen Figuren ihre Besitzer. In der Praxis des GoGo-Spiels geht es zum einen um den jeweilig konkreten Spielverlauf, zum anderen aber auch – ähnlich wie beim kulturellen Ereignis „Fußball" – um eine komplexe Rahmung des konkreten Spiels, nämlich um Besitz, Tausch, auch Diebstahl von Figuren ebenso wie um prominente und weniger prominente Orte des Spiels, um die Rolle der Zuschauer usw.

Gegenstand der Untersuchung waren nun die Rekonstruktion des Spiels sowie seine Interpretation als eine Aufführung kinderkultureller Praxis: Wie kommen die Kinder zum Spiel zusammen? Wie entscheidet sich, wer mitspielen kann? Wie ist der Verlauf des Spieles organisiert, der Beginn und das Ende? Wie kommt man in diesem Spiel zu „Ansehen", wodurch verletzt man die Regeln? Welche Rolle spielt das Geschlecht?

Gemeinschaft als Fiktion von Egalität

Die Gemeinschaft der Spielenden entsteht – für jede Runde neu – durch eine genau festgelegte Reihenfolge von Bewegungsabläufen, rhythmisierten Gesten und Lauten. Jede und jeder, der diese Abläufe beherrscht, kann in das Spiel einsteigen. Damit folgt das Spiel einem egalitären Prinzip, das niemanden aufgrund von Antipathie, Alter, Geschlecht oder Leistung ausschließt. Über Sieg und Niederlage entscheidet im Verlaufe des Spiels zum einen die Wurfgeschicklichkeit, zum anderen aber auch der Zufall, denn die Wurfreihenfolge wird in einem Anfangsritual in jeder Runde ausgelost.

Minimieren der Bedeutung von Geschlecht

Die Tatsache, dass an diesem Spiel Mädchen und Jungen gleichermaßen beteiligt sind und das Geschlecht fast nie thematisiert wird, lässt das GoGo-Spiel als eine Kultur des „crossing" erscheinen, die durch ein selbstverständliches Miteinander von Jungen und Mädchen die Kategorie Geschlecht in den Hintergrund treten lässt (vgl. ebd., S. 240ff.).

Ansehen verschafft man sich in diesem Spiel vor allem über den Besitz von vielen Figuren, sofern diese durch Sieg erworben sind. Wer sich die Figuren am Kiosk einfach kauft, genießt weniger Respekt als ein Kind, das *Ansehen und* zwar wenige, aber dafür im Spiel errungene Figuren sein eigen nennt. Inso- *Erfolg sind nicht* fern werden hier auch Besitz und Besitzlosigkeit, Geschäftstüchtigkeit und *prädeterminiert* Tauschpraxis thematisch. Alle Differenzen zwischen den Kindern, die sonst ihren Alltag ordnen, aber auch dominieren – die Geschlechterdifferenz, die sprachlich-kulturelle Differenz, die Differenz im Leistungsniveau und die sozial-ökonomische Differenz – werden in den Rahmen des Spiels verscho- ben, in welchem andere, weniger komplizierte Sets aus Differenzen gelten, die vor allem auch veränderbar sind. Die Differenzen sind also nicht aufge- hoben – das wäre vielleicht das kulturelle Skript des Kreistanzes –, aber sie werden „praktisch interpretiert".

In den langen Schulvormittag schieben sich so kurze, intensive Phasen einer Spielsphäre, in der eine Fiktion von Anderssein gestaltet wird. Durch die Performanz der Spielkörper, welche die Kinder anders bewohnen als ih- ren Unterrichtskörper, sind die hier entworfenen Fiktionen aber auch sehr reale Distanzierungsbewegungen zur Schul- und Unterrichtswirklichkeit. Die Praxis des Spiels wird zu einer kulturellen Praxis, indem sie sich auf Themen und Kontexte außerhalb des Spiels bezieht. Das muss nicht in der Art eines „Andersseins" geschehen, es kann im Gegenteil auch in der Art des „Gleichseins", der mimetischen Annäherung an eine, vielleicht all zu ferne, Wirklichkeit erfolgen.

9.3 Ästhetische Praxen

Anders als die Spiele der Kinder scheinen die ästhetischen Praxen im enge- *Ästhetische Praxen* ren Sinne, also die malenden, musizierenden, literarischen Erfahrungen und *im kulturellen* Tätigkeiten, stärker an Vorgaben aus der ästhetischen Kultur der Erwachse- *Kontext* nen gebunden zu sein. Bevor das Kind ein Bild malt, ein Musikstück spielt, ein Lied singt oder eine Geschichte zur Aufführung bringt, muss es bereits einige Kulturtechniken erlernt haben: beispielsweise dass Zuschauer nicht auf die Bühne spazieren, dass eine Flöte kein Degen ist, dass die Bildfläche mit der Blattgrenze aufhört, aber auch, dass ein Lied in der Regel auf dem Grundton endet.

Für diese Lernprozesse steht ein gewaltiger Kulturapparat bereit: Neben den elementaren Vermittlungsformen in Kindergarten und Grundschule be- stellen musikalische Früherziehung, Kunst- und Malschulen, Museumspä- dagogik und Kindertheater das Feld der ästhetischen Propädeutik. Das Ziel dieser pädagogischen Bemühungen wird zweifach bestimmt: Zum einen geht es um die Befähigung der Kinder zu kultureller Teilhabe, zum anderen geht es um die Entwicklung der Fähigkeit, ästhetische Erfahrungen zu ma- chen (vgl. DIETRICH 2010). Ästhetische Erfahrungen werden deshalb als hoch bedeutsam angesehen, weil in ihnen auf eine nicht-diskursive Art, in Verbindung mit den Möglichkeitsräumen der eigenen Fantasie und in Kon- zentration auf die sinnliche Dimension der Erfahrung, eine spezifische Wei- se der Symbolbildung erfahren und erlernt werden kann. Zu diesen Spezifi- ka gehört das Nicht-Festgelegte der Symbolbildung: Man kann und muss nicht erklären, was eine vom Kind erfundene Melodie „bedeutet", dennoch weiß man, dass sie weder bedeutungslos noch beliebig ist. Ebenso wenig kann und muss man bestimmen, ob ein gemaltes Bild oder eine getanzte Bewegung „wahr" oder „falsch" ist. Zentral ist vielmehr der Entwurfscharakter, das Spiel mit Bedeutungen, das Probieren anderer Blicke, Hörweisen, Bewegungen und Verstehenszugänge.

Die symbolischen Ordnungen des Ästhetischen folgen den materiellen Besonderheiten von Farben und Stoffen, Klängen und Rhythmen, Formen und Bewegungen, nicht aber den Bedingungen einer sprachlich-diskursiven Logik. Da diese Ordnungen paradigmatisch in dem vorzufinden sind, was eine Gesellschaft unter Kunstwerken versteht, ist der klassische Blick auf die ästhetischen Praxen der Kinder ein an der Entwicklung der ästhetischen Fähigkeiten interessierter Blick: In welchen Schritten vollzieht sich das praktische, rezeptive und reflexive Vermögen, mit den vielen Möglichkeiten von Kunst umzugehen, die die Kultur bereitstellt und ständig weiterentwickelt und wie gelingt es dabei zugleich, in dieser Kultur heimisch zu werden?

Neue Forschungs-perspektive auf ästhetische Praxen von Kindern

Demgegenüber entwickelt sich erst allmählich auch eine Forschungsperspektive, in welcher die ästhetischen Praxen der Kinder auf eine Weise angeschaut werden, die nicht auf die Zukunft der späteren kompetenten Kulturteilnehmer blickt, sondern die Tätigkeiten und Produkte der Kinder als solche ernst nimmt. Dabei wird deutlich, dass Kinder zunächst keineswegs in den ästhetischen Sparten der etablierten Erwachsenenkultur denken und handeln, sondern auch in ganz anderen Bereichen eigene ästhetische Praxen verfolgen. Nimmt man als Ausgangspunkt die Forschungen zu ästhetischen Praxen der frühen Kindheit (vgl. SCHÄFER 1999; DUNCKER/LIEBER/NEUSS/ UHLIG 2010; BAUM/KUNZ 2007), so wird erkennbar, dass Kinder über die sensomotorische Auseinandersetzung mit den Dingen zunächst praktisch gestaltend auf vielfältigen Wegen Bedeutungen herstellen. Dabei sind sie – etwa wenn sie sich selbst beim Bau von Skulpturen aus Alltagsgegenständen mit Gesang begleiten, oder wenn sie beim Malen Geschichten zu ihren Bildern erzählen – häufig multimodal mit ihren Werken und mit ihrem Tun verflochten. Als ästhetische Praxen lassen sich all jene Tätigkeiten beschreiben, in denen die gestaltende Auseinandersetzung mit vor- oder aufgefundenem sinnlichen Material eine zentrale Rolle spielt. Dazu gehört das (klassische) Malen, Musizieren, Tanzen, das szenische Spiel, das Basteln, aber auch das Sammeln, das Schreiben und Geschichten erzählen, die Gestaltung des eigenen Zimmers, des eigenen Körpers und seiner Kleidung. Zu diesen Praxen liegen zwar eine Reihe von Einzelfallbeschreibungen und Interpretationen vor (z.B. NEUSS 1999; PEEZ 2007), umfangreiche Forschung aber, die viele Fälle bearbeitet und typisiert, ist rar.

Sammeln als ästhetische Praxis

Duncker (1999) hat Grundschulkinder zu ihrer Sammeltätigkeit befragt. Ihn interessierten die Themen und Sammelgebiete ebenso wie die Art und Weise, wie Kinder ihre Sammlungen ordnen und präsentieren und was sie über ihre Sammlungen wissen. Erstaunlich ist zunächst, dass fast alle Kinder irgendetwas sammeln, und dass die Präsentationsform eigentümlich ambivalent zwischen „geheimer Schatzkammer" und stolzer Darbietung schwankt. Die Objekte werden entweder sorgfältig in Alben geklebt (Sticker, Bilder, Zeitschriftenartikel etc.) oder in Schränke und Kisten sortiert (Figuren, Steine, Kronkorken etc.). Mit Blumenberg spricht Duncker von der „Lesbarkeit der Welt" und interpretiert die Sammeltätigkeit als einen

„vorliteralen Akt des [Auf-]Lesens, Erkennens und Schaffens von Bedeutungen, die ähnlich wie beim Lesen dem „Text" sowohl entnommen als auch in ihn hineingelegt werden" (ebd., S. 79).

Ähnlich wie das Sprechen aus dem Singsang der Ammensprache, aus der materiell-klanglichen Erlebens- und Verarbeitungsweise von Sprache und Stimme entsteht, ist auch der abstrakte Vorgang des Lesens auf die sinnlich-materielle Auseinandersetzung mit den Dingen bezogen. In der Tätigkeit des Sammelns, Ordnens, Präsentierens und Versteckens entfalten die Kinder so eine sinnlich-ästhetische Verbindung zu den Dingen, von der ausgehend sie sich eine Ordnung schaffen, die dann wiederum Gegenstand von Interaktionen mit den Peers ist. Zur kulturellen Praxis des Sammelns gehören auch die Tätigkeiten des (Aus-)Tauschens, des Spielens, des Fachgesprächs.

Zu den im kindlichen Alltag wichtigsten ästhetischen Feldern – Musik und Bild – liegt, ähnlich wie beim Spiel, eine Vielzahl von Forschungen vor. Bereits in den 1990er Jahren hat die Gruppe um Mollenhauer einen Korpus von ca. 600 Kinderbildern und 400 musikalischen Improvisationen von acht- bis zwölfjährigen Kindern unter der Fragestellung ausgewertet, welche besonderen ästhetischen Erfahrungen die Kinder im Malen und Musizieren machen (vgl. MOLLENHAUER u. a. 1996). Ihnen kam es darauf an zu zeigen, dass die ästhetische Erfahrung der Kinder eine eigene Qualität besitzt, die aus der unmittelbaren Auseinandersetzung mit dem Material, mit Form- und Gestaltungsfragen sowie mit Wahrnehmungsoperation entsteht. Dagegen würde man aus therapeutischer, diagnostischer oder entwicklungspsychologischer Perspektive das ästhetische Produkt vor allem auf den bisherigen Erfahrungsgehalt des Kindes bezüglich seiner Alltagserfahrungen beziehen. Mollenhauer kam dabei u. a. zu dem Ergebnis, dass Kinder in ihren Stücken und Bildern eigene Stile bilden, in denen sie das bildnerische und musikalische Material formen und dadurch auch zur kulturellen Mitteilungsgeste werden lassen. Kinderbilder und kindliche Instrumentalstücke verweisen in ihren Ähnlichkeiten auf das Bedürfnis, sich in diesen Sprachen verständlich zu machen, sich zugleich aber auch ein hohes Maß an individueller Gestaltung zu ermöglichen (vgl. ebd., S. 123 ff.). Die ästhetischen Praxen sind nicht nur für das einzelne Kind bedeutsam, sondern in ihrer kollektiven Formensprache auch für einen kulturellen, intersubjektiven Austausch. Die Abbildungen 7 und 8 zeigen zwei der (insgesamt 7) häufig gefundenen Bildstile: In Abbildung 7 ist das Bild nach dem Organisationsprinzip eines schweifenden Panoramablicks gemalt, in Abbildung 8 hingegen rückt das gemalte Objekt ganz nah an den Betrachter heran. Im ersten Fall fehlt ein fixer Betrachterstandpunkt, der Blick wandert, ohne zu fi-

Musikalisches und bildnerisches Gestalten

Abb. 7: Quelle: Mollenhauer u. a. 1996

Abb. 8: Quelle: Mollenhauer u. a. 1996

xieren oder zu zentrieren, über die Bildlandschaft, die gemalten Gegenstände wirken fern. Im anderen Fall konzentriert sich der Blick auf einen einzigen Gegenstand, der dem Betrachter dicht „auf den Leib" rückt. Die Kinder bringen hier je unterschiedliche Blickweisen ins Bild: Sie zeigen damit sich und den anderen, wie sie mit Phänomenen von Nähe und Distanz umgehen, wie sie den eigenen Standpunkt variieren und Blickrichtungen organisieren, jedenfalls im Bild.

Kindlich-ästhetische Praxen lesen, interpretieren und formen die Welt und die Erfahrungen mit dieser Welt auf eine Weise, die in engem Kontakt zu den Dingen und Stoffen steht und sie bringen dabei neue Erfahrungsweisen hervor. Sie gestalten weniger Ideen (im Sinn von geistigen Gehalten) als vielmehr sinnliche Eindrücke, die ihnen von dem Material aufgegeben sind. Ideen zu den Produkten entstehen im Tun, oft auch erst im Gespräch. Die kindliche Gestaltungsweise entspricht eher einer Improvisation als einer durchgeplanten Komposition. Häufig geht es um ein fantasievolles Fortspinnen des Gegebenen, sei es sprachlich, musikalisch, bastelnd oder malend (vgl. DIETRICH 1998; SACK 1999; NEUSS 1999). Man kann nicht bei allen von den Kindern gestalteten Dingen erkennen, „was" es bedeuten soll, womit sich das Kind auseinandersetzt. Was für gegenständliche Bilder, noch mehr für Geschichten, szenisches Spiel oder Witze von Kindern noch möglich und sinnvoll erscheint, wird für musikalische oder Tanzerfindungen beinahe unmöglich. Im Geflecht von Sinnlichkeit, Dinglichkeit und Improvisation experimentieren die Kinder mit Symbolisierungsvorgängen, indem sie ihre Werke und Tätigkeiten probehalber immer wieder mehr oder minder dicht an kulturelle Bestände anschließen.

9.4 Medien

Im Bereich der Medien fragt die Kindheitsforschung schon seit längerer Zeit intensiv nach Interessen und der Aneignungspraxis durch Kinder. Das hängt damit zusammen, dass besonders der Bereich der neueren audiovisuellen Medien, das Fernsehen und die Computer(-spiele), einerseits von den Kindern sehr stark nachgefragt sind, andererseits von den Erwachsenen hoch ambivalent beurteilt werden. Immer wieder ist in Debatten von den (schädlichen) Wirkungen der medialen Berieselung die Rede, denen Kinder ungeschützt ausgesetzt sind (vgl. RITTELMEYER 2007). Bis in die späten 1980er Jahre herrschte auch in der Erziehungswissenschaft ein Bild von Medien konsumierenden Kindern vor, die als

„Opfer einer übermächtigen Technologie, als passive Rezipienten, die sich willen- und hilflos im Mediennetz verfangen, […] sich im Dschungel der Unterhaltung verirren […] unfähig, zwischen Realität und Fiktion zu unterscheiden" (Rohlfs 2006, S. 64).

Erst mit der Verbreitung der neueren Kindheitsforschung etabliert sich seit Beginn der 1990er Jahre die Einsicht, dass Kinder und Jugendliche die Inhalte der Medien nicht einfach passiv konsumieren, sondern dass sie sie durchaus aktiv auswählen und verarbeiten (vgl. Paus-Haase 1998; Rohlfs 2006). Die Forschung richtete sich seitdem stark auf die Frage, wie sich Kinder die neuen Medien aneignen, was sie daran interessiert und wie sie mit der Differenz von Fiktion und Wirklichkeit (z.B. in Hinsicht auf Gewalthandlungen) umgehen.

Verschiedene Einstellungen zu Computerspielen

Differenziert fragt man danach, wie Video- und Computerspiele in die Freizeit von Kindern eingebettet sind. Fromme u.a. haben dazu eine große repräsentative Stichprobe von acht- bis 14-jährigen Kindern befragt (vgl. Fromme u.a. 2000). Dabei wollten sie die Annahme überprüfen, ob Kinder und Erwachsene sich mit ähnlichen oder unterschiedlichen Einstellungen den neuen Medien zuwenden. Zum Beispiel erwarten Eltern und Lehrer von der Mediennutzung eher eine Lernhilfe und einen Lernzuwachs, also eine „sinnvolle" Freizeitgestaltung bzw. ein sinnvolles Lernmedium für die Schulen, wohingegen Kinder eher an Spiel und Unterhaltung interessiert sind, wenn sie sich an den Computer setzen. Aus pädagogischer Sicht kann diese unterschiedliche kulturelle Zuschreibung des Computers – Arbeitsmittel für Erwachsene, Spielmittel für Kinder und Jugendliche – Konflikte, die in Schule und Elternhaus um das Medium herum auftreten, zumindest erklären helfen.

Gefahren der Computerspiele?

Eine weitere Hypothese lautet, dass der Computer vor allem für Jungen inzwischen zum wichtigsten Gegenstand der Freizeitgestaltung geworden ist, wobei neben der Gefahr der „falschen" Inhalte auch die der Vereinsamung bestehe. Diese populäre Meinung muss allerdings mit Hilfe der Forschungsergebnisse relativiert werden. Setzt man das Computerspiel nämlich in Relation zu anderen Beschäftigungsarten der Jungen und fragt zudem nach den Spielanlässen, so wird deutlich dass die allermeisten Kinder eher aus Langeweile (dies bejahten 83% der Mädchen und Jungen) mit einem Computerspiel beginnen, dass sie aber andere Spiele bevorzugen, wenn sie dazu die geeigneten Spielpartner haben. Außerdem werden viele Computerspiele auch zu zweit oder mit mehreren gespielt, so dass sich das Aufsuchen von Freunden und das Spiel am PC keinesfalls ausschließen.

„Bestätigt wird somit die These, dass diese Medien aus der Sicht der Kinder keine besonders bedeutsamen Elemente der Freizeitgestaltung bzw. der Kinderkultur sind sondern eher als „Medien zweiter Wahl" angesehen werden müssen. Dies gilt jedenfalls für die Mehrzahl der Kinder." (Fromme 2000, S. 142)

Zu ähnlichen Ergebnissen kommt Rohlfs (2006) in einer qualitativen Studie, in der er die Fernsehgewohnheiten von Kindern untersucht hat. Auch er stellte fest, dass bei der Mehrzahl der Kinder der Fernsehkonsum von der Anzahl alternativer Angebote abhängt. So äußert etwa Laura:

„Wenn ich nix zu tun hab, wenn Freunde keine Zeit haben zum Verabreden, dann setz ich mich auch schon mal vor den Fernseher. […] An nem Sonntag, da ist mir langweilig, und dann steh ich auf und sitze erst mal den Sonntag hier und guck Fernsehen und langweile mich." (ebd., S. 51).

Zusätzlich wird in der Untersuchung deutlich, dass das Fernsehen keine kulturelle Praxis der Kinder ist, die von anderen Bereichen noch eindeutig zu trennen ist. Vielmehr sind Fernsehsendungen sowohl wichtiger Gesprächsstoff in Schulen und Familien, als auch bieten sie vielfach Anregungen zum Rollen- und Symbolspiel, zur Identifizierung mit den Figuren, zum Verfremden, Ausgestalten, Weiterentwickeln. Fernsehen und Computer sind aus Sicht der Kinder ein selbstverständlicher Bestandteil ihres kulturellen Lebens, über das sie mit Freunden, Familienmitgliedern und Peers in vielfältiger Weise kommunizieren und so Bedeutungen aushandeln. Sie gehen damit umso problemloser um, je gesättigter von stabilen Beziehungen, anderen Anregungen und Deutungsangeboten ihr sonstiges Lebensumfeld ist. Dass es daneben auch eine quantitativ kleinere Gruppe von Kindern gibt, die diese kulturellen Kompetenzen im Umgang mit Medien nicht erwerben können, die trotz oder gerade wegen ihres intensiven Mediengebrauchs von der gemeinsamen kulturellen Praxis der Mediennutzung ausgeschlossen bleibt, ist damit keineswegs bestritten.

Was Sie wissen sollten, wenn Sie Kapitel 9 gelesen haben:

Sie sollten in der Lage sein,
- verschiedene Begriffe von „Kultur" zu erläutern. Inwiefern kann man von kindlich-kulturellen Praxen sprechen angesichts der starken Einbindung von Kindern in die institutionalisierten kulturellen Praxen, die Erwachsene für Kinder organisieren (in Schulen, Vereinen, außerschulischen Kulturangeboten)?
- eine möglichst dichte Beschreibung eines Ihnen bekannten Kinderspiels anzufertigen und dieses als eine kulturelle Praxis im oben dargestellten Sinn zu interpretieren.
- den Begriff der ästhetischen Erfahrung zu erläutern.
- den Wechsel in der Medienforschung zwischen den 1980er und 1990er Jahren zu diskutieren. Können Sie sich an Ihre eigene Medienerziehung in Elternhaus und Schule erinnern?

Weiterführende Literatur zu Kapitel 9

FROMME, JOHANNES/KOMMER, SVEN/MANSEL, JÜRGEN/TREUMANN, KLAUS-PETER (Hrsg.) (1999): **Selbstsozialisation, Kinderkultur und Mediennutzung.** (Tagungsband; ausführliche Auseinandersetzung mit dem Zusammenhang von neuen Medien und ihrer eigenständigen Nutzung durch Kinder.)

NEUSS, NORBERT (Hrsg.) (1999): **Ästhetik der Kinder. Interdisziplinäre Beiträge zur ästhetischen Erfahrung von Kindern.** (Interessante und lesenswerte Sammlung verschiedener Forschungsbeispiele zu ästhetischen Praxen von Kindern, auch jenseits eines engen Kulturbegriffs.)

SCHEUERL, HANS (Hrsg.) (1997): **Das Spiel. Theorien des Spiels**. (Klassische Textsammlung von wichtigen Theorien zum Kinderspiel und Spiel sehr unterschiedlicher Provenienz.)

10 Kindheit in pädagogischen Institutionen

Kinder verbringen immer mehr Lebenszeit in pädagogischen Institutionen (s. Kapitel 8). Kindergarten und Schule sind zentrale Treffpunkte für Kinder geworden. Wir sprechen von einer zunehmenden Institutionalisierung von Kindheit und interessieren uns für diesen Prozess als Forschungsfeld der Kindheitsforschung. Der Begriff „Pädagogische Institution" wird unterschiedlich definiert. Problematisch ist zum einen die Unterscheidung von Institution und Organisation und zum anderen der Anspruch, das allen pädagogischen Institutionen Gemeinsame herauszuarbeiten. Denn pädagogische Institutionen, zu denen Familie, Kindergarten, Schule, Hort, aber auch Einrichtungen der Erwachsenenbildung und der Beratung gehören, unterscheiden sich erheblich hinsichtlich der Aufgabenstellung, die sie zu erfüllen haben, hinsichtlich des Professionalisierungsgrades ihres Personals sowie hinsichtlich der Formalisierung der Beziehungen (vgl. MERTENS 2006). Ihr Zweck muss auch nicht ausschließlich pädagogisch sein, wie am Beispiel der Familie evident ist.

Institutionalisierung von Kindheit

Wir konzentrieren uns hier auf zwei pädagogische Institutionen, die das Alltagsleben von Kindern wesentlich prägen und anhand derer sich Gemeinsamkeiten und Unterschiede aufzeigen lassen: Kindergarten und Grundschule.

Kindergarten und Grundschule weisen die Merkmale auf, die für pädagogische Institutionen typisch sind:
1. Es gibt einen klaren Adressatenbezug.
2. Bildung, Erziehung und Lernen sind zentrale Aufgaben.
3. Die Aufgaben werden von professionell geschultem pädagogischen Personal ausgeführt.

Merkmale pädagogischer Institutionen

Kindergarten und Grundschule sind für uns Orte der Institutionalisierung von Kindheit, an denen wir die Auswirkung dieses Prozesses sowohl auf das Alltagsleben von Kindern als auch auf unseren Begriff von Kindheit untersu-

Abb. 9: Wirst Du mir wohl mal Nutzen bringen, Kleiner. (1971/72) Peter Tillberg.
© VG Bild Kunst Bonn 2010. Aus: SCHIFFELER/WINKLER 1999[6]

chen können. So hat beispielsweise die Scholarisierung maßgeblich das moderne Kindheitskonzept mitgeprägt (s. Kapitel 2). Von Interesse sind die Alltagspraktiken der jeweiligen institutionellen Rahmung sowie die Sicht der Akteure, insbesondere die der Kinder. Eine konstitutive Frage für Kindergarten und Schule ist die nach den Möglichkeiten des Kindseins innerhalb dieser Institutionen, die ja von formalisierten Beziehungen sowie von gesellschaftlichen Funktionen und Erwartungen bestimmt sind.

Möglichkeiten des Kindseins innerhalb der Institution

Inwieweit ist ein Kind in der Schule nur Schüler oder kann es auch Kind sein? Inwieweit erlauben die aktuellen Tendenzen im Elementarbereich noch ein kindgemäßes Aufwachsen, eine „unbelastete Spielkindheit"?

Spätestens seit der Reformpädagogik wird der Verdacht formuliert, dass mit der Institutionalisierung von Kindheit eine Standardisierung einhergehe, dass damit ein Verlust der „Natur des Kindes" verbunden sein könnte. Formuliert wird gleichzeitig die Hoffnung, mit einer „Pädagogik vom Kinde aus" den Schonraum Kindheit bewahren und die kindlichen Potenziale kindgemäß zur Entfaltung bringen zu können.

- Welche Gefühle löst dieses Bild von Peter Tillberg bei Ihnen aus?
- Wie wirken Raumausstattung und Sitzordnung in diesem modernen Klassenzimmer von 1971 zusammen?
- Diskutieren Sie, inwiefern Kindergarten und Schule Kindheit normieren und standardisieren. Gibt es vielleicht einen Unterschied zwischen beiden Institutionen?
- Wie sehen Sie das Spannungsfeld von Kindsein und institutioneller Rahmung? Wie müssten Kindergarten und Grundschule aus Ihrer Sicht gestaltet sein, um Kindern gerecht zu werden?

Im Folgenden richten wir unseren Blick getrennt auf beide Institutionen und diskutieren am Beispiel der Übergänge Kontinuitäten und Diskontinuitäten der Institutionalisierung des kindlichen Lebenslaufs.

10.1 Kinder in Krippe und Kindertagesstätte

Krippe und Kindergarten sind neben der Familie die zentralen Lebensräume für junge Kinder, in denen sie in einer Gruppe von Gleichaltrigen in einem professionell gestalteten Bildungsraum ohne ihre Eltern neue Beziehungen knüpfen und neue Erfahrungsmöglichkeiten, Fähigkeiten und Sichtweisen entwickeln und erobern können.

Funktionen des Kindergartens

Die Entwicklung öffentlicher, institutioneller Betreuungsformen für Kinder unter sechs Jahren stand seit ihrer Entstehung vor 200 Jahren vor allem unter dem Motiv der Sicherung der Erwerbstätigkeit für die Mütter. Mit § 22 des KJHG von 1990 rückten „Bildung, Erziehung und Betreuung" des Kindes stärker in den Blick. Der quantitative Ausbau des Kindergartens, und in neuerer Zeit auch des Krippenbereichs als Folge des politisch durchgesetzten Rechtsanspruchs, ist auch heute im Kontext ökonomischer Motive zu sehen. Die wissenschaftliche Diskussion seit den 1990er Jahren rückt den Qualitäts- und Bildungsaspekt stärker in den Fokus. Bildungspläne sind entstanden: Die Kita als Lern- und Bildungsraum soll nach der PISA-Misere Chancen für alle Kinder eröffnen.

Als Gegenstand von Kindheitsforschung war dieser Sektor lange Zeit vernachlässigt. Hier sollen anhand von Studien beispielhaft zwei wichtige Themen angesprochen werden: Kita und Krippe als Sozial- und als Bildungsraum.

Krippe und Kindertagesstätte als sozialer Raum

Michael Sebastian Honig u. a. interessieren sich in ihrer Trierer Kindergartenstudie für die Art und Weise, wie im Kindergarten soziale Ordnungen hergestellt werden. Ihre Studie ist auch ein Beitrag zur Qualitätsforschung, indem Qualität nicht mehr normativ durch vorab definierte Kriterien bestimmt wird, sondern jeweils in konkreten Situationen relational erzeugt wird.

Trierer Kindergartenstudie

„Statt zu fragen: Leistet Pädagogik, was sie verspricht (oder was sie leisten soll) muss die Frage lauten: Wie bewirkt Pädagogik, was sie leistet?" (HONIG 2004, S. 27)

Zur Beantwortung dieser Frage werden u. a. Alltagspraxen über ethnographische Beobachtungen sichtbar gemacht (vgl. HONIG u. a. 2004). Diese Beobachtungen werden über einen Zeitraum von bis zu 18 Monaten in einem ausgewählten Kindergarten regelmäßig durchgeführt. Weitere Teile der Studie, die hier nicht thematisiert werden können, sind Befragungen von Fachkräften und Eltern zum Qualitätsbegriff. Kindheitsforschung wird hier verstanden als „Rekonstruktion" performativer Konstrukte. Die sozialen Praktiken der Kinder und ihre Ordnungen werden in ihrem Bezug auf die Ordnungen der Erwachsenen analysiert, da diese Differenz konstitutiv ist.

Herstellung sozialer Ordnungen

Dieser Fokus zieht sich durch die Analyse der Beobachtungen von Szenen aus dem Kindergartenalltag. Kinder beginnen ein Spiel, nutzen die Dinge und Materialien, die der Kindergarten bietet, aber die Analyse fragt nicht nach ihren Bildungsprozessen, sondern zeigt beispielsweise auf, wie Erzieherinnen darauf bedacht sind, Kinder gleichmäßig auf die Räume zu verteilen, wie sie die Kinder dazu bringen, Dinge nicht zu verschleppen, am Ende aufzuräumen und ihr Spiel so auszurichten, dass es der angedachten Raumnutzung entspricht. Auch die Kinder selbst haben diese Ordnungen bereits verinnerlicht, wenn etwa ein Mädchen sich beschwert, dass zwei Kinder in der Puppenecke Krankenhaus spielen. Dieses Spiel gehört jedoch in den Arztraum, der Teil des Theaterraumes ist, nicht aber in die Puppenecke (vgl. SCHMIDT 2004, S. 177). Erzieherinnen setzen das Paradigma des selbständigen Agierens und freien Spielens im offenen Kindergarten um, indem sie Räume zur Verfügung stellen und selbst wie „Schiedsrichter beim Tennis" von einer Außenposition darüber wachen, dass die für die Organisation notwendigen Regeln auch eingehalten werden (vgl. SCHMIDT 2004, S. 163). Der Kindergarten wird hier in seiner sozialen Ordnung rekonstruiert. Die Kinder erzeugen diese Sozialität, indem sie die Räume angemessen nutzen oder indem sie sich am Maltisch über die gemalten Themen austauschen. Die Vorstellungen der Erzieherinnen haben zentralen Einfluss auf die Tätigkeiten der Kinder, beispielsweise wenn sie die Kinder dazu auffordern, Bilder „fertig" zu malen, auf denen noch freier Platz ist. Außerdem sammeln sie die Bilder in Sammelmappen und Schubladen als „Diagnoseinstrumente" (BOLLIG 2004, S. 208) und sortieren dabei die Zeichnungen aus, die in ihren Augen zu wenig komplex sind oder einfach dem zugrunde gelegten normierten Entwicklungsstand nicht entsprechen. Jegliche Form kindlicher Sozialität ist konstitutiv auf die soziale Ordnung der Erwachsenen bezogen, die über diese Praktiken performativ erzeugt wird.

Studie zur Sozialität   Einen anderen Fokus wählt Susanne Viernickel, wenn sie in ihrer Studie Kinder aus elf Einrichtungen auswählt und diese jeweils zweimal videografisch beobachtet (vgl. VIERNICKEL 2000). Ihre Analyse bezieht sich vordringlich auf die videografierten Szenen. Sie arbeitet in den Interaktionen der Zweijährigen die von ihnen geteilten Bedeutungen heraus. Diese beschreibt und operationalisiert sie und fasst sie in den Kategorien „Spiel – Socialicing (Gemeinsamkeit herstellen, z.B. durch Lächeln) und Auseinandersetzung" zusammen. Sie beschreibt Inhalte, Prozesse und Beziehungsabhängigkeit von Interaktionen und Interaktionsmustern und arbeitet die Vielfalt der auch in Interaktionen wechselnden Bedeutungen heraus. Diese Herangehensweise führt zur Beschreibung des Typischen, das messbar ist.

Konflikte unter Kindern   Auch in der Beobachtungsstudie „Wenn Kinder in Konflikt geraten" werden Interaktionen von Kindern videografiert (vgl. DITTRICH u.a. 2001). Hier wird ausführlich an einzelnen Beispielen herausgearbeitet, wie Kinder als Experten für Konfliktlösungen agieren. Dabei wird erkennbar, dass Kinder häufig – von Erzieherinnen unbemerkt – Lösungen in Auseinandersetzungen entwickeln. Wie bei Honig wird auch hier die Kultur der Peers in Abhängigkeit von der Kultur der Erwachsenen gesehen, jedoch werden die kreativen Interaktionsformen der Kinder stärker in den Blick genommen.

Krippe und Kindertagesstätte als Bildungsraum

Mit Bezug auf das Kapitel 9 sollen hier neben der Sozialität auch die Bildungsmodi thematisiert werden, in denen Kinder sich mit der Welt und anderen Menschen auseinandersetzen. Dies geschieht im Modus des Spiels, aber auch über andere kulturelle Praktiken wie beispielsweise über die Sprache, das Musizieren, Malen, Experimentieren usw. Die Kita als Bildungsraum entwickelt professionell begleitete Gelegenheiten und stellt Spiel- und Bildungsräume zur Verfügung. Tendenzen der Verschulung des Kindergartens stehen neben jenen, die gerade das Spiel als das zentrale Bildungsmedium der Kindheit ansehen.

Fachdidaktische Forschungen   Forschungen zum kulturellen Lernen liegen in den Fachdidaktiken vor, die insbesondere das domainspezifische Lernen von Kindern untersuchen. Der Lerngegenstand (Naturwissenschaften, Mathematik, Sprache) ist gegeben. Die Lernprozesse von Kindern interessieren in ihrer Entwicklung, weil aus diesen Erkenntnissen eine effektivere Förderung abgeleitet werden kann. Es geht beispielsweise um die Vorbereitung auf das, was in Zukunft wichtig sein wird – um eine Professionalisierung der Frühförderung (vgl. STERN 2008, S. 26f.). Melle u.a. fassen hierzu die Vermittlung von „Vorläuferfähigkeiten" durch präzise geplante und durchzuführende naturwissenschaftliche Experimente ins Auge (vgl. MELLE u.a. 2008, S. 56). Die Perspektive der Kinder wird nicht als eigener Zugang zur Welt gesehen, sondern ist in ein teleologisches Programm der Kompetenzentwicklung eingespannt, das als solches nicht grundsätzlich befragt wird. Zum Beispiel wurde inzwischen die Wirkungslosigkeit isolierter Fördermaßnahmen im Vergleich zu unspezifischen Förderaktivitäten im normalen Kindergartenalltag nachgewiesen (vgl. HOFMANN u. a. 2008).

Formen und Prozesse kultureller Bildung von ein- bis dreijährigen Kindern sind Gegenstand der thematischen Fallstudien von Ursula Stenger. Diese basieren vor allem auf videografischen Beobachtungen, die im Zeitraum von zwei Jahren (1 Vormittag 14-tägig) in einer Krippengruppe gemacht wurden. Bildungsprozesse und kulturelle Praktiken von Kindern können so in einem erweiterten zeitlichen und thematischen Horizont betrachtet werden.

Beispiel Spiel

„An diesem Tag haben die Kinder der Krippengruppe neues Puppengeschirr aus buntem Plastik bekommen.
1. Milan (2; 6) steht an der Theke in der Rollenspielecke. Vor ihm stehen einige Teller und eine Kaffeekanne, in die er ein kleines Kännchen stecken will. Dies misslingt. Mit einer Handbewegung fegt er beide Teile zu Boden, blickt dem davonfliegenden Geschirr nach und schickt sogleich 2 weitere Tassen hinterher. Als die Geschirrteile ausgetanzt haben und am Boden liegen bleiben, führt er beide Hände an der Brust zusammen und sagt ebenso bedauernd wie schelmisch ein langgezogenes: „Ohhhh!" Leon hebt sogleich die Kanne auf, er geht offenbar von einem Missgeschick aus.
2. […] Auf den Geschmack gekommen, lässt er nun 7 weitere Teller und Tassen über die Theke tanzen und macht reinen Tisch, bis alles abgeräumt ist. Was auf halber Höhe hängen bleibt, wird weg geschleudert. Leon hat inzwischen 3 Teile vom Boden aufgehoben und hält sie umständlich vor den Bauch. Milan fegt auch diese Teile einzeln, das Einverständnis von Leon mit Blicken und Nicken ersuchend, mit Genuss zu Boden. Darauf beugt er sich weit vor, streckt die Arme nach hinten und macht zu Leon ein lachendes Spielgesicht. Leon lässt sich kurz anstecken, ohne jedoch zu verstehen, was hier vor sich geht.
3. (…). Milan reibt sich zufrieden die flachen Hände aneinander und sagt aufmunternd zu Leon: „Laut! Laut!". Darauf fegt er wiederum Leons wieder aufgehobene Bausteine zu Boden. Leon bückt sich und Milan sieht zu.
4. (…) Leon (…) verlässt die Szene. Milan nimmt weitere Schubladen heraus, legt sie zu Boden, betrachtet das Chaos um sich, hört die Erzieherin im Hintergrund ein Buch vorlesen. Er weiß, dass er beobachtet wird und steckt sehr nachdenklich die Finger in den Mund." (STENGER 2010, S. 33)

Ursula Stenger arbeitet unterschiedliche Aspekte des kindlichen Spiels von Milan heraus (vgl. Teil B und auch Kap. 9 in diesem Buch sowie STENGER 2010, S. 33–37).

1. Wie in der Studie von Honig u. a. ist auch hier die soziale Ordnung das Thema und wird in der Institution Krippe durch kulturelle Praktiken (Kochen spielen, Dinge adäquat behandeln) als Ordnung (der Kultur und Gesellschaft) im symbolischen Raum des Spiels hergestellt. Milan setzt sich mit dieser Ordnung auseinander, indem er die Dinge, die die häusliche Gemeinschaft konstituieren, zu Boden fegt. Im Spiel negiert er die Regeln der Gemeinschaft und fragt sich, was geschieht, wenn diese außer Kraft sind. Das Medium des Spiels ist ein (kultureller) Raum, in dem solche Fragen gestellt werden können. Leon fungiert wie ein Spiegel von Milans Handlung ebenso wie die Blicke der Erzieherin, die ihn wahrnimmt, aber nicht eingreift. Im Spiel akzeptiert sie sein Wegwerfen, beim Frühstück hätte sie sicher anders reagiert.

Sozial-strukturelle Deutung

Psychoanalytische Deutung

2. Aus entwicklungspsychologischer und psychoanalytischer Sicht könnte man die Perspektive von Milan so interpretieren: Die sogenannte Trotzphase ist ein wichtiger Schritt in der Ich-Entwicklung. Autonomie kann nur der entwickeln, der nicht nur nachahmt. Milans Spiel erscheint nun als Selbstausdruck und als inneres Ringen. Ich-sein und etwas in Frage zu stellen erzeugt widersprüchliche Gefühle: Einmal ist da die Lust am Wegwerfen, am Ende ist er betroffen, nachdenklich, fast traurig. Im Spiel gestaltet Milan, was ihn im Inneren beschäftigt. Er möchte Akteur seiner Wünsche sein, ist aber auch besorgt über die unvorhersehbaren Entwicklungen, die sich daraus ergeben. Kurze Zeit später wird die Astrid-Lindgren-Figur Michel aus Lönneberga seine Lieblingsgeschichte und sein Vorbild.

Phänomenologische Deutung

3. Eine phänomenologische Deutung sieht sich die Genese des Spiels genauer an und fragt nach der Art der Erfahrung, die Milan im Spiel macht. Von außen betrachtet handelt es sich um ein misslingendes Spiel, denn Milan spielt nicht so, wie es die Gegenstände nahelegen würden. Aber für Milan macht das Spiel Sinn. Immer folgt auf eine Aktion von ihm ein Innehalten, in dem er seine Handlung in ihrer Wirkung zu erfassen versucht und zugleich mit Leon kommuniziert. Er spielt etwa Bedauern vor und lässt zugleich erkennen, dass es gespielt ist, indem er schelmisch grinst, denn es tut ihm nicht im Mindesten leid, dass das Geschirr zu Boden fällt. Milan spielt mit dem Schein des Spiels. Das Wegwerfinferno bezeichnet er am Ende mit den Worten „Laut!". Laut sein bedeutet, etwas Verbotenes zu tun, die Ordnung außer Kraft zu setzen, dabei Spaß zu haben und zugleich die Folgen zu erahnen. Das Spiel ist Wagnis und Risiko, es erkundet einen neuen Welt- und Selbstentwurf. Wer bin ich? Das ist ein Motor von Bildungsprozessen.

Bildungsprozesse in Krippe und Kindergarten

Bildungsprozesse und kulturelle Praktiken von Kindern vollziehen sich im Kontext von gesellschaftlichen und kulturellen Erwartungen und Rahmungen, auf die Kinder sich beziehen. Kulturelle Praxen in institutionellen Kontexten sind ein zentrales Thema der Erforschung von Krippe und Kita als Bildungsorte.

In kulturellen Praktiken, etwa beim Spielen, aber auch beim Malen und Zeichnen in der Kita, entstehen Bilder von der Welt, die sich kultureller Symboliken und Techniken bedienen und die eigene Wahrnehmungen, Erfahrungen, Wünsche und Fantasien zum Ausdruck bringen, formen und gestalten. Kindheitsforschung kann, wenn sie exemplarisch arbeitet, sich diese Bilderwelten von Kindern zum Thema machen, kann den Erzählungen der Kinder nachgehen und so etwas über ihre Sicht der Welt erfahren. Beispiele zu derartigen Arbeiten mit Kinderzeichnungen finden sich bei Stenger (STENGER 2002, S. 173–191). In einem Beitrag von 2008 zeigt sie anhand von Kinderzeichnungen sowie den Erzählungen von drei- bis sechsjährigen Kindern, wie ernsthaft Kinder sich den Fragen nach Schwangerschaft und Geburt stellen und dabei über das Rätselhafte, Unerwartete, Unfassbare, Reiche und Erschütternde dieser Ereignisse im Medium kultureller Praktiken nachdenken (vgl. STENGER 2008, S. 86–104) (vgl. auch Kap 9). Anders als in einem Malkurs – der nur Kinder aus ganz bestimmten Bevölkerungsgruppen erreicht und zudem eine zeitlich begrenzte Angelegenheit mit einer Gruppe von Kindern ist, die sich meist nicht näher kennen – kann das Gestalten im Kontext dieser Kindergartengruppe an viele Freispielszenen des Mutter- und Babyspiels anknüpfen, aber auch an den Besuch einer hochschwangeren

Mutter, die mit allen Kindern der Gruppe (begleitet durch die Erzieherin) ein Gespräch über das Thema Schwangerschaft und Geburt führt. Die von Ursula Stenger beobachteten Kinder haben in vielen anderen Situationen zuvor bereits die Gelegenheit gehabt, unterschiedliche Ausdrucksformen, Farben und Techniken kennen zu lernen und können nun in vertrauter Atmosphäre eigene, teils sehr persönliche Zeichnungen anfertigen und ihre Theorien dazu erzählen und anderen mitteilen. Interessant ist, dass Kinder sich auf sehr unterschiedliche Weise kultureller Bilder, Erzählungen und Wissensbestände bedienen, um sich diese Phänomene verständlich zu machen. Kindergärten und Krippen als Bildungsorte geben Kindern Gelegenheit, unterschiedliche symbolische Ausdrucksformen zu erlernen und im Austausch mit anderen über ihre Sicht der Welt, zur Deutung ihrer eigenen Erfahrungen zu nutzen und weiter zu entwickeln (vgl. ebd.). Anders als in der Schule stehen in Kindergärten und Krippen Bildungsprozesse in vielfältigen Formen der Auseinandersetzung mit Inhalten im Mittelpunkt (Spiel, Diskussion, Erzählen, Malen). Themen wandern aus freieren Spiel- und Malinteraktionen unter Peers in begleitete und didaktisch geplante Situationen und wieder zurück. Dabei stehen nicht primär curriculare Ziele im Zentrum.

10.2 Kinder in der Grundschule

„Der Schule der Jetztzeit ist etwas gelungen, das nach den Naturgesetzen unmöglich sein sollte: die Vernichtung eines einmal vorhanden gewesenen Stoffes. Der Kenntnisdrang, die Selbstthätigkeit und die Beobachtungsgabe, die die Kinder dorthin mitbringen, sind nach Schluss der Schulzeit in der Regel verschwunden, ohne sich in Kenntnisse und Interessen umgesetzt zu haben. Das ist das Resultat, wenn die Kinder ungefähr vom sechsten bis zum achtzehnten Jahre ihr Leben auf Schulbänken zugebracht haben." (KEY 1905)

Diese vernichtende Kritik der schwedischen Journalistin Ellen Key an der Institution Schule, die die „Natur des Kindes" angeblich zerstört, stammt aus einer Zeit, in der sich die Schulpflicht in Deutschland und anderswo weitgehend durchsetzte. Damit einher ging das Verbot von Kinderarbeit. Vergegenwärtigen wir uns die grausamen und gesundheitsschädlichen Arbeitsbedingungen, unter denen Kinder in Landwirtschaft und Industrie beschäftigt waren, so kann die Schulpflicht als soziale Errungenschaft gesehen werden, da sie Kindern einen Schon- und Vorbereitungsraum garantiert. Kinder sind damit einerseits von der Erwerbstätigkeit befreit, dürfen spielen und lernen, andererseits sind sie jedoch der Schulpflicht unterworfen und vom eigenen Verdienst ausgeschlossen. Die Durchsetzung der Schulpflicht war zunächst ein Konflikt zwischen der staatlichen Kontrolle und den Familien, die dadurch Einbußen finanzieller Art sowie Beschränkungen ihrer Selbstbestimmung hinnehmen mussten. Die staatliche Kontrolle bediente sich dabei einer Rhetorik zum Schutz des Kindes. Dieser Schutz geriet zwar im Laufe des 19. Jahrhunderts tatsächlich zunehmend in den Blick, war aber nicht das zentrale Motiv für die Einführung der Schulpflicht. Die Kinder selbst wurden dazu nicht befragt.

Die Kritik der Reformpädagogik an der Schule

Pädagogik vom Kinde aus

Die Reformpädagogik kritisierte die Zucht- und Ordnungsanstalten des Kaiserreiches mit ihren Normierungsansprüchen und forderte eine sich am Kind orientierende Pädagogik, die durch kindgemäßen Unterricht allen Kindern individuelle Entwicklungsmöglichkeiten eröffnen und ihr „natürliches" Potenzial fördern sollte. Dieser Anspruch des Kindgemäßen gilt für die Grundschule bis heute, die sich ja mit Beginn der Weimarer Republik als einzige gemeinsame Schule für alle Kinder (bis auf die mit sonderpädagogischem Förderbedarf) in Deutschland etablieren konnte (vgl. HEINZEL 2002). Allerdings begründet sich die Definition des Kindgemäßen auf Kindheitsbildern von Erwachsenen und nicht auf einer Partizipation von Kindern am schulischen Geschehen. Unter Hinzuziehung von Lern- und Entwicklungspsychologie (als grundlegende Forschung über Kinder gesehen), wurden Kinder jahrzehntelang mit dem Erwachsenenblick eingeschätzt, der auch ihr Lern- und Erziehungsprogramm bestimmte. Das heißt, die Unterrichtsgestaltung basierte in jeweils unterschiedlicher Ausprägung auf Reifungs- und Stufenmodellen, auf einem eher defizitären und romantisch verklärten Kinderbild. Analog dazu wurden in Studien solche einseitigen Kinderbilder konstituiert und bestätigt, orientiert am jeweiligen theoretischen Modell (vgl. dazu Auseinandersetzung der Kindheitsforschung mit Reifungs- und Entwicklungsmodellen, Kapitel 3).

Ambivalenzen des Kindgemäßen

Aus heutiger Perspektive war damit u. a. ein unnötiges Fernhalten von Kindern von Auseinandersetzungen mit ihrer Umwelt verbunden. Der Unterricht konzentrierte sich beispielsweise auf die „Heimat", weil man ein Lernen über die Welt außerhalb des Nahraums als Überforderung sah und weil man Kindern über „Heimatgefühle" eine emotionale Sicherheit geben wollte. In der Zeit der Bildungsreform der 1960er Jahre kritisierte man diesen Ansatz als weder wissenschaftsorientiert noch im Sinne einer Erziehung zum mündigen Staatsbürger, denn diese Art der Vermittlung von „Heimatgefühlen" schließe eine kritische Reflexion über Gesellschaft aus.

Obwohl sich die Sicht auf Grundschulkinder inzwischen wesentlich verändert hat und man nun auch im Grundschulunterricht viele Themen (z. B. Globalisierung, Ökologie, Krieg, Lernen mit Computern, Lernen von Fremdsprachen, Erwachsenenliteratur) und Methoden findet, die früher nicht vorstellbar gewesen wären, bleibt die Gefahr, Grundschüler unter der Agenda „Kindgemäß" nicht als Akteure und Betroffene gesellschaftlicher Entwicklungen zu sehen und sie von wichtigen Lernerfahrungen fernzuhalten. Jedoch ist das Kindgemäße nicht ausschließlich anti-emanzipatorisch zu verstehen. Die Pädagogik vom Kinde aus – damals wie heute – versucht, dem Kind bestmögliche Bedingungen des Aufwachsens zu ermöglichen: durch entsprechende Fürsorge, vielfältige Lernangebote und angemessene Partizipation. Gerade im Eröffnen von Bildungsräumen steckt ein Befreiungsgedanke im doppelten Sinne: Selbstbefreiung des Subjekts und Befreiung der Gesellschaft von Zwang und Herrschaft. Insofern ist die Kritik von Ellen Key und anderen an der Institution Schule nur bedingt gültig.

„Grundschulpädagogik meets Kindheitsforschung"

„Grundschulpädagogik meets Kindheitsforschung" – unter diesem Motto fand im Jahre 2000 eine Tagung zum Thema Grundschulforschung statt (vgl. PANAGIOTOPOULOU/BRÜGELMANN 2003). Die Wandlungen im Aufwachsen von Kindern sind in den letzten 20 Jahren zunehmend mit dem Blick auf die soziologische Kindheitsforschung diskutiert worden. Damit einher geht eine veränderte Sicht auf Grundschüler, ihre Sozialbeziehungen in der Schule, ihr Lernpotenzial, ihre Perspektive auf die schulische Ordnung und ihre Partizipationsmöglichkeiten. Jedoch konzentrierte sich das Interesse der Grundschulpädagogik zunächst auf die Frage, was Kinder heutzutage „so anders macht", um in der Schule angemessen reagieren zu können.

Der Begriff „Veränderte Kindheit" hat sich zu einem Topos entwickelt (vgl. RÖHNER 2003). Darunter versteht man eine rhetorische Verwendung von Stereotypen zur Erklärung bestimmter Phänomene. In Teilen der Grundschulpädagogik hatte sich ein kulturpessimistischer Blick auf Kindheit „als eine andere als früher" verstetigt. Generalisierungen – wie beispielsweise „Kinder sind heute übergewichtig, können nicht mehr auf Bäume klettern, schauen nur fern, spielen nur Computer, sind nur an Konsum orientiert" – dienten als Erklärung für Probleme, die im Unterricht wahrgenommen wurden, wie beispielsweise Konzentrationsschwächen, Störungen des Sozialverhaltens und abnehmende Lese- und Rechtschreibkompetenz. Aus wissenschaftlicher Perspektive sind weder die Generalisierungen noch die wahrgenommenen Probleme ohne Einschränkung nachweisbar und auch nicht deren Wechselseitigkeit. Von der Kindheitsforschung erhoffte man sich Antworten, um zu einer besseren Passung zwischen aktueller Kindheit und Schule zu kommen.

Veränderte Kindheit als Topos

Diesen Anspruch kann die Kindheitsforschung nur zum Teil einlösen, weil sie sich primär für jene Ausschnitte von Kindheit interessiert, in denen die normativen Erwartungen an Erziehungs- und Bildungsprozesse ausgeklammert sind. Demgegenüber steht eine didaktische und/oder psychologische Erforschung von Lernprozessen und Schulleistungen, die soziale und kulturelle Dimensionen eher ausblendet und Kinder häufig nicht als Akteure sieht, obwohl die von Kindern angewandte Art der Wissenskonstruktion zunehmend Beachtung findet; allerdings eher als entwicklungstypisches Phänomen und nicht als eine andere und gleichberechtigte Form des Wissens. Gerade am Beispiel des Sachunterrichts in Forschung und Praxis kann deutlich werden, inwiefern die Prämissen der Kindheitsforschung (Perspektive der Kinder, Akteur, etc.) ernst genommen werden. Aussagen von Kindern zu Phänomenen sind dann nämlich nicht als vortheoretische, kindlich-naive und entwicklungslogische Beschreibungen zu sehen, die durch das „wahre" Schulwissen korrigiert werden müssen, sondern als eigenständige Wissensproduktionen, die als solche zu schätzen sind.

„Der Baum hat eine Seele." „Der Baum hat Schmerzen."

Versuchen Sie, diese Aussage eines Kindes auf unterschiedliche Art und Weise zu interpretieren. Reflektieren Sie dabei, auf welche Kindheitsvorstellungen, auf welche Theorien von kindlicher Entwicklung und auf welches Wissenschaftsverständnis Sie sich beziehen.

Röhner stellt keinen systematischen Diskurs von Grundschulpädagogik und Kindheitsforschung fest, betont aber deren theoretische Gemeinsamkeiten:
1. kognitiv-sozialer Konstruktivismus als epistemologische Grundlegung,
2. Akteurskonzept des Kindes,

Gemeinsamkeiten von Grundschulpädagogik und Kindheitsforschung

3. generationeller Bezug,
4. gemeinsame Bezugswissenschaften: Entwicklungstheorie, Anthropologie, Kulturwissenschaften, Ethnographie, Geschlechtertheorie etc.,
5. qualitative Methodologie und entsprechendes Methodenrepertoire (vgl. RÖHNER 2003, S. 45).

Bezogen auf die Forschung über Grundschulkinder ist diese Annäherung von Kindheitsforschung und Pädagogik nur eine Seite der Entwicklung. Ausgelöst durch die internationalen Leistungsvergleichsstudien der letzten Jahre hat die quantitative lernpsychologische und fachdidaktische Grundschulforschung erheblich an Bedeutung gewonnen. Gleichzeitig steigt auch das Interesse an den Veränderungen des sozialen Lebens von Grundschulkindern im Zuge der Entgrenzungsphänomene in einer pluralistischen Gesellschaft. Wie organisieren Grundschüler ihren Alltag zwischen Familie und pädagogischen Institutionen, welche Sozialbeziehungen entstehen, welche Interessen und Bedürfnisse bilden sich heraus? Welchen Sinn verleihen sie diesen Prozessen? Allerdings existieren die verschiedenen Forschungszugänge zur Schulkindheit immer noch weitgehend getrennt voneinander. Gemeinsames Merkmal ist eine Abkehr von dem Postulat der Kindgemäßheit und von dem dadurch besonders legitimierten Vorbereitungs- und Schutzraum. Kindern wird mehr zugetraut, aber auch mehr zugemutet.

Das aktuell große Interesse an den Lernprozessen von Kindergarten- und Grundschulkindern hängt eng mit sozialen und ökonomischen Fragen zusammen. Es geht um eine bessere Nutzung des Humankapitals und um Wettbewerbsfähigkeit in einer globalisierten Wirtschaft. Die Grundschule ist nicht nur ein Ort, an dem Kinder in besonderer Art und Weise gefördert werden. Sie dient auch der gesellschaftlichen Selektion, die in Deutschland einmalig früh und in der Regel irreversibel stattfindet. Ihre Sonderstellung als einzige Schulform für alle Kinder macht die Frage nach den Übergängen von und in andere pädagogische Institutionen besonders relevant.

10.3 Übergänge

Der Übergang als genuines Element menschlichen Lebens

Übergänge sind genuines Element menschlicher Existenz und werden von zwei großen Übergängen, Geburt und Tod, gerahmt. Im Lebenslauf finden sich unterschiedliche Übergänge; von körperlichen Entwicklungen bis hin zu kulturellen und sozialen Statuspassagen, die sich in der Kindheit besonders dicht und markant ereignen. Das Verständnis von Übergängen hängt wesentlich von der Sicht auf das Leben und den Lebenslauf ab. Schon seit der Antike gibt es den Versuch, den Lebenslauf gesetzmäßig zu periodisieren. Solche Phasen-, Stadien- oder Stufenmodelle setzen eine naturwüchsige lineare Fortschrittsentwicklung im Verlauf des Lebens voraus (vgl. WÖRZ 2004, S. 22), die im Gegensatz zu anderen kulturellen Vorstellungen steht (z.B. Zyklus, Karma). Hierbei wird transparent, dass Übergänge vor allem historisch-kulturell geprägte Ereignisse sind. Während die Übergangsforschung von klar abgegrenzten Zuständen ausgeht und den Übergang vor allem als Bewältigungsmoment eines Individuums zum Erreichen der neuen Phase auffasst, versteht die neuere Transitionsforschung biografische

Wandlungsprozesse als nicht lineare und sozial bedingte Geschehnisse (vgl. WELZER, 1993, S. 11). Betont wird die Kontextbezogenheit solcher Wandlungen. Sie vollziehen sich in einem komplexen System. Das Individuum ist eingebettet in einen sozialen und gesellschaftlichen Kontext. Entwicklungen und Handlungen sind durch ein wechselseitiges Bedingungsgefüge von Individuum und sozialen Systemen bestimmt und agieren als Ko-Konstrukteure der Veränderung. Biografische Wandlungsprozesse werden in längeren und komplexeren Entwicklungen verortet, die nicht mehr von einem präzisen Ausgangs- und Ankunftspunkt ausgehen. Dadurch verändert sich zum Beispiel der Blick auf institutionelle Übergänge in der Kindheit, wozu die Transitionsforschung viele Studien vorgelegt hat (vgl. GRIEBEL/NIESEL 2004). Aus dieser Perspektive wird man nicht am ersten Schultag Schulkind und es handelt sich auch nicht ausschließlich um die individuelle Leistung eines Kindes, ob der Übergang in die neue Institution gelingt oder nicht.

Das Leben von Kindern wird zunehmend von institutionellen Übergängen geprägt. Dadurch kommt es zu einem Spannungsfeld zwischen Kontinuität und Diskontinuität, über das in Wissenschaft und Praxis unterschiedliche Sichtweisen existieren. Mit solchen Übergängen sind Chancen und Risiken verbunden. Für die Bewältigung der durch Diskontinuitäten entstehenden Anforderungen spielen viele Faktoren eine Rolle. Belastend wirken sich Selektionsprozesse aus, wie sie gerade am Ende der Grundschulzeit stattfinden. Während weltweit der Übergang vom Kindergarten in die Schule in Wissenschaft und Politik sehr hohe Aufmerksamkeit erhält, gerät der Übergang von der Familie in die Kindertagesstätte erst in letzter Zeit zunehmend in den Blick. Dabei gilt er für einige Wissenschaftler als prototypisch für weitere Übergänge im institutionalisierten Lebenslauf (vgl. FTHENAKIS 2004, S. 10). Im Folgenden konzentrieren wir uns auf die beiden markanten Übergänge der frühen und mittleren Kindheit.

Zunahme an institutionellen Übergängen in der Kindheit

Von der Familie in eine pädagogische Institution

Von einer Kleinfamilie in eine pädagogische Institution zu kommen, ist ein großer Schritt.

Nach dem Transitionsmodell von Griebel und Niesel (vgl. 2004) stehen hier Entwicklungsaufgaben auf individueller, interaktiver und kontextueller Ebene an, deren Bewältigung von Kindern und auch von ihren Eltern erwartet wird. Alle Akteure finden in diesem Modell Berücksichtigung, nicht nur das Kind, für das im Besonderen gilt: Es muss starke Emotionen bewältigen, neue Kompetenzen erwerben, aber eben auch neue Beziehungen knüpfen, eine Rolle im neuen Gefüge finden und sich mit der neuen Lebensumwelt und ihrer Differenz zur familiären Umwelt auseinander setzen (vgl. GRIEBEL 2008, S. 247). Der Übergang bedeutet für Kinder und Eltern eine grundlegende Veränderung, da beide eine neue Rolle einnehmen, die einen Wandel der eigenen Identität mit sich bringt. Erzieherinnen und Kindergruppe moderieren diesen Übergang. Auch sie haben aktiven Anteil an einer positiven Gestaltung. Ein gelungener Übergang ist insofern nicht nur ein Ver-

Transitionsmodell

dienst des Kindes oder der Eltern, sondern stellt eine Anforderung an das ganze soziale System dar.

Übergänge jüngerer Kinder

Vermehrt kommen nun Kinder unter drei Jahren in pädagogische Institutionen, in Krippen und Kitas mit erweiterten Altersmischungen. Jüngere Kinder haben spezifische Entwicklungsbedürfnisse; sie sind körperlich und psychisch verletzlicher und brauchen eine angemessene Umgebung und Unterstützung, um sich sozial, emotional und kognitiv entwickeln zu können.

Die subjektiven Bedürfnisse jüngerer Kinder geraten hier notwendigerweise mehr in den Blick als beim Übergang in die Schule, wo gesellschaftliche Erwartungen eine größere Rolle spielen. Wie aber kann dieser wichtige Übergang jüngerer Kinder von der Familie in die Ordnung einer pädagogischen Institution beforscht werden? Welche Perspektiven können mit welchen Forschungsansätzen untersucht werden?

Entwicklung und Bindung

In den 1980er und 1990er Jahren stand die Frage im Vordergrund, ob ein Krippenbesuch negative Auswirkungen auf die Entwicklung des Kindes und sein Bindungsverhalten zur Mutter haben könnte. Entwicklungspsychologie und Bindungstheorie lieferten hier den theoretischen Hintergrund und gaben methodische Vorgehensweisen vor. Die NICHD Studie erbrachte den Beleg, dass keine signifikanten Entwicklungsbeeinträchtigungen bei Kindern, die eine Krippe besuchten, festgestellt werden konnten (NICHD 2002).

Nun ging es darum, den Einfluss der Gestaltung des Übergangs zu thematisieren. Mitte der 80er Jahre konnte Laewen in einer Studie einen Zusammenhang zwischen der Begleitung des Kindes in der Phase der Eingewöhnung durch einen Elternteil und den Fehlzeiten wegen Krankheit, dem Entwicklungsstand und der Qualität der Bindungsbeziehung zur Mutter nach einem halben Jahr feststellen. In der Folge entwickelte er ein differenziertes Eingewöhnungskonzept, das diesen Erkenntnissen Rechnung trägt (vgl. LAEWEN 1989, 2003).

Liselotte Ahnert arbeitete in einer Studie neben dem „Fremde-Situation"-Test u.a. auch mit Cortisolmessungen, die den Stressfaktor während der ersten Trennungstage deutlich machen. Auch sie kann belegen, dass eine längere Eingewöhnungsdauer sich für die Bindungsbeziehung als förderlich erweist (vgl. AHNERT/GUNNAR u.a. 2004, S. 639–650). Diese empirischen Untersuchungen wollen die Herausforderungen und die Bewältigung des Übergangs in die Krippe durch Tests und physiologische Daten messbar machen. So können unterschiedliche Formen des Übergangs dahingehend befragt werden, wie sie sich auf die Entwicklung des Kindes oder seine Bindungsbeziehung auswirken.

Mit diesen Methoden kann jedoch wenig davon erfasst werden, wie Kinder selbst diesen Übergang erleben, was er für sie bedeutet und auf welche Weise sie ihn bewältigen. Auch die im Transitionsansatz wichtige kontextuelle Ebene und das Geschehen zwischen den Kindern bleiben weitgehend unberücksichtigt.

Wiener Krippenstudie (WIKI)

Die Wiener Krippenstudie (WIKI) der Arbeitsbereiche Psychoanalytische Pädagogik (DATLER u.a.) und Entwicklungspsychologie (AHNERT u.a.) der Universität Wien widmet sich von 2007 bis 2012 dem Thema der Eingewöhnung der unter Dreijährigen mit einer Vielzahl von Methoden, wobei hier nur auf Beobachtungen nach dem Tavistock-Konzept, das bei einigen der 100 beforschten Kindern angewandt wird, eingegangen werden soll. Im

Gesamtprojekt sollen die Perspektiven der Kinder, Eltern, Erzieherinnen und teilweise der Kindergruppe mit einbezogen und Zusammenhänge ausgewiesen werden, die zu der zentralen Frage führen, wie Kleinkinder die Eingewöhnungsphase in die Kinderkrippen erleben und welche Faktoren dabei förderlich oder belastend wirken.

„Unter Bewältigung wird dabei ein Prozess verstanden, der „[…] es dem Kind alleine sowie im interaktiven Zusammenspiel mit anderen ermöglicht, negativ-belastende Affekte, die es in der Situation des Verlassen-Werdens von vertrauten familiären Bezugspersonen sowie in anschließenden Situationen des Getrenntseins verspürt, so zu ertragen oder zu lindern, dass es dem Kind zusehends möglich wird, *Bewältigung des Übergangs*
→ Situationen in der Krippe in angenehmer oder gar lustvoller Weise zu erleben,
→ sich dem in der Krippe Gegebenen interessiert zuzuwenden,
→ und an Prozessen des dynamischen Austauschs mit anderen aktiv zu partizipieren“.“ (Projektpapier zitiert nach SCHWEDIAUER 2009).

Diese drei Punkte bilden den Fokus, unter dem der Eingewöhnungsprozess analysiert wird, sie geben Aufschluss über eine gelungene Bewältigung der Eingewöhnung. Der Prozess wird im Folgenden anhand einer Einzelfallstudie aus der WIKI Studie vorgestellt.

Das Tavistock-Konzept sieht vor, dass der Beobachter sich in die Situationen des Kindes, in sein Erleben und seine Beziehungserfahrungen hineinversetzt. Erst direkt im Anschluss an die einstündige Beobachtungssituation wird das Beobachtungsprotokoll erstellt. In kleinen Seminarrunden wird das schriftliche Protokoll besprochen, es werden Hypothesen gebildet. Die Beobachterinnen und Beobachter im WIKI Projekt arbeiten u. a. mit dem Tavistock-Konzept, das über einen Zeitraum von sechs Monaten einmal wöchentlich für eine Stunde in den Betreuungseinrichtungen durchgeführt wurde und interpretierten anschließend in Seminarrunden ihre Aufzeichnungen. *Methodische Fragen*

Anhand des Beispiels der Einzelfallstudie von Frau Bock aus dem WIKI Projekt soll deutlich werden, wie mit Hilfe des Tavistock-Konzepts ein möglicher Zugang zu der inneren Welt des Kindes und zu seinem Erleben des Eingewöhnungsprozess gewonnen werden kann.

Hier eine kurze Szene aus der ersten Woche der Eingewöhnung. Das Beobachtungskind Uschi (2; 0) ist in Begleitung seiner Mutter in der Krippe. Ihre Anwesenheit (auch der Körperkontakt) gibt Uschi Sicherheit; die Mutter hilft ihr, negative Gefühle zu regulieren, gibt ihr Schnuller und Getränke und macht sie mit Raum und Spielmaterial vertraut. Uschi entwickelt aber auch eigene Strategien, um mit beängstigenden Erfahrungen umzugehen. *Beispiel Uschis Eingewöhnung*

Im Beobachtungsprotokoll heißt es:
„Ein Bub weint, Uschi schaut ihn an. Dabei hat sie ein ernstes Gesicht; die Lippen geschlossen, die Augen klar auf den Buben gerichtet. Ihre Beine stehen gerade, sie sind eng beisammen, bilden einen Strich (…).“ (Papier 2, 3). (Bock S. 65 f.)
Frau Bock interpretiert:
„Ständig weinen Kinder. Uschis Reaktion darauf ist fast immer die gleiche: Sie erstarrt, schaut das weinende Kind an, ist wie gefesselt von dessen Anblick. (…) Ein weinendes Kind signalisiert Gefahr. Es gibt etwas in dem Raum, das negative Affekte

erzeugt. Uschi kann sich kaum rühren. Sie verschließt sich (den Mund), weil sie sich vor dem „Bösen" schützen möchte. Das „Böse" soll nicht in sie eindringen können. Auch ihre Beine sind undurchdringlich, denn sie sind wie eins. (…) Wann immer Uschi ein weinendes Kind beobachtet, scheint sie zu erstarren. Ihr Verschließen, ihr Zusammenhalten birgt die Vorstellung des Haltes in sich. Sie selbst hält sich zusammen." (ebd.)

Die Interpretation geht von der Beschreibung der Körperhaltung aus, sucht einen Zugang zu dem häufig bei Uschi beobachteten Erstarren zu finden und interpretiert dieses als eine individuelle Art von Uschi, sich selbst zu stabilisieren, mit den beängstigenden Eindrücken umzugehen.

Uschis Entwicklung

Agnes Maria Bock beschreibt über zentrale Szenen den Prozess der nächsten 6 Monate und gewährt einen Einblick, wie Uschi eine Beziehung zur Erzieherin Gitti aufbaut. Gitti tröstet sie, interpretiert Erfahrungen für sie und lenkt ihre Aufmerksamkeit auf Spiele. Besonderes Interesse an den Dingen und dem Geschehen gewinnt Uschi anfangs, wenn sie von anderen Personen dabei begleitet wird. Insbesondere der Blickkontakt zu Gitti lässt ihr Herz höher schlagen, macht ihr Freude und Mut. Schritt um Schritt lernt sie, selbst auf die Erzieherin und später auch auf andere Kinder zuzugehen, ihre Wünsche einzubringen und ohne die Erzieherin mit ihnen in Interaktion zu treten.

Hier folgt eine Beobachtung aus Woche 11 mit anschließender Interpretation von Frau Bock.

„In dem Moment kommt der Bub dazu und nimmt Uschi den Krug weg. Uschi schaut ihn mit zusammengezogenen Augenbrauen an und hält den Krug ein paar Sekunden lang fest. Dabei schaut sie dem Buben in die Augen. Doch dann lässt sie los und schaut den Bub nur mit großen Augen an, der nun den Krug hat. Uschi hält nun dem Buben ihre beiden Becher hin und sagt mit entspanntem Gesicht: ‚Einschenken!' Der Bub zögert kurz, dann schenkt er in einen Becher ein. Uschi streckt ihm noch den zweiten Becher hin. Der Bub schaut sie an. Dann ‚füllt' er auch den zweiten Becher. Uschi trinkt aus." (Papier 15, 5) (Bock 112)

„Diese Szene ist beeindruckend: Uschi wird etwas weggenommen. Sie könnte wütend sein, verärgert, dass ihr Krug weggerissen wird. Bestimmt verspürt sie zunächst auch ein Gefühl der Unlust, sie schaut den Buben böse an. Doch dann wandelt sie die heikle Situation geschickt in ein Spiel um. Wahrscheinlich hat sie kurz gezögert; sie lässt den Krug nicht gleich los. Soll sie um ihn kämpfen? Soll sie mit dem Buben streiten? Sie könnte sich auch gekränkt zurückziehen, den Buben nicht weiter beachten, aber sie nimmt der Situation den Explosionsstoff und bietet dem Buben das gemeinsame Spiel an. (Uschi ist 2 Jahre und knappe 2 Monate alt!) Sie dürfte darauf vertrauen, dass sie mit dem Buben, der sie eben noch bestohlen hat, spielen kann. Sie vertraut auf die positive Wendung. Und tatsächlich gelingt es ihr, mit dem Buben ein gemeinsames Spiel zu beginnen." (ebd.)

Uschis Prozess ist nicht linear. Nach längeren Abwesenheiten – oder aus dem Bedürfnis nach mehr Aufmerksamkeit und Zuwendung durch die Erzieherin – wechseln regressive Momente mit solchen, die zeigen, wie selbständig sie sich bereits im neuen Terrain bewegen und seine Möglichkeiten nutzen sowie auskosten kann. Sie wird selbstbewusster, weiß, was sie möchte und bewegt sich fröhlich und ausgelassen mit anderen. Sie spielt, lacht und singt mit den anderen. Als ein jüngeres Kind weint, erstarrt sie nicht mehr, sondern tritt nun selbst in eine tröstende Interaktion mit ihm ein.

Diese Methode der Beobachtung und Interpretation kindlichen Erlebens stellt eine Möglichkeit dar, die kindliche Perspektive bezüglich des Übergangs in eine pädagogische Institution exemplarisch in den Blick zu nehmen, lange bevor Kinder sich dazu äußern können. Innere Welt, Beziehungserfahrungen und Strategien von Kindern können als Prozesse in ihren (oft nicht linearen) Wandlungen thematisiert werden.

Perspektiven von Kindern

Vom Kindergarten in die Grundschule

Der Beginn der Schule ist sowohl ein biografisches (Statuspassage Schulkind) als auch gesellschaftliches (in der Regel jährlich ein kollektiver Schulanfang) Ereignis, das für moderne Gesellschaften einen zentralen Stellenwert hat. Im Zuge von Säkularisierungs- und anderen Enttraditionalisierungstendenzen gilt er als Erfahrung, die alle Mitglieder teilen und die im Ritual des ersten Schultages eines Kindes für andere Generationen re-inszeniert wird. An den rituellen Praktiken – Wünsche, Ermahnungen, Geschenke, Feiern – kann man ablesen, welche Bilder von Kindheit und Schule in einer Gesellschaft vorherrschen und was davon die ältere Generation an die jüngere vermitteln möchte. Besonders dicht zeigen sich diese am ersten Schultag, beispielsweise bei der Eingangsfeier (vgl. RADEMACHER 2009). Insbesondere die Institution Schule kommt zur Aufführung:

Schulanfang als biografisches und gesellschaftliches Ereignis

„Mit Hilfe des rituellen Arrangements ‚Einschulungsfeier‘ inszeniert die Schule nicht nur ein Übergangsritual; sie inszeniert sich auch als ‚schulische Familie‘ und überschreitet damit Anlass und Funktion des Einschulungsrituals. In dieser Veranstaltung entsteht eine durch Vielschichtigkeit und Multidimensionalität gekennzeichnete Aufführung, für deren Verständnis nicht nur kognitive Subjekt-Objekt-Beziehungen, sondern auch ästhetische und ludische Dimensionen eine wichtige Rolle spielen. Damit verbunden ist eine Selbstdeutung der Schule und eine Darstellung ihrer Beziehungen zum sozialen und politischen Umfeld." (WULF 2004, S. 10)

Aufführung der Institution Schule

Forschungen über den Schulanfang gibt es seit der Durchsetzung der Schulpflicht und der Herausbildung einer wissenschaftsorientierten Sicht auf Kinder in Pädagogik, Psychologie, Soziologie und Medizin. Allerdings werden sehr unterschiedliche Aspekte und Sichtweisen untersucht. Quantitativ zeigt sich weltweit eine erhebliche Zunahme an Forschung in den letzten 20 Jahren, die u. a. mit einem vermehrten Interesse an frühkindlicher Bildung und ihrer Bedeutung für die Bildungsbiografie zusammenhängt. Leitend war über Jahrzehnte hinweg die Frage nach dem erfolgreichen Schulbeginn, die sich im Wesentlichen auf das Kind konzentrierte und auf entsprechende Reifungs- und Entwicklungsmodelle basierte. Mit der Sozialisationsforschung und der Bildungsexpansion in den 1960er Jahren (u. a. mit der programmatischen Forderung nach kompensatorischer Erziehung) gerieten zunehmend Umweltfaktoren in den Blick, wobei insbesondere der Einfluss des Herkunftsmilieus auf den Schulbeginn und damit auf die gesamte Bildungsbiografie interessierte. Besondere Bedeutung hat seit dieser Zeit die öko-systemische Theorie von Uri Bronfenbrenner. Dessen Systematik der Einflussfaktoren auf die menschliche Entwicklung ist, ausgelöst durch die Ergebnisse internationaler Vergleichsstudien, heutzutage wieder aktuell. Allerdings unterscheidet sich der heutige Übergang in die Schule von der damaligen Situation, weil es sich inzwischen fast ausschließlich um einen Übergang vom Kindergarten in die Schule handelt, während der Schulbeginn in Deutschland bis vor wenigen Jahrzehnten für Kinder oft die erste Begegnung mit einer pädagogischen Institution war.

Übergang in den OECD-Staaten
In den OECD-Staaten haben sich Elementar- und Primarbereich inzwischen strukturell in vieler Hinsicht angenähert (vgl. Transitions in Early Childhood http://extranet.edfac.unimelb.edu.au/LED/tec/index.shtml; [28.2. 2010]). Anders als in Deutschland markiert der Schulbeginn oft keinen fundamentalen Wechsel des Alltags von Kindern und Familien mehr. Deshalb wird er auch deutlich weniger als Ritual inszeniert. Von Bedeutung ist immer wieder die Frage nach dem „besten Alter" für die Einschulung, das in einem weiten Spektrum von vier bis sieben Jahren vorliegt (vgl. OBERHUEMER 2004) und zu dem es auch nach vielen Jahrzehnten keine eindeutigen Befunde gibt. Zudem sind die jeweiligen Voraussetzungen vor Ort so unterschiedlich, dass daraus keine allgemeingültigen Schlüsse gezogen werden können. Sind Kindergarten und Grundschule strukturell nahezu identisch, ist der Zeitpunkt der Transition wenig relevant. Hinzu kommt, dass es inzwischen in einigen Ländern Diskrepanzen zwischen Schulpflichtsalter und Einschulungspraxis gibt, z.B. Neuseeland und Australien (vgl. DOCKETT/PERRY 2007). Auch in Wissenschaft und Curriculumentwicklung verändert sich die Einordnung entlang traditioneller institutioneller Grenzen. Man spricht inzwischen eher von Bildungsprozessen von null bis acht Jahren (Early Childhood) und von neun bis zwölf Jahren (Primary) oder fasst beides zusammen (null bis zwölf Jahre), was teilweise in Deutschland Wirkung gezeigt hat. Inzwischen existieren in allen Bundesländern Curricula für den Elementarbereich oder für die gesamte Kindheit, deren Anwendung zum Teil wissenschaftlich begleitet wird.

Trotz aller Angleichungsprozesse unterscheidet sich in Deutschland der Übergang in die Grundschule von dem in den Kindergarten immer noch deutlich. Der Schulbeginn gilt als „Ernst des Lebens".

„Der Ernst des Lebens"
„Mit sechs beginnt der Ernst des Lebens. Das hatte Annette schon oft gehört. Was dieser Ernst des Lebens eigentlich war, wusste sie nicht. Aber Annette ahnte: Es konnte nichts Schönes sein. Neulich hatte erst Mama gesagt: ‚Warte mal ab, bis du sechs bist und in die Schule kommst. Dann beginnt der Ernst des Lebens.'" (JÖRG/KELLER 2003)

So ein Bilderbuch zum Thema Schulanfang. Annette entwickelt Angstphantasien über den Ernst des Lebens. Sie weiß gar nicht, ob sie sich wirklich auf den ersten Schultag freuen soll. Dann kommt sie in die Schule und sitzt neben einem Jungen, der Ernst heißt.

„Annette war sehr froh. Nun hatte sie den Ernst ihres Lebens kennen gelernt. Sie war erleichtert, dass der Ernst des Lebens so nett war. Und sie beschloss, sich von den Großen nie mehr Angst machen zu lassen." (ebd.)

Normierung des Schulkinds
Das Schulkind ist immer noch einer mit dem Kindergarten bislang nicht vergleichbaren Normierungstendenz unterworfen (zeitlich, räumlich, Kör-

perkontrolle, etc.). Seine Leistungen werden bewertet. Sie entscheiden über sein zukünftiges Leben. Mit der Schulpflicht verbunden sind Veränderungen des Familienalltags. Am Prozess der Transition zum Schulkind sind zudem zwei Institutionen mit verschiedenen Berufskulturen beteiligt. Hinzu kommt die Auseinandersetzung mit dem Schulanfang als kulturelles Ereignis in Gesellschaft und Medien. Neuere Studien berücksichtigen die verschiedenen Perspektiven, wobei die Sicht der Kinder nicht immer eingeschlossen ist. Konsens besteht inzwischen darüber, dass der Schulanfang kein individuelles Phänomen ist, sondern dass individuelle und systemische Faktoren in einem komplexen Wechselgefüge wirken.

Der Übergang vom Kindergarten in die Grundschule gilt als stressbelastet. Allerdings gibt es auch Übergangsgewinner. Das sind Kinder, die gerade durch Diskontinuitätserfahrungen und damit verbundene neue Entwicklungsaufgaben ihr Potenzial besser entfalten können und sich in der Schule wohler als im Kindergarten fühlen. Aber selbst die Schwierigkeiten beim Übergang, die doch eine große Anzahl von Kindern haben (ca. ein Drittel), werden in der Regel schnell überwunden (vgl. GRIEBEL/NIESEL 2004, S. 107f.).

Übergang zwischen Kontinuität und Diskontinuität

Umstritten ist die Frage, ob der Übergang sich besser durch Kontinuitäten oder durch Diskontinuitäten bewältigen lässt. Die Forschung verweist in diesem Zusammenhang darauf, wie wichtig das Kennenlernen der neuen Institution und die Entwicklung einer Beziehung zwischen allen Beteiligten ist. Inzwischen gibt es viele Modelle für eine verbesserte Kooperation zwischen Kindergarten und Grundschule, einen gleitenden Schulanfang und eine veränderte Schulanfangsphase mit altersgemischten Klassen, unterschiedlicher Verweildauer, etc. Letztlich geht man davon aus, dass die Transition zum Schulkind erst mit Ende der Klasse 2 abgeschlossen ist. Diese Modelle werden häufig wissenschaftlich begleitet, um ihren Effekt auf einen erfolgreichen Schulstart zu ermitteln.

Jedoch zeigen gerade Langzeitstudien aus den USA, dass die Effekte häufig nur kurzzeitig nachweisbar sind. So sind Kinder, die mit schulischen Aktivitäten auf die Schule vorbereitet wurden, zu Beginn des ersten Schuljahres zwar erfolgreicher als die, die „nur" gespielt haben. Untersucht man dieselben Kinder zu einem späteren Zeitpunkt, sind die besseren schulischen Leistungen allerdings nicht mehr feststellbar. Hingegen scheinen Verhaltensprobleme, die von den Forschern auf eine wenig ausgebildete soziale Kompetenz in lehrerzentrierten Vorschulprogrammen zurückgeführt werden, länger anzuhalten und damit letztlich einen erfolgreichen Schulbesuch zu erschweren (vgl. MAGNUSON/RUHM/WALDFOLGEL 2004).

Effekte von Schulvorbereitung

Wie Studien immer wieder bestätigen, ist das Herkunftsmilieu von herausragender Bedeutung für den schulischen Erfolg (vgl. GRIEBEL/NIESEL 2004, S. 105f.). Deutlich wird, dass pädagogische Institutionen wie die Schule, gesellschaftliche Differenzen nur bedingt ausgleichen und teilweise sogar verstärken: Dies zeigt sich in Deutschland gerade an der Bildungsbenachteiligung von Kindern mit Migrationshintergrund (vgl. GOMOLLA/RADTKE 2002). Es gilt, Kindern aus armen und bildungsfernen Milieus jene Bildungserfahrungen im Vorschulalter zu vermitteln, die in bildungsnahen Familien Standard sind: Vorlesen, kreatives Spiel, musische Aktivitäten, Bewegung, das gemeinsame Handeln sprachlich begleiten, Erwachsene als sprachli-

Die Bedeutung des Herkunftsmilieus

ches Vorbild erleben, miteinander sprechen. Ein frühzeitiges Trainieren von Buchstaben und Zahlen scheint dagegen wenig wirksam.

Der Umgang mit den Bildungsprozessen in Kindergarten und Grundschule soll sich insgesamt hinsichtlich der systematischen Vermittlung und der zu erwartenden Standards unterscheiden; so soll beispielsweise im Kindergarten kein Mathematikunterricht, aber Begegnung mit mathematischen Fragestellungen aus der Lebenswelt der Kinder stattfinden.

Verschulungs-
tendenzen
Jedoch finden sich in der Alltagspraxis des Kindergartens Verschulungstendenzen, die die eigentlichen Intentionen konterkarieren und zudem den Erwartungsdruck auf die Grundschule verstärken (vgl. Scholz 2006b). Galt jahrelang, dass die Grundschule für einen gleitenden Übergang die spielerischen Lernformen des Kindergartens am Anfang integrierte, ist im Moment eine gegenteilige Entwicklung zu beobachten. Hinzu kommt eine zunehmende Privatisierung von pädagogischen Institutionen für die Kindheit. In sehr kostspieligen Vor- und Grundschuleinrichtungen werden immer aufwendigere Programme angeboten, die angeblich durch frühe Intervention den späteren schulischen und beruflichen Erfolg (Empfehlung für das Gymnasium) garantieren sollen. Argumentiert wird teilweise mit Zeitfenstern („Was Hänschen nicht lernt, lernt Hans nimmermehr."), die optimal genutzt werden müssen. Aus wissenschaftlicher Perspektive ist eine Förderung von Kindern im Sinne eines Trainings umstritten.

Konzepte von
Schulreife und
Schulfähigkeit
Die Frage nach einem erfolgreichen Start in der Schule war jahrzehntelang verknüpft mit Konzepten von Schulreife und Schulfähigkeit, die entsprechend reifungs- und entwicklungstheoretisch untersucht und beantwortet wurden (vgl. Kammermeyer 2001). Maßstab war ein bestimmtes Schulpflichtsalter mit einem dazugehörigen Bild von Fähigkeiten und Fertigkeiten des Schulanfängers. Von besonderer Bedeutung war und ist die medizinische Überprüfung der entsprechenden physischen und kognitiven Entwicklung. Es gibt bis heute Checklisten mit den Kompetenzen eines Schulanfängers, an denen sich Eltern und Pädagogen orientieren. So galt jahrzehntelang das Binden der Schuhe als Voraussetzung für den Schulbesuch.

Untersuchen Sie eine solche Checkliste (aus dem Internet, in Ratgeberliteratur, etc.) und diskutieren Sie die Relevanz der einzelnen Kompetenzen sowie das dahinter liegende Bild vom Kind.

Alternativ: Schreiben Sie auf, welche Kompetenzen Sie für den Schulanfang als bedeutsam erachten und begründen Sie Ihre Ansicht.

Das Schulfähigkeitskonzept (school readiness) wird jedoch auch hinterfragt.

Kind schulfähig oder
Schule kindfähig?
Plakativ wird diesem Konzept die Frage gegenübergestellt, ob wirklich das Kind schulfähig werden müsse oder vielmehr die Schule kindfähig. Das verweist auf die veränderte Sicht des Schulanfangs, der eine Leistung aller beteiligten Systeme sein sollte. Geht man – wie bereits erwähnt – von einer längeren Transition zum Schulkind im inzwischen teilweise deregulierten Schulanfang aus (flexible Schuleingangsphase), verliert die zeitpunktgenaue Überprüfung eindeutiger Kompetenzen ihre Relevanz. Allerdings scheint der Stellen-

wert von sozialen Kompetenzen für einen erfolgreichen Schulstart weiterhin von Bedeutung. Darüber hinaus spricht man von der Ko-Konstruktion aller Akteure. Das heißt, dass das, was man unter dem Schulbeginn versteht, eine situativ und gemeinsam hervorgebrachte Konstruktion ist. Wesentlicher Anteil wird hierbei auch den Kindern zugestanden. Es gibt inzwischen weltweit Studien, die Kinder vor und/oder nach dem Schulbeginn zu ihren Vorstellungen, Erwartungen, Ängsten, etc. befragen (vgl. DOCKETT/PERRY 2007).

Die Erforschung der Sicht des Kindes auf den Schulanfang ist jedoch eine *Sicht der Kinder* Herausforderung, weil dieses Ereignis kulturell und sozial hoch aufgeladen sowie mit vielen Vorstellungen und Wünschen verknüpft ist.

Auszug aus einem Interview mit einem Vorschulkind in Deutschland:

Frage: „Wie stellst du dir den Unterricht vor?"
Mädchen: „Dass da viele Kinder sitzen und alle nachdenken."
Frage: „Was lernt man in der Schule?"
Mädchen: „Lesen."
Frage: „Sonst noch was?"
Mädchen: „Also, wo kommen die Tiere her, also der Tiger kommt aus Afrika, Zebras kommen auch aus Afrika."
Frage: „Was würdest du gerne lernen in der Schule?"
Mädchen: „Lesen, rechnen und turnen und malen."
(AICHER-JAKOB; unveröffentlichte Seminararbeit)

Dieses Gespräch hätte mit vielen Vorschulkindern stattfinden können. Typisch ist die Vorstellung, in der Schule müsse man „stillsitzen" und vor allem lernte man dort das „Lesen." Das hören Vorschulkinder von Erwachsenen und von Schulkindern. Das Interview zeigt auch die Grenzen der Erkenntnis über die kindliche Wahrnehmung des Übergangs. Kinder können sich häufig längere Zeiträume nicht vorstellen. Sie leben mehr in der Gegenwart als in Vergangenheit und Zukunft. Interessiert sich ein Kind zum Zeitpunkt des Interviews nun besonders für Tiere in Afrika, dann wird dieses gegenwärtige Interesse mit einer Aussage über die Zukunft in der Schule verbunden. Oder hier zeigt sich die Hoffnung, über den Besuch der neuen Institution Antwort auf eigene Fragen zu erhalten. Die Liste der Lernwünsche ist auch aufschlussreich, denn Turnen und Malen wird das Kind schon gelernt haben. Möglicherweise kommt hier der Wunsch nach einer Balance zum Ausdruck: zwischen Neuem und Vertrautem, zwischen Diskontinuität und Kontinuität.

Man kann also festhalten: Kinder können nur bedingt ihr Verständnis der Transition sprachlich formulieren. Ihnen ist die enorme Bedeutung dieses Schrittes und des Statuswechsels bewusst, aber die gegenwärtigen und zukünftigen Veränderungen sind nicht unbedingt fassbar. Häufig machen sie den Wechsel an Kategorien wie Alter und Körpergröße fest, wie empirische Studien aus Australien zeigen:

„Of interest for them (children, HDP) was the idea that they were big kids and that only big kids can go to big school. … A strong focus for some children at school, in terms of physical issues, related to interactions with the other children at school, notable the big kids. Big kids were reported to be the source of comfort … as well as angst. Kindergarten children reported feeling scared in the playground, because that's where the big kids were." (DOCKETT/PERRY 2002, S. 81)

Andere Möglichkeiten, die kindliche Vorstellung vom Schulbeginn zu erforschen, sind Kinderzeichnungen oder die Beobachtung von Kinderspiel. Gerade Vorschulkinder spielen intensiv Schule, wobei diese Schule in der Regel einer Zucht- und Ordnungsanstalt mit autoritärem Lehrer gleicht, unabhängig von eigenen Erfahrungen. Möglicherweise spielen Kinder ihre eigenen Ängste und Machtphantasien auf dem Hintergrund medialer Bilder und erzählter Schulvorstellungen.

Die ersten Wochen in der Schule als Forschungsthema

Die ersten Wochen der Schule sind seit Jahrzehnten Thema unterschiedlicher Studien. Gerade in dieser Zeit sind verdichtete Prozesse der Auseinandersetzung von Kindern mit der Institution Schule und ihren Anforderungen beobachtbar. Eine soziale Gruppe entsteht: die Klasse als Ort für soziale Interaktionen, jedoch auch als eine Art Zwangsgemeinschaft. Nach Luhmann werden die Schüler am Schulanfang durch institutionelle Prämissen – wie das Jahrgangsprinzip – zu homogenen Mitgliedern gemacht, um auf dieser Basis umso erfolgreicher differenzieren und selektieren zu können (vgl. LUHMANN 1990). Diese Sicht ist unter heutigen veränderten Bedingungen nicht mehr ohne Einschränkung nachvollziehbar. Aus der Perspektive der Kinder sind die ersten Wochen von vielen Veränderungen geprägt. Nach der anfänglichen Begeisterung über den neuen Status als Schulkind und der ersten Erleichterung bezüglich der veränderten Lebenssituation, macht sich vergleichsweise schnell Ernüchterung breit. Vielen Kindern fallen das frühe Aufstehen, das Stillsitzen, die geforderte Arbeitsdisziplin und die Hausaufgaben schwer. Ersehnen sie am ersten Schultag ihre ersten Hausaufgaben, artikulieren sie häufig schon nach den ersten Wochen ihren Missmut darüber.

Die Artikulation „Hausaufgaben sind blöd" gehört andererseits häufig ebenso zur Formation einer Peerkultur in der Schule. Auch für die Schulanfänger ist die Zugehörigkeit zu der Peergroup und die Anerkennung darin von großer Bedeutung. Nicht nur die Tatsache, dass sie nun die Institution Schule besuchen, macht sie zum Schulkind, sondern auch die Zugehörigkeit zur Gemeinschaft der Schulanfänger.

Was Sie wissen sollten, wenn Sie Kapitel 10 gelesen haben:

Sie sollten in der Lage sein,
- die zunehmende Institutionalisierung von Kindheit in ihrer Auswirkung auf Kinder zu erkennen.
- die genannten pädagogischen Institutionen als Forschungsfelder hinsichtlich ihrer Unterschiede und Gemeinsamkeiten benennen zu können.
- die Verschränkung von pädagogischen Institutionen als Sozial- und Bildungsräume zu verstehen.
- die unterschiedlichen Perspektiven von Kindheitsforschung und Pädagogik sowie ihre Schnittstellen zu erkennen.
- die Bedeutung von Übergängen für die menschliche Existenz und insbesondere für Kindheit zu verstehen.
- verschiedene Übergänge in der Kindheit zu kennen und hinsichtlich ihrer Gemeinsamkeiten und Unterschiede diskutieren zu können.

Weiterführende Literatur zu Kapitel 10

BEHNKEN, IMBKE/JAUMANN, OLGA (Hrsg.) (1995): **Kindheit und Schule. Kinderleben im Blick von Grundschulpädagogik und Kindheitsforschung.** (Erste Annäherung von Kindheitsforschung und Grundschulpädagogik mit einigen grundlegenden Texten.)

GRIEBEL, WILFRIED/NIESEL, RENATE (2004): **Transitionen. Fähigkeiten von Kindern in Tageseinrichtungen fördern, Veränderungen erfolgreich zu bewältigen.** (Grundlegende Einführung in Theorie und Praxis der Transitionsforschung; Überblick über internationale Forschung; Projektbeispiele aus Deutschland.)

HEINZEL, FRIEDERIKE (2002): **Kindheit und Schule.** (Handbuchartikel zu Geschichte und Theorie der Grundschule sowie Überblick zur empirischen Grundschulforschung mit Referenz zur Kindheitsforschung.)

HONIG, MICHAEL-SEBASTIAN/JOOS, MAGDALENA/SCHREIBER, NORBERT (2004): **Was ist ein guter Kindergarten?** (Theoretische und empirische Analysen zum Qualitätsbegriff in der Pädagogik. [Material und Erträge aus zwei Kindergartenstudien].)

BOCK, AGNES MARIA (2009): **Halt mich fest! Über die Bedeutung des Erlebens von Halt bei der Bewältigung von Trennung und Getrennt-Sein in der Kinderkrippe.** (Hier findet sich eine ausführliche Darstellung des Übergangs eines zweijährigen Kindes in die Krippe.)

Schluss

Im Durchgang durch die verschiedenen Themenfelder, Theoriebezüge und Methoden haben wir die Kindheitsforschung als ein heterogenes und vielfältiges Forschungsfeld vorgestellt, an dem sich mehrere Disziplinen beteiligen. Gibt es einen roten Faden? Zusammenfassend lassen sich einige Bögen spannen, innerhalb derer sich das Feld der Kindheitsforschung konstituiert. Die Spannung ergibt sich nicht nur aus der Unterschiedlichkeit der beteiligten Forschungs- und Theorietradition, sondern auch aus den differenten Ansprüchen: Einerseits will Kindheitsforschung ein streng deskriptives Forschungsfeld darstellen, das auf empirischen, historischen und theoretischen Wegen Wissen über Kinder und Kindheit generiert, und sich dabei von normativen Vorstellungen darüber, was ein „gelingender" Lernprozess, eine „glückliche" Kindheit oder eine „wünschenswerte" Form des Aufwachsens ist, möglichst weitgehend freizuhalten versucht; andererseits aber entstand die neuere Kindheitsforschung aus einem eindeutig normativen Konzept heraus, demzufolge der Status von Kindern in der Gesellschaft aufgewertet, ihre Mitbestimmungs- und Emanzipationsmöglichkeiten erweitert und ihre Bedürfnisse und Sichtweisen ernst genommen werden sollten.

Wir haben immer wieder mit den unterschiedlichen Perspektiven auf die Akteure der Kindheit sowie auf die Struktur der Kindheit zu tun. Als Weiterentwicklung der modernen Sozialisationsforschung betont Kindheitsforschung die Spannung zwischen den gesellschaftlichen, historischen und institutionellen Bedingungen des Aufwachsens und der Eigenaktivität, mit der Kinder diesen Bedingungen begegnen. In der Forschung geht es vielfach darum, den wechselseitigen Einfluss von subjektiven Gestaltungen, von Aneignungs- und Bewältigungsformen und sozialstrukturell-kulturell-historischen Gegebenheiten darzustellen.

Ebenso begegneten wir immer wieder dem Gedanken, dass Kindheit und Kinder als ein sich wandelndes Konstrukt angesehen werden müssten, welches sich in Form von jeweiligen Zuschreibungen entwickelt und dass die Wirklichkeit kindlichen Lebens und Erlebens letztlich unzugänglich ist. Der Forscher selbst konstruiert Kindheit durch seinen methodisch sicher gestützten Blick. Für Kinder jedoch ist Kindheit kein Konstrukt, sondern eine leiblich erfahrbare Differenz zu anderen Lebensphasen. Damit verbunden ist eine Lebensart, eine spezifische Form der Erfahrung, die sich mit Kindsein verbindet. Spiel und Körperlichkeit sind zwei zentrale Bezugsdimensionen dieser Erfahrung, ebenso die Möglichkeit, etwas ausprobieren zu können, Spielraum zu haben. Diesen schaffen sich Kinder über alle Zeiten hinweg und in jeder noch so widrigen Situation. Ein Beispiel hierfür sind die Spiele der Kinder im Krieg und unter Gewaltverbrechen. Den historisch und kulturell bedingten Konstruktionscharakter von Kindheit zu berücksichtigen, ebenso aber nach den Erfahrungsdimensionen von Kindsein zu fragen, war uns deshalb gleichermaßen wichtig.

In der Zeit zwischen 1870 und 1930 entwickelte sich eine Vorstellung vom Kind, die für die Moderne typisch ist und bis heute andauert. Demnach ist das Kind für seine Eltern ökonomisch wertlos und emotional unbezahlbar (vgl. ZELIZER 1994). Mit der zurückgehenden Kinderzahl in westlichen Gesellschaften wird in den letzten Jahrzehnten jedoch immer wieder auf Kinder als Humankapital verwiesen, auf ihren Stellenwert für die Erhaltung des ökonomischen und sozialen Fortschritts. Gleichzeitig sind Kinder und Kindheit Projektionsfläche für die Sehnsüchte und Fantasien von Erwachsenen. Im Zuge der Auflösung von Modernisierungsphänomenen wird Kindheit grundlegend neu verortet. Dabei gilt es nicht nur die verschiedenen Vorstellungen von Kindheit zu dekonstruieren, sondern auch, nach einem Rahmen für Kindheit zu suchen, der angemessen ist, der Platz lässt für kindliche Bedürfnisse.

Die Justierung dessen, was man unter kindlichen Bedürfnissen verstehen kann, ist Grundlage für unser rechtliches, politisches, ethisches und erzieherisches Handeln. Dabei spielen normative Vorstellungen eine Rolle. Die Anerkenntnis unterschiedlicher Perspektiven von Kindern und Erwachsenen heißt jedoch nicht, dass die Verständigung darüber, in welcher Welt Kinder aufwachsen sollen, obsolet wäre. Diese normative Auseinandersetzung methodologisch einzuklammern, ist unserer Ansicht nach notwendig und beschreibt bisher weitgehend eine Leerstelle. Eine erziehungswissenschaftliche Kindheitsforschung, so wie wir sie verstehen, könnte an dieser Stelle dazu beitragen, unser Wissen über Kinder, Kindheit und Kindsein hinsichtlich ihrer Sozialisations-, Erziehungs- und Bildungsprozesse zu erweitern.

Für eine erziehungswissenschaftliche Kindheitsforschung sind die Untersuchungsfelder nicht neutral und austauschbar, stattdessen werden Prozesse von Erziehung und Bildung gezielt auch hinsichtlich ihrer Intentionalität untersucht. So ist eine Unterrichtssituation nicht nur eine beliebige soziale Situation. Das Potenzial der Veränderung, zum Beispiel bezogen auf die zukünftige Entwicklung, wird erfasst, auch um diese Prozesse verbessern zu können. Damit kann und darf sich die Kindheitsforschung nicht allein auf programmatische Ansprüche reduzieren. Sie darf sie aber auch nicht aus dem Blickfeld drängen.

Kindheitsforschung wird besonders dort wichtig, wo die Sicherheit abhanden gekommen ist, ganz genau zu wissen, was für Kinder gut und wichtig ist und sein wird. Das ist ein Teil der kulturell-gesellschaftlichen Entwicklung. Eine grundlegende Orientierung, aus der wir allgemeingültige Ziele ableiten könnten, die ungefragt für alle gut und richtig sind, ist uns abhanden gekommen. Gerold Scholz formulierte das ähnlich 1997. Für ihn war die damalige Situation von der Unsicherheit über die Zukunft geprägt. Insbesondere gab es aus seiner Sicht Zweifel an einem kontinuierlichen Fortschritt der Kultur. Dadurch veränderte sich für ihn das Verhältnis der Generationen grundlegend. Diese Beschreibung ist auch heutzutage noch gültig. Daraus folgt ein pädagogisches Interesse an der Kindheitsforschung.

„Didaktisch bin ich der Überzeugung, daß man Kinder kennen muß, wenn man Bedingungen schaffen möchte, damit Kinder lernen. [...] Die Kenntnis der Perspektiven von Kindern gehört aus meiner Sicht zu den unhintergehbaren Wissensbeständen der Schulpädagogik. [...] Die Erforschung kindlicher Perspektiven führt zu einer Neuformulierung der Theorie von Erziehung und Bildung." (SCHOLZ 1997)

Das Wissen über die Perspektive von Kindern kann nicht nur Lernprozesse nachhaltig verbessern, sondern auch dazu beitragen, die Entwicklung pädagogischer Institutionen zu fördern. Alle Prozesse der Qualitätsentwicklung und Evaluation in schulischen und außerschulischen Einrichtungen müssen notwendig die Frage einbeziehen: „Wie sieht die Entwicklung der Institution aus der Perspektive der betroffenen Subjekte aus?" Ein konsequenter Klientenbezug, der sich primär an das Kind und nicht an die Eltern richtet, trägt zu einer Professionalisierung in pädagogischen Handlungsfeldern bei. Die ausdifferenzierte Theoriedebatte der Kindheitsforschung über das, was Kindsein heutzutage bestimmt und wie es möglicherweise von Kindern wahrgenommen werden kann, könnte wesentlich eine Reflexion über pädagogisches Handeln fördern.

Kinder anders wahrzunehmen und einzubeziehen ist ein Anliegen, das mit den Mitteln der Kindheitsforschung, ihren unterschiedlichen theoretischen Zugängen und Methoden, auf vielfältige Weise befördert werden kann. Wenn etwa Kinder in ihren Aktionsräumen und Freizeitbeschäftigungen wahrgenommen werden, können diese Erkenntnisse in Prozesse der Stadtentwicklung einbezogen werden. Ergebnisse der Kindheitsforschung können in Diskurse eingebracht werden, die Partizipationsmöglichkeiten von Kindern in Gesellschaft, Politik und Schule schaffen wollen. Auf diese Weise kann Kindern als Personen Geltung verschafft werden, – denn bald wird die Mehrheit der Wahlberechtigten über 50 Jahre alt sein.

Kindheitsforschung steht jedoch auch vor der Aufgabe, Kinder in ihrer Vielfalt wahrzunehmen und diese Diversität methodologisch wie normativ zu berücksichtigen. Galt lange Zeit die mittlere Kindheit als eine von der primär psychologisch orientierten Forschung eher vernachlässigte Periode, rückte sie mit der eher soziologisch orientierten Kindheitsforschung in den Mittelpunkt des Interesses. Mit der Wendung zum kindlichen Akteur und zu seiner Perspektive wurden Kinder zunehmend selbst befragt, bekamen eine Stimme, insbesondere die sogenannten Kids. Jedoch schließt diese Prämisse wiederum die Kinder aus, die sich noch nicht oder nie oder nicht wortgewandt artikulieren können: Kleinkinder, Kinder mit Behinderungen, Kinder aus bildungsfernen Milieus, Kinder mit Migrationshintergrund. Hier gilt es, die bislang vernachlässigten Gruppen stärker in die Forschung einzubeziehen.

Heutzutage richtet sich der Blick zunehmend auf Kinder im Plural. Dabei zeigt sich ein Spannungsfeld, das erst allmählich bearbeitet wird. Kindsein ist in hohem Maße von anderen gesellschaftlichen Bedingungen und Zuschreibungen bestimmt, so zum Beispiel durch Hautfarbe, Geschlecht, Ethnie, Religion, sozio-kultureller Status, Behinderung. Wer über eine schwarze Hautfarbe verfügt, hat eine andere Kindheit als derjenige mit weißer Hautfarbe. Wie jedoch diese Unterschiede von Kindern wahrgenommen und gedeutet werden, welche Rolle sie in ihren Interaktionen spielen, kann sich von der strukturellen Ebene unterscheiden. Wie letztlich das einzelne Kind seine sichtbare Differenz zu anderen wahrnimmt, ist eine weitere Ebene. Gelingt es der Kindheitsforschung, dieses Spannungsfeld von Struktur, Akteur und Subjekt methodologisch zu bearbeiten, so leistet sie nicht nur einen Beitrag zur wissenschaftlichen Erkenntnis, sondern kann auch dazu beitragen, das Zusammenleben in höchst diversen Kontexten humaner zu gestalten.

Literaturverzeichnis

AHNERT, L. (Hrsg.) (2003): Frühe Bindung. Entstehung und Entwicklung. München.

AHNERT, L./GUNNAR, M. u.a. (2004): Transition to child care: Associations of infant-mother attachment, infant negative emotion and cortisol elevations. Child Development, 75. S. 639–650.

ALANEN, L./MAYALL, B. (Hrsg.) (2001): Coceptualizing Child-Adult Relations. London, New York.

AMANN, K./HIRSCHAUER, ST. (1997): Die Befremdung der eigenen Kultur. Zur ethnographischen Herausforderung soziologischer Theorie. Frankfurt a.M.

ANDRESEN, S./DIEHM, I. (Hrsg.) (2006): Kinder, Kindheiten, Konstruktionen. Erziehungswissenschaftliche Perspektiven und sozialpädagogische Verortungen. Wiesbaden.

ARIÉS, P. (1975): Geschichte der Kindheit. München.

ARNOLD, K. (1980): Kind und Gesellschaft in Mittelalter und Renaissance. Beiträge und Texte zur Geschichte der Kindheit. Paderborn u.a.

BAACKE, D./SCHULZE, T. (1993): Aus Geschichten lernen. Zur Einübung pädagogischen Verstehens. Weinheim, München.

BAADER, M. S. (2010): Historische Kindheitsforschung. In: Groppe/Horn/Kluchert et al. (Hrsg.): Historische Bildungsforschung: Themen, Konzepte und Perspektiven. Bad Heilbrunn, i.Dr.

BACHMAIR, B./BURN, A. (2009): David Buckingham: Kindheit, Handlungsfähigkeit und Literalität. In: Hepp/Krotz/Thomas (Hrsg.): Schlüsselwerke der Cultural Studies. Wiesbaden, S. 120–138.

BADINTER, E. (1981): Mutterliebe. Geschichte eines Gefühls vom 17. Jahrhundert bis heute. München, Zürich.

BAUM, J./KUNZ, R. (2007): Scribbling Notions. Bildnerische Prozesse in der frühen Kindheit. Zürich.

BECK, G./SCHOLZ, G. (1995): Soziales Lernen in der Schule. Reinbek bei Hamburg.

BEEKMAN, T./POLAKOW, V. (1984): Welt der Kinder, nur eine Spielwelt? In: von Danner, H./Lippitz, W. (Hrsg.): Beschreiben, Verstehen, Handeln. Phänomenologische Forschungen in der Pädagogik. München.

BEHNKEN, I. (2004): Bilder von Kindheit. Konstruktionen in den Köpfen der Erwachsenen. In: Friedrich Jahresheft XXII Seelze, S. 40–42.

BEHNKEN, I./JAUMANN, O. (Hrsg.) (1995): Kindheit und Schule. Kinderleben im Blick von Grundschulpädagogik und Kindheitsforschung. Weinheim, München.

BEHNKEN, I./ZINNECKER, J. (2001): Die Lebensgeschichte der Kinder und die Kindheit der Lebensgeschichte. In: Behnken, I./Zinnecker, J. (Hrsg): Kinder, Kindheit, Lebensgeschichte. Ein Handbuch. Seeze Velber, S.16–32.

BELTING, H. (2000): Vorwort: Zu einer Anthropologie des Bildes. In: Belting, H./Kamper, D. (Hrsg.): Der zweite Blick. Bildgeschichte und Bildreflexion. München.

BERG, C. (1991) (Hrsg.): Kinderwelten. Frankfurt a.M.

BERG, C. (2001): Erinnerte Kindheit im Raum. In: Behnken, I./Zinnecker, J. (Hrsg.): Kinder, Kindheit, Lebensgeschichte. Ein Handbuch. Seeze Velber.

BERNHARD, T. (2007): Autobiographische Schriften. Bd. 5. Ein Kind. Salzburg, Wien.

BFSFJ (Hrsg.) (2006): Siebter Familienbericht. Baden-Baden.

BIEN, W./RIEDEL, B./RAUSCHENBACH, T. (Hrsg.) (2006): Wer betreut Deutschlands Kinder? Weinheim.

BILSTEIN, J. (2002): Zwischen Unschuld und Kraft. Zur Imaginationsgeschichte der Kindheit. In: Liegle, L./Treptow, R.: Welten der Bildung in der Pädagogik der frühen Kindheit und in der Sozialpädagogik. Freiburg i. Br.

BITTNER, G. (1981): Die Selbst-Symbolisierung des Kindes im pädagogischen Kontext. In: Ders. (Hrsg.): Selbstwerdung des Kindes. Ein neues tiefenpsychologisches Konzept. Fellbach.

BITTNER, G. (1994): Autobiographische Texte: pädagogische und psychoanalytische Interpretationsperspektiven. In: Ders. (Hrsg): Biographien im Umbruch. Lebenslaufforschung und Vergleichende Erziehungswissenschaft. Würzburg.

BITTNER, G. (1996): Die Welt in die Kinder, Kinder in die Welt setzen. Stuttgart.

BOCK, A. M. (2009): Halt mich fest! Über die Bedeutung des Erlebens von Halt bei der Bewältigung von Trennung und Getrennt-Sein in der Kinderkrippe. Einzelfallanalyse eines zweijährigen Mädchens in der Kinderkrippe. (Diplomarbeit Universität Wien: http://othes.univie.ac.at/

4999/1/2009-04-15_0205482.pdf; Zugriff am 7.1.2010).

BOHNSACK, R. (2000[4]): Rekonstruktive Sozialforschung – Eine Einführung in Methodologie und Praxis qualitativer Forschung. Opladen.

BOLLIG, S. (2004): Zeigepraktiken: How to do Quality with Things. In: Honig/Joos/Schreiber: Was ist ein guter Kindergarten? Theoretische und empirische Analysen zum Qualitätsbegriff in der Pädagogik. Weinheim, München, S. 193–226.

BOWLBY, J. (1995): Bindung: Historische Wurzeln, theoretische Konzepte und klinische Relevanz. In: Spangler, G./Zimmermann, P. (Hrsg.): Die Bindungstheorie. Grundlagen, Forschung und Anwendung. Stuttgart.

BRAKE, A./BÜCHNER, P. (Hrsg.) (2006): Bildungsort Familie. Transmission von Bildung und Kultur im Alltag von Mehrgenerationenfamilien. Wiesbaden.

BREIDENSTEIN, G./KELLE, H. (1998): Geschlechteralltag in der Schulklasse. Ethnographische Studien zur Gleichaltrigenkultur. Weinheim und München.

BREIDENSTEIN, G./PRENGEL, A. (Hrsg.) (2005): Schulforschung und Kindheitsforschung – ein Gegensatz? Wiesbaden.

BÜCHNER, P./FUHS, B. (1994): Kinderkulturelle Praxis: Kindliche Handlungskontexte und Aktivitätsprofile im außerschulischen Lebensalltag. In: du Bois-Reymond, M./Büchner, P./Krüger, H.-H. (u.a.) (Hrsg.): Kinderleben. Modernisierung von Kindheit im interkulturellen Vergleich. Opladen, S. 63–135.

BÜCHNER, P./FUHS, B. (1998): Das Kinderzimmer. Historische und aktuelle Annäherungen an kindliches Wohnen. In: Büchner, P. u.a. (Hrsg.): Teenie Welten. Opladen, S. 147–180.

BÜCHNER, P./FUHS, B./KRÜGER, H.-H. (1997): Transformation der Eltern-Kind-Beziehungen? Facetten der Kindbezogenheit des elterlichen Erziehungsverhaltens. In: ZfPäd 37. Beiheft, S. 35–52.

BÜHLER-NIEDERBERGER, D. (2005): Kindheit und die Ordnung der Verhältnisse. Von der gesellschaftlichen Macht der Unschuld und dem kreativen Individuum. Weinheim, München.

CHARLTON, M./KÄPPLER, C. u.a. (Hrsg.) (2003): Einführung in die Entwicklungspsychologie. Weinheim, Basel.

CHASSÉ, K. A./ZANDER, M./RASCH, K. (2003): Meine Familie ist arm. Wie Kinder im Grundschulalter Armut erleben und bewältigen. Opladen.

CHISHOLM, L./BÜCHNER, P./KRÜGER, H.-H./BROWN, PH. (1990): Childhood, Youth and Social Change: A Comparative Perspective. London, New York, Philadelphia.

CLOER, E. (2005): Zur Bildungsbedeutung familialer Enge-Erfahrungen – Erkundungen in der autobiographischen Literatur von Ulla Hahn. In: Ecarius, J./Friebertshäuser, B. (Hrsg.): Literalität, Bildung und Biographie. Perspektiven erziehungswissenschaftlicher Biographieforschung. Opladen, S. 150–175.

COSARO, W./EDER, D. (1990): Children's peer cultures. Annu. Rev.Sociol, S. 197–220.

CUNNINGHAM, H. (2006): Die Geschichte des Kindes in der Neuzeit. Düsseldorf.

DAHLBERG, G./MOSS, P. (2005): Ethics and Politics in Early Childhood Education. London, New York.

DATLER, W. (2004): Wie Novellen zu lesen …: Historisches und Methodologisches zur Bedeutung von Falldarstellungen in der Psychoanalytischen Pädagogik. In: Datler, W./Müller, B./Finger-Trescher, U. (Hrsg.): Sie sind wie Novellen zu lesen …: Zur Bedeutung von Falldarstellungen in der Psychoanalytischen Pädagogik (Jahrbuch für Psychoanalytische Pädagogik 14). Gießen.

DE BOER, H. (2006): Klassenrat als interaktive Praxis. Auseinandersetzung – Kooperation – Imagepflege. Wiesbaden.

DE BOER, H./DECKERT-PEACEMAN, H. (Hrsg.) (2009): Kinder in der Schule. Zwischen Gleichaltrigenkultur und schulischer Ordnung. Wiesbaden.

DECKERT-PEACEMAN, H. (2004/2005): Cultural Meaning of Birthday Rituals and Its Interrelation with the Construction of Age. In: The International Journal of Learning Volume 11/2004–2005, S. 117–121.

DEMAUSE, L. (1982[2]): Hört ihr die Kinder weinen? Frankfurt a.M.

DIETRICH, C. (1998): Wozu in Tönen denken? Kassel.

DIETRICH, C. (2007): Die Mutter-Kind-Beziehung ist uns abhanden gekommen. Herausforderungen durch die Bindungsforschung. In: Bilstein, J. u.a. (Hrsg.): Liebe. München, S. 199–215.

DIETRICH, C. (2008): Ästhetische Bildung zwischen Markt und Mythos. In: Westphal, K./Liebert, W.-A. (Hrsg.): Gegenwärtigkeit und Fremdheit. Wissenschaft und Künste im Dialog über Bildung. Weinheim, S. 39–54.

DIETRICH, C. (2010): Ästhetik und Kunst. In: Kinder erziehen, bilden und betreuen. Lehrbuch für Ausbildung und Studium. München.

DIETRICH, C./MÜLLER, H.R. (Hrsg.) (2010): Die Aufgabe der Erinnerung in der Pädagogik. Bad Heilbrunn.

DISKOWSKI, D./HAMMES-DI BERNARDO, E. (Hrsg.) (2004): Lernkulturen und Bildungsstandards. Kindergarten und Schule zwischen Vielfalt und Verbindlichkeit. Baltmannsweiler.

DITTRICH, G./DÖRFLER, M./SCHNEIDER, K. (2001): Wenn Kinder in Konflikt geraten. Neuwied.

DOCKETT, S./PERRY, B. (2007): Transitions to School. Perceptions, Expectations, Experiences. Sydney.

DOCKETT, W./PERRY, B. (2002): Who's Ready For What? Young Children Starting School. In: Contemporary Issues in Early Childhood. Volume 3, Number 1, S. 81.

DORNEMANN, A. (Hrsg.) (2007): Auf Schulwegen durch Deutschland. Ein literarischer Reiseführer. Schweinfurt.

DORNES, M. (2002): Die emotionale Welt des Kindes. Frankfurt.

DORNES, M. (2003): Psychoanalytische Aspekte der Bindungstheorie. In: Ahnert, L. (Hrsg.): Frühe Bindung. Entstehung und Entwicklung. München, S. 42–62.

DUBOIS-REYMOND, M. (1994). Die moderne Familie als Verhandlungshaushalt. Eltern-Kind-Beziehungen in West- und Ostdeutschland und in den Niederlanden. In: Büchner, P./du Bois-Reymond, M./ Ecarius, J. u.a.: Teenie-Welten. Aufwachsen in drei europäischen Regionen. Opladen, S. 137–219.

DUNCKER, L. (1999): Sammeln als ästhetische Praxis des Kindes. Eine Befragung Leipziger Grundschulkinder. In: Neuß, N. (Hrsg.): Ästhetik der Kinder. Interdisziplinäre Beiträge zur ästhetischen Erfahrung von Kindern. Frankfurt a. M., S. 63–82.

DUNCKER, L./LIEBER, G./NEUSS, N./UHLIG, B. (Hrsg.) (2010): Bildung in der Kindheit. Das Handbuch zum Lernen in Kindergarten und Grundschule. Seelze.

ECARIUS, J. (1996): Individualisierung und soziale Reproduktion im Lebensverlauf. Konzepte der Lebenslaufforschung. Opladen.

ECARIUS, J. (1999): „Kinder ernst nehmen". Methodologische Überlegungen zur Aussagekraft biographischer Reflexionen 12jähriger. In: Honig/ Lange/Leu (Hrsg.): Aus der Perspektive von Kindern? Zur Methodologie der Kindheitsforschung. Weinheim, München.

ECARIUS, J. (Hrsg.) (2007): Handbuch Familie. Wiesbaden.

ECARIUS, J./FRIEBERTSHÄUSER, B. (2005) (Hrsg.): Literalität, Bildung und Biographie. Perspektiven erziehungswissenschaftlicher Biographieforschung. Opladen.

EINSIEDLER, W. u.a. (Hrsg.) (2001): Handbuch Grundschulpädagogik und Grundschuldidaktik. Bad Heilbrunn.

ERIKSON, E. (1973): Identität und Lebenszyklus. Frankfurt a. M.

FATKE, R. (2003): „Schöne Geschichten" und „Fort-gesetzte Tagträume". Rekonstruktion, Kritik und Weiterführung von Anna Freuds Theorie der kindlichen Phantasie. In: Fröhlich/Stenger (Hrsg.): Das Unsichtbare sichtbar machen. Bildungsprozesse und Subjektgenese durch Bilder und Geschichten. Weinheim, München, S. 159–172.

FLITNER, A. (Hrsg.) (1988[5]): Das Kinderspiel. München.

FÖLLING-ALBERS, M. (1995): Kindheitsforschung und Schule. Überlegungen zu einem Annäherungsprozess. In: Behnken/Jaumann (Hrsg.): Kindheit und Schule. Kinderleben im Blick von Grundschulpädagogik und Kindheitsforschung. Weinheim, München, S. 11–20.

FÖRSTER, M. F. (2003): Kinderarmut im OECD Raum: Entwicklungen und Bestimmungsfaktoren. In: Kränzl-Nagl/Mierendorff/Olk (Hrsg.): Kindheit im Wohlfahrtsstaat. Gesellschaftliche und politische Herausforderungen. Wien, S. 269–297.

FREUD, S. (1920): Deutung des Spiels eines anderthalbjährigen Knaben. In: Scheuerl, H. (1997[12]): Das Spiel. Theorien des Spiels. Weinheim, Basel, S. 80–83.

FRIED, L. (Hrsg.) (2008): Das wissbegierige Kind. Neue Perspektiven in der Früh- und Elementarpädagogik. Weinheim, München.

FRÖHLICH, V./STENGER, U. (Hrsg.) (2003): Das Unsichtbare sichtbar machen. Bildungsprozesse und Subjektgenese durch Bilder und Geschichten. Weinheim, München, S. 159–172.

FROMME, J./KOMMER, S./MANSEL, J./TREUMANN, K.-P. (Hrsg.) (1999): Selbstsozialisation, Kinderkultur und Mediennutzung. Opladen.

FROMME, J./MEDER, N./VOLLMER, N. (2000): Computerspiele in der Kinderkultur. Opladen.

FTHENAKIS, W. (2004): Vorwort. In: Griebel, W./Niesel, R.: Transitionen. Fähigkeit von Kindern in Tageseinrichtungen fördern, Veränderungen erfolgreich zu bewältigen. Weinheim, Basel, S. 15–18.

FTHENAKIS, W. E./MINSEL, B. (2001): Die Rolle des Vaters in der Familie. München.

FUCHS, M. (2006): Kinder, Künste, Lebenskunst. In: Bockhorst, H. (Hrsg.): Kinder brauchen Spiel & Kunst. Bildungschancen von Anfang an – Ästhetisches Lernen in Kindertagesstätten. München.

FUHS, B. (2000): Kinderfreizeit als Familienprojekt. In: Herlth/Engelbert/Palentien (Hrsg.): Spannungsfeld Familienkindheit. Neue Anforderungen, Risiken und Chancen. Opladen, S. 206–217.

FUHS, B. (2000): Qualitative Interviews mit Kindern. In: Heinzel, F. (Hrsg.) (2000): Methoden der Kindheitsforschung. Ein Überblick über Forschungszugänge zur kindlichen Perspektive. Weinheim, S. 87–105.

FUHS, B. (2007): Einführung in qualitative Forschungsmethoden der Erziehungswissenschaft. Darmstadt.

GEBAUER, G./WULF, C. (1998): Spiel, Ritual und Geste. Reinbek bei Hamburg.

GEBAUER, M./GEBHARD, U. (Hrsg.) (2005): Naturerfahrung. Wege zu einer Hermeneutik der Natur. Zug, Schweiz.

GEERTZ, C. (1983): Dichte Beschreibung. Beiträge zum Verstehen kultureller Systeme. Frankfurt a.M.

GEHRKE-RIEDLIN, R. (2002): Das Kinderzimmer im deutschsprachigen Raum. Eine Studie zum Wandel der häuslichen Erfahrungs- und Bildungswelt des Kindes. Göttingen (Dissertation online: http://webdoc.sub.gwdg.de/diss/2003/gehrke-riedlin/gehrke-riedlin.pdf; Zugriff 18.2.2010).

GEULEN, D. (2002): Sozialisationstheoretische Ansätze. In: Krüger, H.-H./Grunert, C. (Hrsg.): Handbuch Kindheits- und Jugendforschung. Opladen, S. 83–98.

GIRTLER, R. (2001⁴): Methoden der Feldforschung. Wien, Köln, Weimar.

GOMOLLA, M./RADTKE, F.-O. (2002): Institutionelle Diskriminierung. Die Herstellung ethnischer Differenz in der Schule. Opladen.

GOPNIK, A./KUHL, P./MELTZOFF, A. (2003): Forschergeist in Windeln. München.

GÖTTLICH, U./MIKOS, L./WINTER, R. (Hrsg.) (2001): Die Werkzeugkiste der Cultural Studies. Perspektiven, Anschlüsse und Interventionen. Bielefeld.

GRIEBEL, W. (2008): Der Übergang zur Familie mit Kindergartenkind: Theorie und Empirie. In: Thole, W./Rossbach, H.-G./Fölling-Albers, M./Tippelt, R. (Hrsg.): Bildung und Kindheit. Pädagogik der Frühen Kindheit in Wissenschaft und Lehre. Opladen, S. 241–251.

GRIEBEL, W./NIESEL, R. (2004): Transitionen. Fähigkeit von Kindern in Tageseinrichtungen fördern, Veränderungen erfolgreich zu bewältigen. Weinheim, Basel.

GRUNERT, C./KRÜGER, H.-H. (2006b): Biographieforschung und pädagogische Kindheitsforschung. In: Krüger, H.-H./Marotzki, W. (Hrsg): Handbuch erziehungswissenschaftliche Biographieforschung. Wiesbaden, S. 241–256.

GRUNERT, C./KRÜGER, H.-H. (Hrsg.) (2002): Kindheit und Kindheitsforschung in Deutschland. Forschungszugänge und Lebenslagen. Opladen.

GRUNERT, C./KRÜGER, H.-H. (Hrsg.) (2006a): Kindheit und Kindheitsforschung in Deutschland. Forschungszugänge und Lebenslagen. Opladen.

GÜNTHEROTH, N. (2003): Konstruktion und Dekonstruktion des Kinderzimmers. In: Jelich, F.-J./Kemnitz, H. (Hrsg.): Die pädagogische Gestaltung des Raums. Geschichte und Modernität. Bad Heilbrunn, S. 185–205.

GÜTHOFF, F./SÜNKER, H. (Hrsg.)`(2001): Handbuch Kinderrechte. Partizipation, Kinderpolitik, Kinderkultur. Münster.

HAHN, U. (2001): Das verborgene Wort. Stuttgart und München.

HAUG-SCHNABEL, G./BENSEL, J. (2009): Grundlagen der Entwicklungspsychologie. Freiburg i.Br.

HEINZEL, F. (2002): Kindheit und Schule. In: Grunert, C./Krüger, H.-H. (Hrsg.): Kindheit und Kindheitsforschung in Deutschland. Forschungszugänge und Lebenslagen. Opladen, S. 541–565.

HEINZEL, F. (Hrsg.) (2000): Methoden der Kindheitsforschung. Ein Überblick über Forschungszugänge zur kindlichen Perspektive. Weinheim.

HELSPER, W./BERTRAM, M. (2006): Biographieforschung und SchülerInnenforschung. In: Krüger, H.-H./Marotzki, W. (Hrsg.) (2006): Handbuch erziehungswissenschaftliche Biographieforschung. Wiesbaden, S. 273–294.

HELSPER, W./BÖHME, J. (2002): Jugend und Schule. In: Grunert, C./Krüger, H.-H. (Hrsg.): Kindheit und Kindheitsforschung in Deutschland. Forschungszugänge und Lebenslagen. Opladen, S. 567–596.

HENGST, H. (2001): Kinderkultur und -konsum in biografischer Perspektive. In: Behnken/Zinnecker (Hrsg.): Kinder, Kindheit, Lebensgeschichte. Ein Handbuch. Seeze Velber, S. 855–869.

HENGST, H./KELLE, H. (Hrsg.) (2003): Kinder – Körper – Identitäten. Theoretische und empirische Annäherungen an kulturelle Praxis und sozialen Wandel. Weinheim.

HENGST, H./ZEIHER, H. (Hrsg.) (2005): Kindheit soziologisch. Wiesbaden.

HEPP, A./KROTZ, F./THOMAS, T. (Hrsg.) (2009): Schlüsselwerke der Cultural Studies. Wiesbaden.

HERRMANN, U. (1991): „Innenansichten". Erinnerte Lebensgeschichte und geschichtliche Lebenserinnerung, oder: Pädagogische Reflexion und ihr „Sitz im Leben". In: Berg, C. (Hrsg.): Kinderwelten. Frankfurt a.M., S. 41–67.

HOFMANN u.a. siehe: (http://www.sagmalwasbw.de/media/WiBe1/pdf/Artikel_Diskurs_KindheitsundJugendforschung_PH-Heide; Zugriff am 1.3.2010).

HOFMANN, N./POLOTZEK, S. u.a. (Hrsg.) (2008): Sprachförderung im Vorschulalter – Evaluation dreier Sprachförderkonzepte. In: Diskurs Kindheits- und Jugendforschung. Heft 3. 2008, S. 291–300.

HONIG, M.-S. (1996a): Wem gehört das Kind? Kindheit als generationale Ordnung. In: Liebau/Wulf (Hrsg.): Generation. Versuche über eine pädagogisch-anthropologische Grundbedingung. Weinheim, S. 201–221.

HONIG, M.-S. (1999): Entwurf einer Theorie der Kindheit. Frankfurt a. M.

HONIG, M.-S. (2000): Muss Kinderpolitik advokatorisch sein? Aspekte generationaler Ordnung. In: Lange, A./Lauterbach, W. (Hrsg.): Kinder in Familie und Gesellschaft zu Beginn des 21. Jahrhunderts. Stuttgart, S. 265–289.

HONIG, M.-S. (2004): Wie bewirkt Pädagogik, was sie leistet? Ansatz und Fragestellung der Trierer Kindergartenstudie. In: Honig/Joos/Schreiber: Was ist ein guter Kindergarten? Theoretische und empirische Analysen zum Qualitätsbegriff in der Pädagogik. Weinheim, München, S. 17–37.

HONIG, M.-S./JOOS, M./SCHREIBER, N. (2004): Was ist ein guter Kindergarten? Theoretische und empirische Analysen zum Qualitätsbegriff in der Pädagogik. Weinheim, München.

HONIG, M.-S./LANGE, A./LEU, H.-R. (Hrsg.) (1999): Aus der Perspektive von Kindern? Zur Methodologie der Kindheitsforschung. Weinheim, München.

HONIG, M.-S./LEU, H.-R./NISSEN, U. (Hrsg.) (1996b): Kinder und Kindheit. Soziokulturelle Muster – sozialisationstheoretische Perspektiven. Weinheim, München.

HONIG, M.-S. (Hrsg.) (2009): Ordnungen der Kindheit. Problemstellungen und Perspektiven der Kindheitsforschung. Weinheim, München.

HÜLST, D. (2000): Ist das wissenschaftlich kontrollierte Verstehen von Kindern möglich? In: Heinzel, F. (Hrsg.): Methoden der Kindheitsforschung. Ein Überblick über Forschungszugänge zur kindlichen Perspektive. Weinheim, S. 37–55.

HÜNERSDORF, B. (2008): Ethnographische Forschung in der Erziehungswissenschaft. In: Hünersdorf/Maeder/Müller (Hrsg.): Ethnographie und Erziehungswissenschaft. Methodologische und empirische Annäherungen. Weinheim und München, S. 29–48.

HÜNERSDORF, B./MAEDER, CH./MÜLLER, B. (Hrsg.) (2008): Ethnographie und Erziehungswissenschaft. Methodologische und empirische Annäherungen. Weinheim und München.

HURRELMANN, K./ANDRESEN, S. (2007): Was bedeutet es heute, Kind zu sein? Die World Vision Kinderstudie als Beitrag zur Kinder- und Kindheitsforschung. In: World Vision Deutschland e.V. (Hrsg.): Kinder in Deutschland. Bonn, S. 35–64.

HURRELMANN, K./BRÜNDEL, H. (2003[2]): Einführung in die Kindheitsforschung. Weinheim, Basel, Berlin.

HUSTVEDT, S. (2003): Was ich liebte. Reinbek bei Hamburg.

JAMES, A./PROUT, A. (Hrsg.) (1997): Constructing and Reconstructing Childhood. London.

JÖRG, S./KELLER, I. (2003): Der Ernst des Lebens. Stuttgart, Wien.

KAMMERMEYER, G. (2001): Schulfähigkeit und Schuleingangsdiagnostik. In: Einsiedler u.a. (Hrsg.): Handbuch Grundschulpädagogik und Grundschuldidaktik. Bad Heilbrunn, S. 253–263.

KAUFMANN, F.-X. (1980): Kinder als Außenseiter der Gesellschaft. In: Merkur, Deutsche Zeitschrift für europäisches Denken, Nr. 387, 34. Jg. 1980. Stuttgart, S. 761–771.

KELLE, H. (2005): Kinder in der Schule. Zum Zusammenhang von Schulpädagogik und Kindheitsforschung. In: Breidenstein, G./Prengel, A. (Hrsg.): Schulforschung und Kindheitsforschung – ein Gegensatz? Wiesbaden, S. 139–160.

KEY, E. (1900): Die Seelenmorde des Kindes. In: dies. (1905): Das Jahrhundert des Kindes. Berlin, S. 221–229.

KIRCHHÖFER, D. (1999): Kinder zwischen selbst- und fremdbestimmter Zeitorganisation. In: Fromme/Kommer/Mansel/Treumann (Hrsg.): Selbstsozialisation, Kinderkultur und Mediennutzung. Opladen, S. 100–112.

KLIKA, D. (1997): Methodische Zugänge zur Historischen Kindheitsforschung. In: Friebertshäuser, B./Prengel, A. (Hrsg.): Handbuch Qualitative Forschungsmethoden in der Erziehungswissenschaft. Weinheim, München, S. 298–308.

KRÄNZL-NAGL, R./MIERENDORFF, J./OLK, T. (Hrsg.) (2003): Kindheit im Wohlfahrtsstaat. Gesellschaftliche und politische Herausforderungen. Wien.

KRAPPMANN, L./OSWALD, H. (1995): Alltag der Schulkinder. Beobachtungen und Analysen von Interaktionen und Sozialbeziehungen. Weinheim, München.

KRÜGER, H.-H./MAROTZKI, W. (Hrsg): Handbuch erziehungswissenschaftliche Biographieforschung. Wiesbaden, S. 241–256.

KRÜGER, H.-H./MAROTZKI, W. (Hrsg.) (2006[2]): Handbuch erziehungswissenschaftliche Biographieforschung. Wiesbaden.

KRÜGER, H.-H./MAROTZKI, W. (2006a): Biographieforschung und Erziehungswissenschaft. Einleitende Anmerkungen. In: dies. (Hrsg.): Handbuch erziehungswissenschaftliche Biographieforschung. Wiesbaden. S. 7–10.

KRUSE, M. (o.J.): Der Schulweg war die Hauptsache.

In: Dornemann, A. (Hrsg.) (2007): Auf Schulwegen durch Deutschland. Ein literarischer Reiseführer. Schweinfurt. S. 46–49.

LAEWEN, H.-J. (1989): Nichtlineare Effekte einer Beteiligung von Eltern am Eingewöhnungsprozeß von Krippenkindern. Die Qualität der Mutter-Kind-Bindung als vermittelnder Faktor. In: Psychologie in Erziehung und Unterricht 2, S. 102–108.

LAEWEN, H.-J./ANDRES, B. u.a. (2003): Die ersten Tage – ein Modell zur Eingewöhnung in der Krippe und Tagespflege. Weinheim, Berlin, Basel.

LANGE, A. (1999): Der Diskurs der neuen Kindheitsforschung. Argumentationstypen, Argumentationsfiguren und methodologische Implikationen. In: Honig/Lange/Leu (Hrsg.): Aus der Perspektive von Kindern? Zur Methodologie der Kindheitsforschung. Weinheim, München, S. 51–68.

LANGE, A. (2007): Neue Freiheiten und neue Zwänge in Zeiten der Entgrenzung. Konsequenzen für Familie, Erziehung und Bildung. In: Peskoller/Ralser/Wolf: Texturen von Freiheit. Beiträge für Bernhard Rathmayr. Innsbruck, S. 145–163.

LANGE, A. (2010): Gesellschaftliche Entgrenzungen und familiale Bildungsprozesse: Melvin Kohn „revisited". In: Müller/Ecarius/Herzberg (Hrsg.) (2010): Familie, Generation und Bildung. Opladen, Farmington Hills, S. 33–53.

LANGE, A./MIERENDORFF, J. (2009): Methoden der Kindheitsforschung. Überlegungen zur kindheitssoziologischen Perspektive. In: Honig, M.-S.: Ordnungen der Kindheit. Problemstellungen und Perspektiven der Kindheitsforschung. Weinheim, München, S. 183–210.

LANGE, A./SZYMENDERSKI, P. (2007): Arbeiten ohne Ende? Neue Entwicklungen im Spannungsfeld von Erwerbs- und Familientätigkeit. In: Lettke, F./Lange, A. (Hrsg.): Generationen und Familien. Analysen – Konzepte – gesellschaftliche Spannungsfelder. Frankfurt a.M., S. 223–246.

LANGEVELD, M.J. (1963[2]): Die Schule als Weg des Kindes. Braunschweig.

LAUTERBACH, W. (2000): Kinder in ihren Familien. Lebensformen und Generationsgefüge im Wandel. In: Lange, A./Lauterbach, W. (Hrsg.): Kinder in Familie und Gesellschaft zu Beginn des 21ten Jahrhunderts. Stuttgart, S. 155–186.

LAUTERBACH, W. (2004): Die multilokale Mehrgenerationenfamilie. Zum Wandel der Familienstruktur in der zweiten Lebenshälfte. Würzburg.

LETTKE, F./LANGE, A. (2007) (Hrsg.): Generationen und Familien. Analysen – Konzepte – gesellschaftliche Spannungsfelder. Frankfurt a.M.

LEU, H.R. (Hrsg.) (2002): Sozialberichterstattung zu Lebenslagen von Kindern. Opladen.

LICHTENSTEIN-ROTHER, I./RÖBE, E. (2005): Grundschule. Der pädagogische Raum für die Grundlegung der Bildung. Neubearbeitung v. E. Röbe. Weinheim/Basel.

LIEBAU, E./WULF, C. (Hrsg.) (1996): Generation. Versuche über eine pädagogisch-anthropologische Grundbedingung. Weinheim.

LIPPITZ, W. (1993): Phänomenologische Studien in der Pädagogik. Weinheim.

LIPPITZ, W./MEYER-DRAWE, K. (1987): Kind und Welt. Phänomenologische Studien in der Pädagogik. Frankfurt a.M.

LIPPITZ, W./RITTELMEYER, C. (Hrsg.) (1990): Phänomene des Kinderlebens. Beispiele und Methoden einer pädagogischen Phänomenologie. Bad Heilbrunn.

LÜDERS, CH. (2003): Beobachten im Feld und Ethographie. In: Flick, U./Kardoff, E.v./Steinke, I. (Hrsg.): Qualitative Forschung. Ein Handbuch. Reinbek bei Hamburg.

LUHMANN, N. (1990): Die Homogenisierung des Anfangs: Zur Ausdifferenzierung des Schulsystems. In. Luhmann, N./Schorr, K.E.: Zwischen Anfang und Ende. Fragen an die Pädagogik. Frankfurt a.M., S. 73–111.

LUTZ, M./BEHNKEN, I./ZINNECKER, J. (1997): Narrative Landkarten. Ein Verfahren zur Rekonstruktion aktueller und biographischer erinnerter Lebensräume. In: Friebertshäuser/Prengel (Hrsg.): Handbuch qualitative Forschungsmethoden in der Erziehungswissenschaft. Weinheim/München, S. 414–435.

MAGNUSON, K./RUHM, CH./WALDFOGEL, J. (2004): Does prekindergarten improve school preparation and performance. NBER Working Paper 10452 (www.nber.org/papers/w10452).

MANEN, M. v./LEVERING, B. (2000): Kindheit und Geheimnisse. Über Intimität, Privatheit und Identität. Bad Heilbrunn.

MASON, M.A. (1994): From Father's Property To Childrens Rights. The History of Child Custody in The United States. New York.

MATTENKLOTT, G./RORA, C. (Hrsg) (2004): Ästhetische Erfahrungen in der Kindheit. Theoretische Grundlagen und empirische Forschung. Weinheim, Basel.

MCNEAL, J.U. (1992): Kids as customers. A handbook of Marketing to Children. New York.

MELLE, I. u.a. (2008): Naturwissenschaftliches Experimentieren mit Kindern im Vorschulalter. In: Fried, L.: Das wissbegierige Kind. Neue Perspektiven in der Früh- und Elementarpädagogik. Weinheim, München, S. 56–68.

MERTENS, H. (2006): Pädagogische Institutionen.

Pädagogisches Handeln im Spannungsfeld von Individualisierung und Organisation. Wiesbaden.

MEY, G. (2003): Zugänge zur kindlichen Perspektive. Methoden der Kindheitsforschung. Forschungsbericht aus der Abteilung Psychologie im Institut für Sozialwissenschaften 1/2003. TU Berlin.

MIETZNER, U./PILARCZYK, U. (2000): Kinderblicke – fotographisch. In: Bilstein, J./Liebau, E./Winzen, M. (Hrsg.): Mutter Kind Vater – Bilder aus Kunst und Wissenschaft. Köln, S. 90–98.

MITTERAUER, M./SIEDER, R. (1977): Vom Patriarchat zur Partnerschaft. Zum Strukturwandel der Familie. München.

MOLLENHAUER, K. (1994): Vergessene Zusammenhänge. Über Kultur und Erziehung. Weinheim, München.

MOLLENHAUER, K./DIETRICH, C./MÜLLER, H.R./PARMENTIER, M. (1996): Grundfragen ästhetischer Bildung. Weinheim, München.

MORITZ, C.P. (1785/1986): Anton Reiser. Ein psychologischer Roman. Stuttgart.

MUCHOW, M./MUCHOW, H.H. (1998): Der Lebensraum des Großstadtkindes. Weinheim, München.

MÜLLER, H.-R./BORG, K./FALKENRECK, D. (2010): Das Familienfoto. Annäherungen an den verborgenen Bildungssinn familialer Selbstpräsentation. In: Müller/Ecarius/Herzberg (Hrsg.): Familie, Generation und Bildung. Opladen, Farmington Hills. S. 54–67.

MÜLLER, H.-R./ECARIUS, J./HERZBERG, H. (Hrsg.) (2010): Familie, Generation und Bildung. Opladen, Farmington Hills.

MURKEN, C./WESCHENFELDER, K./SCHAD, B. (2000): Kinder des 20. Jahrhunderts. Malerei Skulptur Fotografie. Köln.

NAGL, R./KIRCHLER, E. (1994): Kinderfreundschaften und Freizeitgestaltung. In: Wilk, L./Bacher, J. (Hrsg.): Kindliche Lebenswelten. Opladen, S. 349–371.

NAVE-HERZ, R. (2002²): Familie heute. Darmstadt.

NENTWIG-GESEMANN, J. (2002): Gruppendiskussionen mit Kindern. Die dokumentarische Interpretation von Spielpraxis und Diskursorganisation. In: Zs. f. qualitative Bildungs-, Beratungs-, und Sozialforschung. Heft 1, S. 41–63.

NEUSS, N. (1999) (Hrsg.): Ästhetik der Kinder. Interdisziplinäre Beiträge zur ästhetischen Erfahrung der Kinder. Frankfurt a.M.

NICHD Early Child Care Research Network (2002): The interaction of child care and family risk in relation to child development at 24 and 36 months. Applied Developmental Science 2002, 6, S. 144–156.

NISSEN, U. (1992): Freizeit und moderne Kindheit. Sind Mädchen die „moderneren" Kinder? In: ZfPäd, 29. Beiheft. Weinheim, S. 281–284.

OBERHUEMER, P. (2004): Übergang in die Pflichtschule. Reformstrategien in Europa. In: Diskowski/Hammes-Di Bernardo (Hrsg.): Lernkulturen und Bildungsstandards. Kindergarten und Schule zwischen Vielfalt und Verbindlichkeit. Baltmannsweiler, S. 152–164.

OERTER, R. (1999): Psychologie des Spiels. Weinheim.

OERTER, R./MONTADA L. (Hrsg.) (2008): Entwicklungspsychologie. Weinheim, Basel.

OPP, G./TEICHMANN, J. (Hrsg.) (2008): Positive Peerkultur. Best Practices in Deutschland. Bad Heilbrunn.

OSWALD, H. (1993): Gruppenformationen von Kindern. In: Markefka, M./Nauck, B.: Handbuch der Kindheitsforschung. Neuwied, S. 153–164.

PANAGIOTOPOULOU, A./BRÜGELMANN, H. (Hrsg.) (2003): Grundschulpädagogik meets Kindheitsforschung. Zum Wechselverhältnis von schulischem Lernen und außerschulischen Erfahrungen im Grundschulalter. Opladen.

PARMENTIER, M. (2000): Ursprungsnähe und Zukunftsbezug. In: Bilstein, J./Liebau, E./Winzen, M. (Hrsg.): Mutter Kind Vater – Bilder aus Kunst und Wissenschaft. Köln, S. 99–106.

PAUS-HAASE, I. (1998): Heldenbilder im Fernsehen. Eine Untersuchung zur Symbolik von Serienfavoriten in Kindergarten, Peer-Group und Kinderfreundschaften. Opladen.

PEEZ, G. (2007a): Luca kritzelt zum ersten Mal. Eine phänomenologische Fallstudie zu den frühesten Zeichnungen eines 13 Monate alten Kindes. In: BDK-Mitteilungen, Heft 1, 2007, S. 29–33 (Text online unter: http://www.georgpeez.de/ Zugriff am 10.2.2010).

PEEZ, G. (Hrsg.) (2007): Handbuch Fallforschung in der Ästhetischen Bildung/Kunstpädagogik. Hohengehren.

PIAGET, J. (1975): Das Erwachen der Intelligenz beim Kinde. Stuttgart.

PREUSS-LAUSITZ, U. (2003): Kinderkörper zwischen Selbstkonstruktion und ambivalenten Modernitätsanforderungen. In: Hengst/Kelle(Hrsg.): Kinder – Körper – Identitäten. Theoretische und empirische Annäherungen an kulturelle Praxis und sozialen Wandel. Weinheim, S. 15–32.

PROUT, A. (2003): Kinder-Körper: Konstruktion, Agency und Hybridität. In: Hengst/Kelle (Hrsg.): Kinder – Körper – Identitäten. Theoretische und empirische Annäherungen an kulturelle Praxis und sozialen Wandel. Weinheim, S. 33–50.

QVORTRUP, J. (2005): Kinder und Kindheit in der Sozialstruktur. In: Hengst/Zeiher (Hrsg.): Kindheit soziologisch. Wiesbaden, S. 27–47.

RADEMACHER, S. (2009): Der erste Schultag. Pädagogische Berufskulturen im deutsch-amerikanischen Vergleich. Wiesbaden.

REUBAND, K.-H. (1997): Aushandeln statt Gehorsam. Erziehungsziele und Erziehungspraktiken in den alten und neuen Bundesländern im Wandel. In: Lenz, K./Böhnisch, L. (Hrsg.): Familien. Eine interdisziplinäre Einführung. Weinheim, München, S. 129–154.

RITTELMEYER, C. (2007): Kindheit in Bedrängnis. Zwischen Kulturindustrie und technokratischer Bildungsreform. Stuttgart.

RITTELMEYER, C./PARMENTIER, M. (2006): Einführung in die pädagogische Hermeneutik. Darmstadt, S. 72–103.

ROHLFS, C. (2006): Freizeitwelten von Schulkindern. Eine qualitative Sekundäranalyse von Fallstudien. Weinheim, München.

RÖHNER, CH. (2003): Zur Systematik der Beziehung von Kindheitsforschung und Grundschulpädagogik. In: Pangiotopoulou/Brügelmann (Hrsg.) Grundschulpädagogik meets Kindheitsforschung. Jahrbuch Grundschulforschung 7, Wiesbaden, S. 44–46.

ROTHGANG, G.-W. (2003): Entwicklungspsychologie. Stuttgart.

ROTTMANN, U./ZIEGENHAIN, U. (1988): Bindungsbeziehung und außerfamiliale Tagesbetreuung im frühen Kindesalter: Die Eingewöhnung einjähriger Kinder in die Krippe. Dissertation am Fachbereich Erziehungs- und Unterrichtswissenschaften der Freien Universität Berlin.

SACK, M. (1999): Weiter-Spielen als produktive Form der Theaterrezeption am Beispiel eines Kindertheaterstücks. In: Neuss, N. (Hrsg.): Ästhetik der Kinder. Interdisziplinäre Beiträge zur ästhetischen Erfahrung der Kinder. Frankfurt a.M., S. 325–340.

SAGER, C. (2008): Kindheit als Erfindung der Moderne oder als anthropologische Konstante? Ein Forschungsstreit. In: Hering, V.S./Schroer, W. (Hrsg.) Sorge um die Kinder. Beiträge zur Geschichte von Kindheit, Kindergarten und Kinderfürsorge. Weinheim, München, S. 11–24.

SCHÄFER, G. (1995): Bildungsprozesse im Kindesalter. Weinheim, München.

SCHÄFER, G. (1999): Ästhetische Erfahrung als Basis kindlicher Bildungsprozesse. In: Neuss, N. (Hrsg.): Ästhetik der Kinder. Interdisziplinäre Beiträge zur ästhetischen Erfahrung der Kinder. Frankfurt a.M., S. 21–33.

SCHEUERL, H. (Hrsg.) (1997[12]): Das Spiel. Theorien des Spiels. Weinheim, Basel.

SCHIFFLER, H./WINKELER, R. (1999[6]): Tausend Jahre Schule. Eine Kulturgeschichte des Lernens in Bildern. Stuttgart, Zürich.

SCHMIDT, K. (2004): Das Freispiel und der geordnete Raum. Die Praxis eines Programms. In: Honig/Joos/Schreiber: Was ist ein guter Kindergarten? Theoretische und empirische Analysen zum Qualitätsbegriff in der Pädagogik. Weinheim, München, S. 157–192.

SCHOLZ, G. (1996): Kinder lernen von Kindern. Baltmannsweiler.

SCHOLZ, G. (2006a): Was ist eigentlich ein Schüler? Pädagogische Ansätze für eine ethnologische Bildungsforschung. In: Andresen/Diehm (Hrsg.): Kinder, Kindheiten, Konstruktionen. Erziehungswissenschaftliche Perspektiven und sozialpädagogische Verortungen. Wiesbaden, S. 229–247.

SCHOLZ, G. (Hrsg.) (2006b): Bildungsarbeit mit Kindern. Lernen Ja – Verschulung Nein! Mülheim.

SCHULZE, TH. (1993): Autobiographie und Lebensgeschichte. In: Baacke/Schulze: Aus Geschichten lernen. Zur Einübung pädagogischen Verstehens. Weinheim, München. S. 126–174.

SCHULZE, TH. (2001): Rekonstruktion der Kindheit in autobiografischen Texten. In: Behnken/Zinnecker (Hrsg): Kinder, Kindheit, Lebensgeschichte. Ein Handbuch. Seeze Velber, S. 167–181.

SCHWEDIAUER, L. (2009): Die Bedeutsamkeit der Geschwisterbeziehung für die kleinkindliche Bewältigung von Trennung und Getrenntsein von den Eltern am Übergang in die außerfamiläre institutionelle Betreuung. Eine Einzelfallstudie. Diplomarbeit Universität Wien.

SHAHAR, S. (2004[4]): Kindheiten im Mittelalter. Düsseldorf.

SIZE SIEGEN UND PROKIDS-BÜRO HERTEN (2005): Lernen, Bildung, Partizipation. Die Perspektive der Kinder und Jugendlichen. Expertise zum 8. Kinder- und Jugendbericht der Landesregierung NRW. Hrsg.: MSJK. Düsseldorf.

SODIAN, B. (2008): Entwicklung des Denkens. In: Oerter/Montada, S. 436–479.

SPIES, W. (1999): Picasso. Die Welt der Kinder. München, New York.

STENGER, U. (2002): Schöpferische Prozesse. Phänomenologisch-anthropologische Analysen zur Konstitution von Ich und Welt. Weinheim, München.

STENGER, U. (2003): Bild - Erfahrungen. In: Fröhlich, V./Stenger, U. (Hrsg.): Das Unsichtbare sichtbar machen. Bildungsprozesse und Subjektgenese durch Bilder und Geschichten. Weinheim, München, S. 173–193.

STENGER, U. (2005): Zum Phänomen des Spielens In: Bilstein, J./Winzen, M./Wulf, C (Hrsg.): Anthropologie und Pädagogik des Spiels. Weinheim, S. 231–248.

STENGER, U. (2008): Schwangerschaft und Geburt aus der Sicht drei bis sechsjähriger Kinder. In: Wulf, C./Hänisch, A./Brumlik, M. (Hrsg.): Das Imaginäre der Geburt. Praktiken, Narrationen und Bilder. München, S. 86–104.

STENGER, U. (2010): Die Bedeutung des Spiels für das kindliche Lernen. In: Duncker, L./Lieber, G./Neuß, N./Uhlig, B. (Hrsg.): Bildung in der Kindheit. Das Handbuch zum ästhetischen Lernen für Kindergarten und Grundschule. Seelze, S. 30–37.

STERN, D.N. (2004): Tagebuch eines Babys. München.

STERN, E. (2008): Je früher, desto besser? Über Lernstrategien von Vorschulkindern. In: Fried, L.: Das wissbegierige Kind. Neue Perspektiven in der Früh- und Elementarpädagogik. Weinheim, München, S. 21–28.

STIEVE, C. (2003): Vom intimen Verhältnis zu den Dingen. Ein Verständnis kindlichen Lernens auf der Grundlage der asubjektiven Phänomenologie Jan Patockas. Würzburg.

STIEVE, C. (2010): Sich von Kindern irritieren lassen. Chancen phänomenologischer Ansätze für eine Ethnographie der frühen Kindheit. In: Schäfer, G./Staege, R. (Hrsg.): Frühkindliche Lernprozesse verstehen. Ethnographische und phänomenologische Beiträge zur Bildungsforschung. Weinheim und München. S. 23–51.

STORCH, G./STEINHERR, E. (2001): Zeitbewusstsein und Zukunftsvorstellungen von Kindern. In: Behnken/Zinnecker (Hrsg): Kinder, Kindheit, Lebensgeschichte. Ein Handbuch. Seeze Velber.

TERVOOREN, A. (2001): Pausenspiele als performative Kinderkultur. In: Wulf u.a.: Das Soziale als Ritual. Opladen, S. 205–248.

TOMASELLO, M. (2002): Die kulturelle Entwicklung des menschlichen Denkens. Zur Evolution der Kognition. Frankfurt a.M.

TRAKL, G. (1987): Das dichterische Werk. München.

VIERNICKEL, S. (2000): Spiel, Streit, Gemeinsamkeit. Einblicke in die soziale Kinderwelt der unter Zweijährigen. Landau.

WALPER, S./SCHWARZ, B. (Hrsg.) (2002²): Was wird aus den Kindern? Chancen und Risiken für die Entwicklung von Kindern aus Trennungs- und Stieffamilien. Weinheim, München.

WEBER-KELLERMANN, I. (1979): Die Kindheit. Kleidung und Wohnen, Arbeit und Spiel. Eine Kulturgeschichte. Frankfurt a.M.

WELZER, H. (1993): Transitionen. Zur Sozialpsychologie biographischer Wandlungsprozesse. Tübingen.

WESTPHAL, K. (1997): Zwischen Himmel und Erde. Annäherungen an eine kulturpädagogische Theorie des Raumerlebens. Frankfurt a.M.

WESTPHAL, K. (2005): Zeit als Thema von Unterricht. Zeit als Strukturmerkmal der Organisation. Zeit als Strukturelement der Erziehungswissenschaft. In: Westphal, K. (Hrsg.): Zeit des Lernens. Perspektiven auf den Sachunterricht und die Grundschul-Pädagogik. www.widerstreit-sachunterricht.de, Beiheft 2, S. 11–22.

WINNICOTT, D.W. (1995⁸): Vom Spiel zur Kreativität. Stuttgart.

WINTER, R. (2003): Cultural Studies. In: Flick, U./Kardoff, v. E./Steinke, I. (Hrsg.): Qualitative Forschung. Ein Handbuch. Reinbek bei Hamburg, S. 204–213.

WÖRZ, TH. (2004): Die Entwicklung der Transitionsforschung. In: Griebel, W./Niesel, R.: Transitionen. Fähigkeit von Kindern in Tageseinrichtungen fördern, Veränderungen erfolgreich zu bewältigen. Weinheim, Basel, S. 22–29.

WULF, CH. (1998): Spiel, Ritual und Geste. Reinbek bei Hamburg.

WULF, CH. (2004): Anthropologie. Geschichte. Kultur. Philosophie. Reinbek bei Hamburg.

WULF, CH. u.a. (2001): Das Soziale als Ritual. Opladen.

WULF, CH. (2004): Einleitung: Bildung in schulischen, religiösen und jugendkulturellen Ritualen. In: Wulf, Ch. u.a. (Hrsg.): Bildung im Ritual. Schule, Familie, Jugend, Medien. Wiesbaden, S. 7–22.

ZEIHER, H. (1996): Die Entdeckung der Kindheit in der Soziologie. In: v. Clausen, L. (Hrsg.): Gesellschaften im Umbruch. Verhandlungen des 27. Kongresses der Deutschen Gesellschaft für Soziologie in Halle an der Saale 1995. Frankfurt a.M., New York, S. 795–805.

ZEIHER, H. (1996a): Kinder in der Gesellschaft und Kindheit in der Soziologie. Zeitschrift für Sozialisationsforschung und Erziehungssoziologie 16, 1996, S. 26–46.

ZEIHER, H. (1996b): Die Entdeckung der Kindheit in der Soziologie. In: Clausen, L. (Hrsg.): Gesellschaften im Umbruch. Verhandlungen des 27. Kongresses der Deutschen Gesellschaft für Soziologie in Halle an der Saale 1995. Frankfurt a.M., New York, S. 795–805.

ZEIHER, H. (2005): Der Machgewinn der Arbeitswelt über die Zeit der Kinder. In: Hengst/Zeiher (Hrsg.): Kindheit soziologisch. Wiesbaden, S. 201–226.

ZEIHER, H. (2009): Ambivalenzen und Widersprüche der Institutionalisierung von Kindheit. In: Honig,

M.-S. (Hrsg.): Ordnungen der Kindheit. Problemstellungen und Perspektiven der Kindheitsforschung. Weinheim, München, S. 103–126.

ZEIHER, H./ZEIHER, H. (1994): Orte und Zeiten der Kinder. Soziales Leben im Alltag von Großstadtkindern. Weinheim.

ZELIZER, V. A. (1994): Pricing the Priceless Child. The Changing Social Value of Children. Princeton, N.J.

ZINNECKER, J. (1999): Forschen für Kinder – Forschen mit Kindern – Kinderforschung. Über die Verbindung von Kindheits- und Methodendiskurs in der neuen Kindheitsforschung. In: Honig/Lange/Leu (Hrsg.): Aus der Perspektive von Kindern? Zur Methodologie der Kindheitsforschung. Weinheim/München, S. 69–80.

ZULLIGER, H. (1990): Heilende Kräfte im kindlichen Spiel. Frankfurt a.M.

Register